Maria Heep-Altiner, Hüseyin Kaya,
Bastian Krenzlin und Dominik Welter

Interne Modelle nach Solvency II

Schritt für Schritt zum internen Modell in der Schadenversicherung

Maria Heep-Altiner
Hüseyin Kaya
Bastian Krenzlin
Dominik Welter

Interne Modelle nach Solvency II

Schritt für Schritt zum internen Modell in der Schadenversicherung

vvw.de

Bibliografische Information der Deutschen Nationalbibliothek

Die Deutsche Nationalbibliothek verzeichnet diese Publikation in der Deutschen Nationalbibliografie; detaillierte bibliografische Daten sind im Internet über http://dnb.d-nb.de abrufbar.

Herstellung printsystem GmbH Heimsheim

ISBN 978-3-89952-559-5

Vorwort

Aufgrund der durch den Solvency II-Prozess angestoßenen Entwicklungen spielen interne Modelle in immer mehr Bereichen des Unternehmensalltags eine Rolle. Dabei werden in der Regel diese Modelle zwar von Aktuaren entwickelt, aber auch Wirtschaftswissenschaftler sind beispielsweise in der Unternehmenssteuerung durchaus mit den Resultaten solcher Modelle konfrontiert.

Das vorliegende Buch ist im Rahmen einer von mir initiierten und betreuten Projektarbeit der Studierenden des Studiengangs Master of Insurance am Institut für Versicherungswesen an der Fachhochschule Köln entstanden.

Ziel dieses Projektes war, für interne Modelle in der Schadenversicherung das Thema über den engen Kreis der modellierenden Aktuare hinaus von Grund auf so zu entwickeln, dass ein tiefgehendes Verständnis der Vorgehensmodelle und mathematischen Techniken ermöglicht wird, um im Berufsalltag souverän mit internen Modellen umgehen zu können.

Um dieses Ziel zu erreichen, wurde in verschiedenen Stufen Schritt für Schritt ein internes Modell für einen Schadenversicherer aufgebaut, welches so einfach wie möglich, aber dennoch auch so komplex wie nötig konzipiert wurde.

Dieses Projekt hätte nicht entstehen können ohne die tatkräftige Unterstützung von vielen Seiten. So möchte ich mich zunächst einmal ausdrücklich bei dem sehr engagierten studentischen Projektleitungsteam bedanken, welches gemeinsam mit mir auch als Herausgeber fungiert. Aber auch das hohe Engagement aller beteiligten Studenten hat zu der außerordentlichen Qualität des vorliegenden Werkes beigetragen. Ermutigt hat uns außerdem der Zuspruch meiner Kollegen an unserem Institut, mit dem vorliegenden Projekt neue Wege zu gehen. Zuletzt danke ich noch Herrn Marcus Blumenstein, der die redaktionelle Endbearbeitung durchgeführt hat.

Köln, im August 2010 Maria Heep-Altiner

Autorenverzeichnis

1. Vorbemerkungen	Maria Heep-Altiner Nicole Hönig Hüseyin Kaya Bastian Krenzlin Sylvia Suplicki Anne van Loo
2. Basisansatz bei internen Modellen	Caroline Benner Cliff Falkenhagen Wenke Schmidt
3. Versicherungstechnik/VT-Risiken	Malte Gehrken Daniel Haag Sabrina Jestrich Martin Kerwer Stefanie Klappert Magdalena Korzeniecka Jens Voges Dominik Welter
4. Nicht-Versicherungstechnik/ Kapitalanlagerisiken	Kai-Olaf Knocks Annika Schön Tatiana Timofeeva
5. Außerplanmäßige GuV-Effekte/ Sonstige Risiken	Frank Bänsch Torsten Jung Silvana Kock
6. Gesamtmodell	Holger Adler Steffen Büttgenbach Christian Hurtmann

Inhaltsverzeichnis

Abbildungsverzeichnis XIII

Abkürzungs- und Symbolverzeichnis XVII

1 Vorbemerkungen 1

1.1 Zusammenhänge mit Solvency II 1
1.1.1 Solvency I-Regelungen in der Schadenversicherung 2
1.1.2 Kritikpunkte an den Solvency I-Regelungen 4
1.1.3 Hintergründe des Solvency II-Projekts 5
1.1.4 Rechnungslegungs- vs. Solvenzvorschriften 6
1.1.5 „Drei-Säulen-Ansatz“ 8
1.2 Standardmodell / Interne Modelle 10
1.2.1 Standardmodell 11
1.2.2 Interne Modelle 15
1.3 Weitere Vorgehensweise 16
1.3.1 Basisansatz und allgemeine Grundlagen 16
1.3.2 Modellierung der Versicherungstechnik 18
1.3.3 Modellierung der Kapitalanlage 19
1.3.4 Einbeziehung von sonstigen Risiken und Effekten 20
1.3.5 Gesamtmodell 22
1.4 Stochastische Grundlagen 23
1.4.1 Verteilungen 23
1.4.1.1 Einpunktverteilung 23
1.4.1.2 Bernoulliverteilung (Null-Eins-Verteilung) 24
1.4.1.3 Zwei-Klassen-Histogramm 25
1.4.1.4 Poissonverteilung 28
1.4.1.5 Paretoverteilung 30
1.4.1.6 Normalverteilung 31
1.4.1.7 Lognormalverteilung 34
1.4.2 Ziehung einer Zufallsgröße 37
1.4.2.1 Allgemeine Vorgehensweise 37
1.4.2.2 Korrelationen 41

2 Basisansatz bei internen Modellen 47
2.1 Fair Value-Bewertung 47
2.1.1 Methoden zur Ermittlung des Fair Value 48
2.1.2 Berechnungsbeispiel 52
2.1.3 Fair Value einer Reserve 54
2.1.4 Kapitalkostenmodell 55
2.1.5 Berechnungsbeispiel 57
2.2 Stochastische GuV 60
2.2.1 Basisgleichung 61
2.2.2 Eigenkapital nach einem Jahr 62
2.2.3 Steuerungsniveaus 64
2.2.4 Ökonomische Szenarien 66
3 Versicherungstechnik / VT-Risiken 69
3.1 Reserven 71
3.1.1 Einperioden-Abwicklungsergebnis 71
3.1.2 Verfahren zur Ermittlung der Volatilität 77
3.1.2.1 Geschlossene Formeln 77
3.1.2.2 Bootstrap-Ansätze 77
3.1.2.3 Vereinfachtes Verfahren 78
3.1.3 Vereinfachtes Verfahren für die Bestandsreserven 79
3.1.3.1 Exkurs: Approximation des Reserve-Cash Flow 80
3.1.3.2 Beispielrechnung 81
3.1.4 Vereinfachtes Verfahren inklusive Neugeschäft 83
3.1.4.1 Gesamt-Cash Flow 84
3.1.4.2 Gesamtvolatilität 85
3.1.5 Fair Value-Reserve 89
3.2 Neugeschäft 91
3.2.1 Brutto-Modell 95
3.2.1.1 Basisschäden 96
3.2.1.2 Kumulschäden 102
3.2.1.2.1 Kumulschaden-Modelle 104
3.2.1.2.2 Ermittlung des Bestandsexposures 107
3.2.1.2.3 Beispiel und Modellierung einer Event Loss Table 108

3.2.1.3 Großschäden ... 113
3.2.1.3.1 Kollektives Modell ... 114
3.2.1.3.2 Parameterschätzungen in der Praxis ... 119
3.2.1.3.3 Parametrisierung der Schadenhöhe ... 125
3.2.1.3.4 Parametrisierung der Schadenanzahl ... 131
3.2.2 Rückmodell ... 137
3.2.2.1 Exkurs: Rückversicherungsvertragsformen ... 137
3.2.2.2 Anwendung der Rückversicherung im Gesamtmodell ... 141
3.2.2.3 Effizienzkriterien für eine RV-Struktur ... 142
3.2.2.4 Basisschäden ... 146
3.2.2.5 Großschäden ... 147
3.2.2.6 Naturkatastrophenschäden ... 152
3.2.2.7 Rückversicherungs-Optimierung ... 154

4 Nicht-Versicherungstechnik / Kapitalanlagerisiken ... 157

4.1 Risikoeinflüsse auf die Kapitalanlage ... 157
4.1.1 Marktrisiko ... 158
4.1.2 Zinsrisiko ... 158
4.1.3 Währungsrisiko ... 159
4.1.4 Bonitätsrisiko ... 159
4.1.5 Korrelation zwischen Aktiv- und Passivseite ... 160
4.2 Modellierung ... 161
4.2.1 Bestandsmodell Kapitalanlagen ... 162
4.2.2 Asset-Modell ... 163
4.3 ESG Anwendungsbeispiele ... 165
4.3.1 Zinsänderungsrisiko bei Bonds ... 165
4.3.2 Marktrisiko bei Aktien ... 167
4.3.3 Währungsrisiko bei Immobilien ... 168
4.4 Strategische Asset-Allokation ... 169
4.4.1 Traditionelle Optimierungsansätze ... 171
4.4.2 Optimierungsansatz via internes Modell ... 172

5 Außerplanmäßige GuV-Effekte / Sonstige Risiken ... 173

5.1 Rückversicherungsausfall ... 173
5.2 Operationelle Risiken ... 180
5.3 Außerplanmäßige Steuerabschreibungen ... 189

6 Gesamtmodell ... **195**
6.1 Modellaufbau ... 195
6.1.1 Ergebnisbeiträge zur GuV ... 195
6.1.2 Berechnungsschema ... 197
6.1.3 Eingabeparameter ... 202
6.2 Managementregeln ... 206
6.2.1 Managementregeln zur Investition / Desinvestition ... 207
6.2.2 Managementregeln im vorliegenden Modell ... 209
6.3 Auswertungen ... 209
6.3.1 Eigenkapitalverteilung ... 209
6.3.2 Erforderliches Eigenkapital ... 211
6.3.2.1 Value at Risk-Prinzip ... 212
6.3.2.2 Tail Value at Risk-Prinzip ... 213
6.3.3 Eigenkapitalallokation ... 215
6.3.3.1 Proportionale Umlage ... 216
6.3.3.2 Kovarianzprinzip ... 218
6.3.3.3 Adjustierung des Value at Risk-Niveaus ... 219
6.3.3.4 Ko-Measure-Verfahren ... 221
6.3.3.5 Vergleich der Allokationsverfahren ... 223
6.3.4 Unterschreitung des erforderlichen Sicherheitsniveaus ... 225
Anhang: Empirische Schadenhöhenverteilung ... **227**
Glossar ... **231**
Literaturverzeichnis ... **235**
Stichwortverzeichnis ... **241**

Abbildungsverzeichnis

Abbildung 1: Rechnungslegungs- und Solvenzvorschriften (I) 6
Abbildung 2: Rechnungslegungs- und Solvenzvorschriften (II) 7
Abbildung 3: Drei-Säulen-Modell von Solvency II 9
Abbildung 4: Wichtige Risiken im Standardmodell 12
Abbildung 5: Dichtefunktion des Zwei-Klassen-Histogramms 26
Abbildung 6: Verteilungsfunktion des Zwei-Klassen-Histogramms 27
Abbildung 7: (Kumulierte) Häufigkeiten der Poissonverteilung 29
Abbildung 8: Dichte- und Verteilungsfunktion der Paretoverteilung 31
Abbildung 9: Dichtefunktion der Normalverteilung 32
Abbildung 10: Beispiel zur Berechnung der Quantile 33
Abbildung 11: Quantile für das Beispiel Wohngebäudeversicherung 35
Abbildung 12: Dichtefunktion der Lognormalverteilung 36
Abbildung 13: Ziehung einer Zufallszahl 38
Abbildung 14: Transformierte Beispielswerte 39
Abbildung 15: Realisierungen des Berechnungsbeispiels 40
Abbildung 16: Korrelation von risikofreiem Zins und Zinsspread 44
Abbildung 17: Korrelation von 0,00 % und 80,00 % 45
Abbildung 18: Kapitalkosten im S&P-Modell 55
Abbildung 19: Hebesätze im S&P-Modell 56
Abbildung 20: Fair Value Bewertung von Reserven 59
Abbildung 21: Basisgleichung für das stochastische Eigenkapital 62
Abbildung 22: Stochastisches Eigenkapital 63
Abbildung 23: Eigenkapitalverteilung nach einem Jahr 64
Abbildung 24: Steuerungsniveaus eines VU 66
Abbildung 25: Beispiel einer Economic Scenario Generation 67
Abbildung 26: Reserveschätzung gemäß Methode 1 73

Abbildung 27: Reserveschätzung gemäß Methode 2 74
Abbildung 28: Volatilität über den Abwicklungszeitraum........................ 76
Abbildung 29: Abwicklungsdreieck.. 78
Abbildung 30: Zahlungsentwicklung über den Abwicklungszeitraum...... 79
Abbildung 31: Zahlungen und Restreserven 81
Abbildung 32: Ermittlung der Volatilität 82
Abbildung 33: Zahlungsmuster bei konstantem Bestandswachstum......... 84
Abbildung 34: Zahlungen bei konstantem Bestandswachstum 85
Abbildung 35: Volatilität bei konstantem Bestandswachstum 87
Abbildung 36: Deterministische Fair Value Reserve, t=0......................... 89
Abbildung 37: Stochastische Fair Value Reserve, t=1 90
Abbildung 38: Modellierung der Basisschäden... 98
Abbildung 39: Input/Output physikalischer Modelle 106
Abbildung 40: Eingabeparameter zur Risikomodellierung 108
Abbildung 41: „WENN"-Funktion in Excel.. 109
Abbildung 42: Eventtabelle (I) 110
Abbildung 43: Eventtabelle (II)... 111
Abbildung 44: Eventtabelle für das Beispielunternehmen 112
Abbildung 45: Verteilung der Schadenanzahl....................................... 114
Abbildung 46: Dichtefunktion der Schadenhöhe 115
Abbildung 47: Dichtefunktion des Gesamtschadenaufwands 116
Abbildung 48: Exposurebereinigung (I).. 123
Abbildung 49: Exposurebereinigung (II).. 124
Abbildung 50: Empirische Schadenhöhenverteilung 127
Abbildung 51: Empirische Großschadenanzahlverteilung 132
Abbildung 52: Großschadenanzahl für die Jahre 1988–2008................. 134
Abbildung 53: Großschadenanzahl für die Jahre 2000–2008................. 135
Abbildung 54: Rückversicherungsvertragsformen 138

Abbildung 55: Beispiel für einen Schadenexzedenten (I) 148
Abbildung 56: Beispiel für einen Schadenexzedenten (II) 149
Abbildung 57: Beispiel für einen Schadenexzedenten (III) 150
Abbildung 58: Beispiel für einen Schadenexzedenten (IV) 151
Abbildung 59: Beispiel für einen Schadenexzedenten (V) 152
Abbildung 60: Beispiel für einen Kumulschadenexzedenten (I) 153
Abbildung 61: Beispiel für einen Kumulschadenexzedenten (II) 154
Abbildung 62: Korrelation zwischen Aktiv- und Passivseite 160
Abbildung 63: Aufbau des Aktivmodells 161
Abbildung 64: Ablauf des Aktivmodells 164
Abbildung 65: FV eines riskanten Zerobonds 166
Abbildung 66: FV eines Aktienportfolios 167
Abbildung 67: FV einer Immobilie 168
Abbildung 68: Markowitz-Optimierung 171
Abbildung 69: Deterministischer und stochastischer Bonitätsabschlag .. 174
Abbildung 70: RV-Struktur eines Erstversicherers 175
Abbildung 71: FV des RV-Ausfalls in t=0 179
Abbildung 72: FV des RV-Ausfalls in t=1 179
Abbildung 73: Struktur der Risk Map 182
Abbildung 74: Risikoliste zur Risk Map 183
Abbildung 75: Verteilungsfunktion des operationellen Risikos 185
Abbildung 76: Bilanz ohne Ansatz von operationellen Risiken 186
Abbildung 77: Bilanz mit Ansatz von operationellen Risiken 186
Abbildung 78: Simulation der Eigenkapitalverteilung 187
Abbildung 79: Simulation der Ruinwahrscheinlichkeit 188
Abbildung 80: Außerplanmäßige Steuerabschreibung 192
Abbildung 81: Berechnungsschema für die Modellierung 198
Abbildung 82: Exposureeinfluss auf die Modellierung 200

Abbildung 83: GuV-Szenarien 202
Abbildung 84: Marktparameter 203
Abbildung 85: Asset-Parameter 203
Abbildung 86: Parameter der Versicherungstechnik 205
Abbildung 87: Positiver liquider Saldo 207
Abbildung 88: Simulation der Eigenkapitalverteilung 210
Abbildung 89: Eigenkapitalbedarf nach dem VaR-Prinzip 213
Abbildung 90: Lageparameter der EK-Verteilung, t=1 215
Abbildung 91: EK-Bedarf für die einzelnen Risiken.............................. 216
Abbildung 92: Eigenkapitalallokation bei proportionaler Umlage.......... 217
Abbildung 93: Korrelationsmatrix und Kovarianzen 218
Abbildung 94: Eigenkapitalallokation gemäß Kovarianzprinzip 219
Abbildung 95: Eigenkapitalallokation bei Adjustierung des VaR........... 221
Abbildung 96: Eigenkapitalallokation gemäß Ko-Measure-Verfahren ... 222
Abbildung 97: Vergleich der Allokationsverfahren (I) 223
Abbildung 98: Vergleich der Allokationsverfahren (II) 224

Abkürzungs- und Symbolverzeichnis

%	Prozent
€/EUR	Euro
λ	Lambda
AE	Abwicklungsergebnis
AG	Aktiengesellschaft
AnlV	Anlageverordnung
BaFin	Bundesanstalt für Finanzdienstleistungsaufsicht
BS	Basisschäden
bspw.	beispielsweise
BW	Barwert
bzgl.	bezüglich
bzw.	beziehungsweise
ca.	circa
CV	Coefficient of Variation/Variationskoeffizient
d. h.	das heißt
EK	Eigenkapital
ESG	Economic Scenario Generator
etc.	et cetera
EU	Europäische Union
EV	Erstversicherer
EVA	Economic Value Added
EW/μ	Erwartungswert
f.	für
FV	Fair Value
GE	Geldeinheiten
ggf.	gegebenenfalls
GS	Gesamtschäden
GuV	Gewinn- und Verlustrechnung
h	Eintrittshöhe
HGB	Handelsgesetzbuch
i. h. v.	in Höhe von
i. d. R.	in der Regel
IAS	International Accounting Standards
IBNER	Incurred but not enough reported

IBNR	Incurred but not reported
IFRS	International Financial Reporting Standards
JE-Faktor	Jahreseinheitenfaktor
KA	Kapitalanlagen
KK	Kapitalkosten
KonTraG	Gesetz zur Kontrolle und Transparenz im Unternehmensbereich
KORR	Korrelation
LN	Logarithmus naturalis
LogNV	Logarithmierte Normalverteilung
LVU	Lebensversicherungsunternehmen
MaRisk	Mindestanforderungen an das Risikomanagement der Versicherungsunternehmen
MCR	Minimum Capital Requirement
Mio.	Millionen
NatCat	Naturkatastrophen
Nr.	Nummer
NV	Normalverteilung
o. Ä.	oder Ähnlichem
o. g.	oben genannten
OR	operationelle Risiken
OS	Obere Schranke
P	Eintrittswahrscheinlichkeit/Wahrscheinlichkeitsmaß
PML	Probable Maximum Loss
progn.	prognostiziert
Q	Äquivalentes Wahrscheinlichkeitsmaß/Martingalmaß
QIS	Quantitative Impact Study
ra	risikoadjustierter Zins
rf	risikofreier Zins
RORAC	Return on Risk Adjusted Capital
RV(U)	Rückversicherung/Rückversicherer
s	Spread
S&P	Standard & Poors
S.	Seite
SAA	Strategische Asset-Allokation
SCR	Solvency Capital Requirement
STD/σ	Standardabweichung

SVU	Schadenversicherungsunternehmen
TVaR	Tail Value at Risk
u. U.	unter Umständen
u. a.	unter anderem
US	Untere Schranke
USD	US-Dollar
usw.	und so weiter
VA	Versicherungsaufsicht
VAG	Versicherungsaufsichtsgesetz
VaR	Value at Risk
VAR	Varianz
vgl.	vergleiche
VN	Versicherungsnehmer
vs.	versus
VT	Versicherungstechnik
VU	Versicherungsunternehmen
VVaG	Versicherungsverein auf Gegenseitigkeit
z. B.	zum Beispiel

1 Vorbemerkungen

Die Versicherungsbranche befindet sich im Umbruch, wobei eine Neuausrichtung von einer umsatzorientierten zu einer risikoorientierten Unternehmenssteuerung stattfindet.[1] Treiber für diese Entwicklung sind in verschiedenen Bereichen zu finden.

Als wesentliche Ursachen sind die Deregulierung und Liberalisierung des Versicherungsmarktes Mitte der 90er Jahre zu sehen, die zu rückläufigen Preisen und damit einhergehend zu einem deutlich sinkenden versicherungstechnischen Erfolg geführt haben. Dessen teilweise negative Beiträge zum Unternehmensergebnis wurden in den Jahren guter Kapitalmarktverhältnisse durch hohe Gewinne aus dem Kapitalanlagegeschäft (mehr als) kompensiert. Dadurch konnte für das eingesetzte (Risiko-)Kapital eine ausreichende Verzinsung erwirtschaftet werden.[2]

Die Risiken, denen die Versicherungsunternehmen ausgesetzt sind, haben sich jedoch im Verlauf der letzten Jahrzehnte verändert. Im Rahmen der Versicherungstechnik ist etwa eine Zunahme von Kumulschäden durch Naturereignisse zu beobachten, während die Kapitalmärkte von einer enormen Volatilität geprägt sind, wie sie nicht zuletzt durch die aktuelle Finanzmarktkrise zu verzeichnen ist.

Ein weiterer Treiber ist basierend auf den Römischen Verträgen das Ziel der Schaffung eines einheitlichen europäischen Versicherungsmarktes.

1.1 Zusammenhänge mit Solvency II

Genau vor diesen Hintergründen ist das Solvency II-Projekt zu sehen, das die bisherigen Solvabilitätsstandards für die Versicherungsbranche reformieren und innerhalb der EU einheitliche Solvabilitätsregeln schaffen soll.[3] Nach einem prinzipienorientierten Ansatz soll ein dem Risikoprofil der Versicherungsunternehmen adäquates Aufsichtssystem geschaffen werden.

---

[1] Vgl. Diers (2007), S. 1.
[2] Vgl. ebenda; Schradin (2003), S. 35 f.
[3] Vgl. Eling/Schmeiser (2006), S. 768.

Banken und Versicherungsunternehmen konkurrieren zunehmend auf denselben Märkten und bieten Produkte an, die sich immer mehr ähneln. Deshalb ist es erforderlich, dass für diese Sektoren gleiche aufsichtsrechtliche Rahmenbedingungen geschaffen werden. Nach dem Prinzip „level the playing field“ sollen Banken und Versicherungsunternehmen, die gleichen Risiken ausgesetzt sind, mit gleichen aufsichtsrechtlichen Regeln reguliert werden, um Wettbewerbsverzerrungen zu vermeiden.[4] Durch die Orientierung von Solvency II an Basel II wird ein einheitliches Vorgehen und damit eine Aufsichtskonvergenz für den Banken- und Versicherungssektor angestrebt, so dass den Marktentwicklungen der letzten Jahrzehnte Rechnung getragen werden kann und Arbitragemöglichkeiten durch unterschiedliche Regulierungen von gleichen Sachverhalten vermieden werden können.

Vorrangiges Ziel von Solvency II ist der Schutz der Versicherungsnehmer. Daneben verfolgt Solvency II die Ziele, ein Aufsichtssystem zu schaffen, das – vor dem Hintergrund der Funktion von Versicherungsunternehmen als bedeutende Kapitalsammelstellen – die Stabilität der internationalen Finanzplätze sowie faire und stabile Märkte gewährleistet.[5]

1.1.1 Solvency I-Regelungen in der Schadenversicherung

Das aktuell gültige Solvenzsystem (Solvency I)[6] geht nach einem Faktorenmodell vor, bei dem den an einem Stichtag vorhandenen freien, unbelasteten Eigenmitteln (Ist-Solvabilität) die anhand von Indikatoren des Jahresabschlusses gemessene Risikolage des Versicherungsunternehmens (Soll-Solvabilität) gegenübergestellt wird[7]. Solvenz des Versicherungsunternehmens ist dann gegeben, wenn die Ist-Solvabilität mindestens der Soll-Solvabilität entspricht, also Deckung bzw. Überdeckung vorliegt, d. h., man betrachte:

---

[4] Vgl. Romeike/Müller-Reichart (2008), S. 122.

[5] Vgl. Europäische Kommission (2007), S. 22.

[6] Vgl. die Richtlinien 2002/13/EG (Lebensversicherung) und 2002/83/EG (Schadensversicherung), die als „Solvency I-Richtlinien” bezeichnet werden (aktuell in Deutschland gültige Solvabilitätsvorschriften). Der Begriff „Solvency II“ folgt in Analogie der Bezeichnung „Basel II“, die die neuen Regeln für die Bankenaufsicht beschreibt.

[7] Vgl. § 53c VAG und die Verordnung über die Kapitalausstattung von Versicherungsunternehmen (KapAusstV) für die folgenden Ausführungen und Detailregelungen; auch Farny (2006), S. 778 ff.

$$\frac{\text{Ist} - \text{Solvabilität}}{\text{Soll} - \text{Solvabilität}} \geq 100\%$$

Die Ist-Solvabilität ergibt sich durch die an einem Stichtag vorhandene Menge an freien Eigenmitteln, zu denen vornehmlich das Eigenkapital zählt.

Die Soll-Solvabilität wird in dreifacher Weise ermittelt. Zum einen als sogenannte „Solvabilitätsspanne“, die sich nach dem gesamten Geschäftsumfang bemisst. Des Weiteren als sogenannter „Garantiefonds“, definiert als ein Drittel der Solvabilitätsspanne, und letztlich als sogenannter „Mindestgarantiefonds“, als eine absolute Größe, deren Höhe von den betriebenen Versicherungssparten abhängt.

Die Solvabilitätsspanne ergibt sich als höherer Wert des Beitragsindex (der das Neugeschäftsrisiko darstellt) oder des Schadenindex (der das Altgeschäftsrisiko abbildet).

Der Beitragsindex setzt sich zusammen aus 18 % der Brutto-Prämien bis 50 Mio. € zuzüglich 16 % der Beiträge über 50 Mio. €. Der Schadenindex ist die Summe aus 26 % der durchschnittlichen Schadenaufwendungen (der letzten drei Jahre) bis 35 Mio. € und 23 % der durchschnittlichen Schadenaufwendungen über 35 Mio. €.

Beitragsindex

18 %	der Bruttoprämien bis	50 Mio. €
+ 16 %	der Bruttoprämien über	50 Mio. €

Schadenindex

26 % der durchschnittlichen Schadenaufwendungen (der letzten drei Jahre) bis 35 Mio. €
\+ 23 % der durchschnittlichen Schadenaufwendungen (der letzten drei Jahre) über 35 Mio. €

Betrachtet man die Größenverhältnisse der beiden Indizes in Abhängigkeit der Schadenquote, so lässt sich beobachten, dass bei einer Schadenquote größer 70 % der Schadenindex größer dem Beitragsindex bzw. bei einer Schadenquote kleiner 70 % der Schadenindex kleiner als der Beitragsindex ist.

Die passive Rückversicherung kann bis maximal 50 % angerechnet werden.

1.1.2 Kritikpunkte an den Solvency I-Regelungen

Bei den aktuell gültigen Solvency I-Regelungen handelt es sich um ein starres, wenig risikoorientiertes System, das die wesentlichen Risikoeigenschaften von Segmenten nicht beachtet. So sind die oben beschriebenen zahlenmäßigen Vorgaben zur Ermittlung des Beitrags- bzw. Schadenindex, die die (versicherungstechnische) Risikolage des Schadenversicherers messen sollen, risikotheoretisch nicht begründbar[8].

Die Berücksichtigung von absoluten (statt relativen) Werten bei den mittleren Aufwänden führt zu einer systematischen Unterschätzung des Aufwands bei einem Bestandsanstieg bzw. zu einer Überschätzung des Aufwands bei Bestandsschrumpfung.

Die (begrenzte) Anrechnung der Rückversicherung ist nicht sachgerecht. Auch Rückversicherungsanteile über 50 % begründen einen Risikotransfer und mindern dementsprechend die Risikoexponierung des Versicherungsunternehmens.[9] Des Weiteren berücksichtigt die Regelung nicht die Bonität der Rückversicherer, d. h., es erfolgt eine volle Abschreibung der Rückversicherungsanteile über 50 % trotz gegebenenfalls exzellenter Bonität bzw. keine Abschreibung der Rückversicherungsanteile unter 50 % trotz gegebenenfalls schlechter Bonität.

Als besonders kritisch ist die Nicht-Berücksichtigung von Kapitalanlagenrisiken[10] und von operationellen Risiken zu bezeichnen.

---

[8] Vgl. zu den Kritikpunkten an Solvency I grundlegend Farny (2006), S. 796 ff.
[9] Vgl. ebenda.
[10] In der Lebensversicherung wird das Kapitalanlagerisiko pauschal berücksichtigt.

Insgesamt kann zusammenfassend gesagt werden, dass das zurzeit bestehende Solvabilitätssystem (Solvency I) den Veränderungen in den Märkten sowie dem individuellen Risikoprofil der Versicherungsunternehmen nicht ausreichend Rechnung trägt.

1.1.3 Hintergründe des Solvency II-Projekts

Aufgrund der oben beschriebenen Kritikpunkte an dem bisherigen Solvabilitätsystem, das in erster Linie quantitativ ausgerichtet ist, startete die EU-Kommission bereits im Jahre 2000 das Projekt Solvency II. Angestrebt wird ein qualitatives Solvenzsystem, das neben quantitativen Anforderungen auch einen besonderen Wert auf die Funktionsfähigkeit eines Governance- und Risikomanagementsystems zur adäquaten Steuerung eines Versicherungsunternehmens legt.[11]

Das neue Solvenzregime möchte den veränderten Rahmen- und Risikobedingungen des Versicherungsgeschäfts Rechnung tragen. Innerhalb der Versicherungstechnik ist eine Zunahme von Kumulrisiken sowohl aufgrund von Naturereignissen (NatCat) als auch durch menschliches Handeln (man made catastrophes) zu verzeichnen. Die Kapitalmärkte weisen durch das Zusammenwachsen eine erhebliche Volatilität und damit sehr große Risiken auf, was durch die aktuelle Finanzmarktkrise in ein akutes Stadium übergegangen ist. Durch die zunehmende Vernetzung und Technikabhängigkeit im Vertrieb, den Betriebs- und Verwaltungsbereichen gewinnen auch die operationellen Risiken immer mehr an Bedeutung.

Das Hauptziel von Solvency II, dessen Inhalte voraussichtlich 2012 vollständig in nationales Recht umgesetzt werden sollen, ist demnach die Erhöhung des Schutzes der Versicherungsnehmer sowie der Stabilität der Versicherungsbranche im Allgemeinen.[12]

---

[11] Vgl. Europäische Kommission (2007), S. 23.
[12] Vgl. Europäische Kommission (2007), S. 22.

1.1.4 Rechnungslegungs- vs. Solvenzvorschriften

Eine weitere tiefgreifende Veränderung ergibt sich für Versicherungsunternehmen im Rahmen des Paradigmenwechsels in den Rechnungslegungsvorschriften hin zu einem „True-and-Fair-View-Prinzip", das von den **International Financial Reporting Standards (IFRS)** verfolgt wird. Primäres Ziel der IFRS ist es, ein zeitnahes und realistisches Bild der tatsächlichen Vermögens-, Finanz- und Ertragslage der Versicherungsunternehmen zu geben, was eine stärkere Orientierung sowohl der Aktiva als auch der Passiva an Marktwerten erfordert. Ziel der neuen Versicherungsaufsicht muss es sein, die Entwicklungen in den Rechnungslegungsvorschriften in dem eigenen Solvabilitätssystem zu berücksichtigen. Im Folgenden werden die Zusammenhänge zwischen den Rechnungslegungs- und Solvenzvorschriften und ihre jeweilige Kompatibilität zueinander diskutiert.

Abbildung 1 zeigt zunächst die **unterschiedlichen Aufsichts- und Rechnungslegungsregimes** und ihre charakteristischen Merkmale auf. Das Handelsgesetzbuch (HGB) ist durch eine Orientierung an Gläubigerinteressen geprägt. Somit dominiert das Vorsichtsprinzip, das zu hohen Sicherheiten in den Rechnungslegungsvorschriften und somit zu einem geringeren Ist-Eigenkapital führt. Bei den IFRS stehen die Interessen der Investoren im Vordergrund. Durch das dominante Fair Value-Prinzip, das durch die ökonomische Sichtweise geringere Sicherheiten in den Rechnungslegungsvorschriften liefert, wird i. d. R ein höheres Ist-Eigenkapital in den Bilanzen beobachtet.

HGB	**IFRS**
• Vorsichtsprinzip, d.h. • hohe Sicherheit in den Rechnungslegungsvorschriften ➢ I.d.R. geringeres Ist-Eigenkapital	• Fair Value-Prinzip, d.h. • geringere Sicherheit in den Rechnungslegungsvorschriften ➢ I.d.R. höheres Ist-Eigenkapital
Solvency I	**Solvency II**
➢ I.d.R. geringere Anforderungen an das Soll-Eigenkapital	➢ I.d.R. höhere Anforderungen an das Soll-Eigenkapital

Abbildung 1: Rechnungslegungs- und Solvenzvorschriften (I)

In einem zweiten Schritt werden die dargestellten Rechnungslegungs- und Solvenzsysteme kombiniert und ihre gegenseitige Verträglichkeit analysiert (vgl. Abbildung 2).

	Solvency I	**Solvency II**
HGB	• Geringes Ist-Eigenkapital • Geringes Soll-Eigenkapital ➢ **Passt prinzipiell zusammen**	• Geringes Ist-Eigenkapital • Höheres Soll-Eigenkapital • Wettbewerbsnachteil für VU ➢ Modernisierung von HGB (BilMoG)
IFRS	• Höheres Ist-Eigenkapital • Geringes Soll-Eigenkapital • Unsicherheit für VN ➢ Modernisierung von Solvency I (Solvency II)	• Höheres Ist-Eigenkapital • Höheres Soll-Eigenkapital ➢ **Passt prinzipiell zusammen**

Abbildung 2: Rechnungslegungs- und Solvenzvorschriften (II)

So ist zu erkennen, dass das HGB und Solvency I aufgrund von geringeren Anforderungen an das Eigenkapital prinzipiell zusammenpassen. Weil die IFRS wegen der ökonomischen Sichtweise ein höheres Ist-Eigenkapital ausweisen, das im Rahmen des aktuellen Aufsichtssystems Solvency I auf ein geringes Soll-Eigenkapital trifft, können Verzerrungen und Unsicherheiten für die Versicherungsnehmer auftreten, so dass die Entwicklung in der Bilanzierung als Treiber für die Modernisierung von Solvency I wirkt.

IFRS und Solvency II passen bei höheren Eigenkapitalanforderungen prinzipiell zusammen. Die Kombination von HGB und Solvency II birgt Wettbewerbsnachteile für (kleine bzw. mittelgroße) Versicherungsunternehmen, die weiterhin nach den Regeln des HGB bilanzieren wollen oder müssen[13]. Denn hierbei trifft ein nach HGB geringes Ist-Eigenkapital auf hohe Soll-Kapitalanforderungen nach Solvency II. Wie an der aktuellen Reform der Bilanzierungsregeln durch das BilMoG, das eine Annäherung an IFRS und

[13] Der HGB-Abschluss ist in der Lebensversicherung auch Ausschüttungsbemessungsgrundlage für die Überschussbeteiligung der Versicherungsnehmer, so dass hier zu mindestens in naher Zukunft zwingend weiter nach HGB bilanziert werden muss.

somit an eine marktwertorientierte Rechnungslegung bedeutet, zu beobachten ist, kann eine Reform des Aufsichtssystems auch ein Treiber für die Modernisierung von handelsrechtlichen Vorschriften sein.

1.1.5 „Drei-Säulen-Ansatz“

Solvency II möchte das aktuelle Aufsichtssystem in drei Bereichen umgestalten, die zusammen die drei Säulen von Solvency II bilden (vgl. Abbildung 3). Dieser „Drei-Säulen-Ansatz“ orientiert sich mit an die Versicherungswirtschaft angepassten Modifizierungen an den „Neuen Basler Eigenkapitalvereinbarungen“ (Basel II), die seit 2007 für den Bankensektor rechtsverbindlich gelten. Insofern wird dem angestrebten Ziel einer kohärenten Aufsicht über beide Sektoren Rechnung getragen.

Säule 1 enthält quantitative Anforderungen an die Versicherungsunternehmen, im Wesentlichen Vorschriften über die Berechnung der Kapitalanforderungen und die Bedeckung durch Eigenmittel. Im Mittelpunkt steht im Gegensatz zu dem bisherigen System eine adäquate Abbildung der Risikoexponierung des Versicherungsunternehmens. Solvency II geht dabei nach einem zweistufigen Konzept vor. Neben der Solvenzkapitalanforderung, die das tatsächliche Risikoprofil des Versicherungsunternehmens widerspiegelt, ist auch eine Mindestkapitalanforderung zu berechnen, deren Unterschreitung die Interessen der Versicherungsnehmer ernsthaft gefährden kann.

Die **2. Säule** des Modells umfasst die qualitativen Aufsichtsregeln. Diese beziehen sich zum einen auf Anforderungen zur Ausgestaltung eines Governance- und Risikomanagementsystems und zum anderen auf den aufsichtsrechtlichen Überprüfungsprozess (Supervisory Review Process), also die Überprüfung sowohl der quantitativen als auch der qualitativen Anforderungen von Solvency II. Bei Nichteinhaltung folgen Maßnahmen der Aufsichtsbehörde.[14]

---

[14] Die BaFin hat mit der 9. VAG-Novelle und den MaRisk VA teilweise den Entwicklungen von Solvency II vorgegriffen, indem sie bereits jetzt die Inhalte der 2. Säule in nationales Recht umgesetzt hat. So soll den Unternehmen eine frühzeitige Vorbereitung auf die zukünftig zu erfüllenden Inhalte unter Solvency II ermöglicht werden.

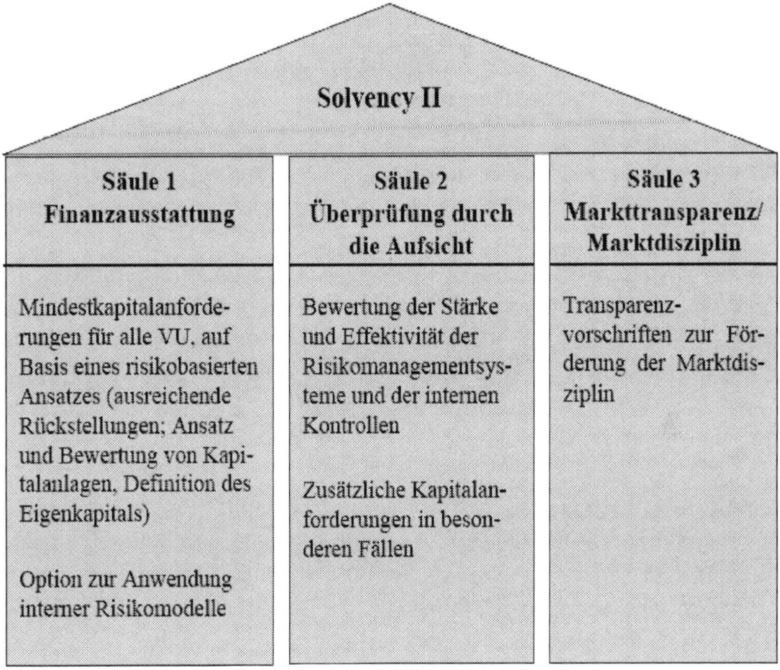

Abbildung 3: Drei-Säulen-Modell von Solvency II

Die **3. Säule** beinhaltet Vorschriften über die Offenlegungsanforderungen der Versicherungsunternehmen, sowohl gegenüber der Aufsichtsbehörde (supervisory reporting) als auch gegenüber den Versicherungsnehmern und dem Markt (public disclosure). Durch diese erweiterten Veröffentlichungspflichten soll eine höhere Markttransparenz und damit einhergehend eine bessere Marktdisziplin der Versicherungsunternehmen erreicht werden. Durch die Offenlegung der Solvenzlage und der Qualität des Risikomanagementsystems sollen gute Gesellschaften durch die Marktteilnehmer belohnt und schlechte Unternehmen bestraft werden. Es ist zum Zwecke der Vereinheitlichung geplant, die Offenlegungsanforderungen nach Solvency II an die Publizitätspflichten gemäß den Rechnungslegungsvorschriften IFRS anzupassen.

Wie bereits erwähnt ist Gegenstand der **ersten Säule** die **Finanzausstattung** und die quantitative Beurteilung der Solvabilität der Versicherungsunternehmen. So enthält sie unter anderem Reservierungsvorschriften für Lebens- und Nichtlebensversicherungsunternehmen. Die Berechnung der Eigenmittelanforderungen erfolgt zweistufig.

Die **Solvenzkapitalanforderung** (Solvency Capital Requirement – SCR) spiegelt das individuelle Risikoprofil der Versicherungsunternehmen wider und entspricht folglich dem ökonomischen Kapital, über das die Gesellschaften verfügen müssen, um mit hoher Wahrscheinlichkeit alle in dem folgenden Jahr auftretenden Verluste absorbieren zu können. Die Solvenzkapitalanforderung kann mithilfe des Standardmodells oder anhand eines internen Modells bestimmt werden.[15] Bei Unterschreitung des SCR werden je nach Schwere der Anforderungsverletzung Eingriffe der Aufsichtsbehörde begründet (sogenannte Aufsichtsleiter).

Die **Mindestkapitalanforderung** (Minimum Capital Requirement – MCR) spiegelt ebenfalls ein von den Versicherungsunternehmen vorzuhaltendes Eigenmittelniveau wider und entspricht einer Mindestkapitalhöhe, deren Unterschreitung zu einer Gefährdung der Fortführung des Versicherungsunternehmens führen kann. Sie soll auf einfache und klare Weise berechnet werden können. Der Verstoß gegen die Mindestkapitalanforderung löst die ultimativen aufsichtsrechtlichen Maßnahmen der Aufsicht aus und führt zu einem Entzug der Genehmigung zur Geschäftsfortführung.[16]

1.2 Standardmodell / Interne Modelle

Solvency II erlaubt das Zielkapital (SCR) entweder nach einem für die EU einheitlichen Standardmodell oder mithilfe eines internen Risikomodells zu bestimmen.

Aktuell wird ein Standardmodell (Standardformel) entwickelt und zur Abschätzung seiner Auswirkungen auf die (deutschen) Versicherungsunternehmen wurden und werden sogenannte Auswirkungsstudien (QIS – Quantitative Impact Study) durchgeführt.

---

[15] Vgl. Europäische Kommission (2007), S. 14.
[16] Vgl. Europäische Kommission (2007), S. 15.

Um ein unternehmensindividuelles internes Risikomodell zur Ermittlung der Zielkapitalausstattung heranziehen zu können, muss dieses allerdings zuvor durch die Aufsichtsbehörden geprüft und zertifiziert werden.

1.2.1 Standardmodell

Die in den Auswirkungsstudien getesteten Standardmodelle sind von ihrer Ausgestaltung her Faktorenmodelle, bei denen zu einem Stichtag die verfügbaren Eigenmittel der aus der Risikolage des Versicherungsunternehmens sich ergebenden Solvenzkapitalanforderung gegenübergestellt werden.

Für eine ausreichende Kapitalisierung muss ein Versicherungsunternehmen über Eigenmittel in mindestens gleicher Höhe wie das Solvenzkapital verfügen, d. h.

$$\frac{\text{Eigenmittel}}{\text{SCR}} \geq 100\%.$$

Damit ist es mit einer hohen Sicherheitswahrscheinlichkeit in der Lage, alle Verluste, die innerhalb des Betrachtungszeitraums eintreten können, zu absorbieren.

Obwohl Standardmodelle von ihrer grundsätzlichen Konzeption her weniger Input und Modellierungsexpertise benötigen, ist zumindest das für die EU angestrebte Standardmodell, wie aktuell an QIS 4 zu beobachten ist, mittlerweile mit hohem Aufwand und hoher Komplexität verbunden.

Konzeptionell folgt der europäische Standardansatz einem Bottom-Up-Prinzip[17], d. h., die Bewertung der Risikolage erfolgt zunächst für die einzelnen Risiken.[18] Die zu betrachtenden Risiken (Risikoklassen) werden dabei in Module eingeteilt, die sich aus der Zusammenfassung der Kapitalanforderungen von Teilrisiko- bzw. Untermodulen ergeben. Nach der getrennten Bestimmung der Kapitalanforderung pro Risikoklasse sind die

---

[17] Im Gegensatz hierzu folgen Interne Risikomodelle i. d. R. einem Top-Down-Ansatz.

[18] Vgl. Europäische Kommission (2007), S. 14; auch Anhang IV der Solvency II-Richtlinie der Europäischen Union (2009); Schradin/Ehrlich (2009), S. 19.

einzelnen Kapitalanforderungen unter Berücksichtigung von Korrelationen zu einer Gesamtkapitalanforderung zu aggregieren.[19]

Für die Ermittlung der Gesamtkapitalanforderung im Standardmodell werden hauptsächlich folgende Risiken abgebildet[20], die in vier Hautgruppen unterteilt werden können (vgl. Abbildung 4):

Kapitalanlagerisiken	**Bonitätsrisiken**
Marktrisiko Währungsrisiko Zinsrisiko	Kapitalanlageausfall [1)] Rückversicherungsausfall
Versicherungstechnische Risiken	**Operationelle Risiken**
Prämienrisiko Reserverisiko	IT-Ausfall Managementfehler etc.

1) Ggf. auch als Bestandteil der Kapitalanlagerisiken aufgefasst.

Abbildung 4: Wichtige Risiken im Standardmodell

Das **Kapitalanlagerisiko** lässt sich hierbei aufgliedern in das Marktrisiko, das (Fremd-)Währungsrisiko und das Zinsrisiko. Eine ausführliche Beschreibung dieser Risiken sowie ihr Einfluss auf die Kapitalanlage werden in Kapitel 4.1 (Risikoeinflüsse auf die Kapitalanlage) gegeben.

Bei **Bonitätsrisiken** wird unterschieden zwischen Kapitalanlage- und Rückversicherungsausfall. Während das erste Risiko ggf. auch den Kapitalanlagerisiken zugerechnet werden kann, bleibt der potentielle Rückversicherungsausfall komplett in diesem Bereich. Hier versuchen die Versicherungsunternehmen vorzubeugen, indem sie ein Mindestrating für ihre Rückversicherungspartner festlegen.

19 Vgl. Schradin/Ehrlich (2009), S. 18 f.
20 Vgl. Art. 101 Abs. 4 Solvency II-Richtlinie (2009).

Das **versicherungstechnische Risiko** hat gerade für die Schaden-Unfallversicherer eine sehr hohe Bedeutung. Es besteht klassischerweise in dem Prämien- und Reserverisiko. Stimmt also die tatsächlich benötigte Prämie oder der tatsächlich reservierte Schadenbedarf nicht mit den kalkulierten Größen überein, entsteht ein versicherungstechnischer Verlust. Letzteres Risiko wird ausführlich in Kapitel 3.1 (Reserven) behandelt.

Das **operationelle Risiko** eines Versicherers ist das Ausfallrisiko, das sich aus unangemessenen oder fehlgeschlagenen internen Prozessen, aus mitarbeiter- und systembedingten oder aber externen Vorfällen ergibt.[21] Beispiele dafür können ein Ausfall der IT-Systeme aufgrund mangelhafter Wartung oder schlechter Standortwahl oder auch menschliches Versagen, wie Fehler des Managements oder Ähnliches sein. Näher eingegangen hierauf wird in Kapitel 5.2 (Operationelle Risiken).

Sind nun alle Teilbereiche quantifiziert, ergibt sich ein Risikogesamtbild des Versicherungsunternehmens durch Aggregation der einzelnen Risiken.

Für die **Aggregation der Einzelrisiken** wird konzeptionell zwischen zwei Annahmen unterschieden:

1. Die Risiken $R_1, \ldots, R_k$ mit den Eigenkapitalbedarfen $EK_1, \ldots, EK_k$ werden als **vollständig abhängig** untereinander sowie zum Rest-Risiko angenommen.

2. Die Risiken $R_{k+1}, \ldots, R_n$ mit den Eigenkapitalbedarfen $EK_{k+1}, \ldots$, EK_n werden im Schnitt mit einer **Korrelation von ρ** untereinander angenommen.

Zusammengefasst lässt sich folgende **allgemeine Aggregationsregel für Standardmodelle** aufstellen:

$$EK_{Gesamt} = EK_1 + \ldots + EK_k + \left(\sum_{i=k+1}^{n} EK_i^2 + 2 \cdot \rho \sum_{i<j} EK_i \cdot EK_j \right)^{\frac{1}{2}}$$

[21] CEIOPS (2005), S. 100.

Der Ansatz einer mittleren Korrelation ρ stellt dabei eine Vereinfachung dar, die bei Bedarf auch entfallen kann.

Diese Form einer Aggregationsregel soll im folgenden Übungsbeispiel veranschaulicht werden:

Ein Unternehmen hat folgenden Eigenkapitalbedarf:

Versicherungstechnik	400
Kapitalanlage	300
Operationelle Risiken	100

Die EK-Bedarfe von VT und Kapitalanlage werden als unabhängig betrachtet.

Wie hoch ist der Gesamtkapitalbedarf, wenn das operationelle Risiko

a) ebenfalls als unabhängig,

b) als vollständig abhängig betrachtet wird?

Lösung:

$$\text{a) } EK_{\text{Gesamt}} = \sqrt{EK_{VT}^2 + EK_{KA}^2 + EK_{OR}^2} = \sqrt{400^2 + 300^2 + 100^2} = \sqrt{260.000} = 509{,}9$$

$$\text{b) } EK_{\text{Gesamt}} = \sqrt{EK_{VT}^2 + EK_{KA}^2} + EK_{OR} = \sqrt{400^2 + 300^2} + 100 = \sqrt{250.000} + 100 = 600{,}0$$

Aus diesem Beispiel lässt sich leicht erkennen, wie viel Einfluss die Abhängigkeitsstruktur von Risiken untereinander für die Bestimmung des benötigten Gesamteigenkapitals hat.

Die Eigenkapitalanforderungen der Teilbereiche sind in beiden Teilaufgaben identisch, allerdings unterscheiden sich die Abhängigkeiten wesentlich. So kommt es letztendlich zu einer völlig anderen Gesamteigenkapitalanforderung.

1.2.2 Interne Modelle

Bei internen Risikomodellen handelt es sich um stochastische Modelle, die mit einer ökonomischen Zielfunktion starten, welche optimiert werden soll. Diese kann u. a. sein:

- das Eigenkapital
- **die Gewinn- und Verlustrechnung (GuV)**
- die Eigenkapitalrendite

Sobald die Zielfunktion eindeutig und klar definiert sowie in ihren stochastischen Eigenschaften modelliert ist, kann auch ein sinnvoller Risikobegriff formuliert werden.

Im Falle der **GuV** wäre Risiko dadurch gekennzeichnet, dass das GuV Ergebnis durch

- **Mehraufwand bzw.**
- **Minderertrag**

verringert wird und dadurch u. U. auch sehr stark negativ ausfallen kann.

Insofern wird ein anderer Ansatz verfolgt als bei Standardmodellen (Diese beginnen mit den Risiken und verlieren dabei die ökonomischen Zusammenhänge des Öfteren aus den Augen). Man hat nun folgendes Ziel:

$$\text{Eigenmittel} - \text{SCR} \geq 0$$

Dieser Ansatz ist im gewissen Sinn natürlicher als ein Faktorenmodell; er passt zur **stochastischen GuV** als **ökonomischer Zielfunktion** im Rahmen von internen Modellen.

Im Folgenden wird daher nur noch die stochastische GuV als Zielfunktion, die Modellierung der auf die GuV wirkenden Risiken als Mehraufwand bzw. Minderertrag und das hieraus resultierende stochastische (ökonomische) Eigenkapital betrachtet. Interne Modelle auf der Grundlage alternativer Zielfunktionen werden an dieser Stelle nicht weiter analysiert.

Jedes interne Modell startet zunächst mit einer sinnvollen ökonomischen Zielfunktion, meistens mit einer stochastischen GuV.

Nach Aufstellung einer solchen Zielfunktion wird versucht, die Höhe des vorzuhaltenden Risikokapitals für das Gesamtunternehmen (und daraus abgeleitet für die steuerungsrelevanten Teilsegmente) gemäß dem individuellen Risikoprofil der Gesellschaft zu quantifizieren. Ziel dabei ist es beispielsweise, den Eigenkapitalbedarf so zu bestimmen, dass ein vorher vorgegebener (technischer) Ruin nicht überschritten wird. Für die internen Modelle sind deshalb grundsätzlich deutlich mehr **Modellierungsexpertisen** und ein wesentlich vielfältigerer Input als bei den Standardmodellen notwendig.

1.3 Weitere Vorgehensweise

In den nachfolgenden Abschnitten soll nun versucht werden, Schritt für Schritt ein internes GuV-Modell für ein Schadenversicherungsunternehmen aufzubauen, das den Solvency II-Anforderungen genügt.

1.3.1 Basisansatz und allgemeine Grundlagen

Mit einem internen GuV-Modell soll vom Ausgangszeitpunkt t = 0 eine Hochrechnung für die Periode t = 1 erfolgen. Dabei dient die **deterministische Startbilanz** zum Zeitpunkt t = 0 als Ausgangsbasis für die weitere Modellierung. Mithilfe der stochastischen GuV können stochastische Fair Values der Assets und Liabilities für den Zeitpunkt t = 1 projiziert werden. Hierbei erfolgt eine **Simulation** der Veränderungen der Assets als auch der Liabilities beeinflusst durch das Neu- und das Bestandsgeschäft.

Interne Modelle in der Schadenversicherung analysieren die Struktur der Eigenkapitalverteilung nach Ablauf eines Jahres, so dass zuerst die benötigten stochastischen Grundlagen erarbeitet werden müssen. Daher werden zunächst einmal die für die Modellierungen in Frage kommenden Verteilungen diskutiert, wobei stets ein möglichst einfacher Verteilungstyp gewählt wird, mit dem relevante Modellierungsaspekte abgebildet werden können. In einem zweiten Schritt wird dann erläutert, wie man mit solchen Verteilungen Monte-Carlo-Simulationen aufbauen kann.

Bei der Analyse der Eigenkapitalverteilung nach einem Jahr spielen nicht nur mathematische Aspekte, sondern auch Bewertungsaspekte eine Rolle, denn die Resultate hängen durchaus davon ab, ob man beispielsweise das HGB- oder das IFRS-Eigenkapital betrachtet. Langfristig werden vermutlich alle internen Modelle in Richtung **Fair Value-Bewertung** tendieren, d. h. einer Bewertung möglichst nahe an beobachtbaren Marktpreisen. Legt man eine IFRS-Bilanz zugrunde, so ist aktuell noch zu beachten, dass die Aktiva zu Marktwerten angesetzt werden, wobei aber im Rahmen der Phase 1[22] die Reserven i. d. R. nicht zum Fair Value (FV), sondern als „bestmöglicher Schätzwert" (Best Estimate) bewertet werden, was eine Neubewertung zu Marktwerten erfordert. Da man für Reserven eines Schadenversicherers keine wirklichen Marktpreise beobachten kann, muss man hier zu geeigneten Modellansätzen kommen.

Im Prinzip stellt sich dieses Problem auch für Lebensversicherungsunternehmen, wobei sich aufgrund der unterschiedlichen Schwerpunkte in der Lebens- und Schadenversicherung historisch vollkommen verschiedene Modellierungsansätze entwickelt haben. Theoretisch sind alle Ansätze gleich, da sie ja Marktpreismechanismen nachbilden, praktisch ergeben sich aber Unterschiede bedingt durch die Wahl der Modellparameter. Gerade Versicherungsholdinggesellschaften, die ein gemeinsames Gruppenmodell anstreben, stehen hier vor der Fragestellung, Kongruenz zwischen den verschiedenen Modellansätzen herzustellen.

Das Eigenkapital am Ende eines Bilanzjahres ergibt sich ganz allgemein aus dem Eigenkapital zu Beginn des Bilanzjahres zuzüglich der Resultate aus der Gewinn- und Verlustrechnung. Im Kontext der internen Modelle bedeutet dies, dass zunächst einmal das Eigenkapital zu Periodenbeginn ggf. noch ökonomisch umbewertet wird (um möglichst nahe an Marktwerte heranzureichen) und dass die **GuV stochastisch** erfolgt. Das heißt, dass die GuV und somit das Eigenkapital am Ende der Periode beispielsweise 1.000 Mal oder 10.000 Mal mithilfe von Monte-Carlo-Simulationen „aus-

[22] Die Einführung der IFRS erfolgt für die Versicherungsbranche in zwei Phasen. Während die erste bereits abgeschlossen ist und eine Marktwertbilanzierung für die Assets vorsieht, soll eine einheitliche Fair Value-Bewertung für die versicherungstechnischen Verpflichtungen erst mit Abschluss der Phase 2 erfolgen. Im Rahmen der Phase 1 (vgl. für Näheres IFRS 4) besteht ein Wahlrecht, die versicherungstechnischen Rückstellungen entweder nach dem bisherig angewendeten Verfahren (HGB, US-GAAP) oder nach Marktwerten zu bewerten.

gewürfelt“ werden. Monte-Carlo-Simulationen liefern somit das technische Hilfsmittel, die (theoretisch kaum in den Griff zu bekommende) Struktur der Eigenkapitalverteilung am Ende der Periode näherungsweise ermitteln zu können.

Um die üblichen betrieblichen Planungsansätze mit den Konzepten aus Solvency II in der stochastischen GuV zu vereinen, wurde zunächst einmal rein formal zwischen planmäßiger und außerplanmäßiger GuV unterschieden. Unter **planmäßiger GuV** verstehen wir dabei an dieser Stelle Versicherungstechnik und Nicht-Versicherungstechnik, so wie sie üblicherweise in die betriebliche Planung eingehen. Der Risikobegriff aus Solvency II geht aber über die damit verbundenen Risiken hinaus, beispielsweise beim Ansatz von operationellen Risiken. Darüber hinaus gibt es Risiken, die in einer deterministischen (d. h. am Erwartungswert orientierten) Planungsrechnung niemals auftreten werden, wie etwa außerplanmäßige Steuerabschreibungen in besonders schlechten Szenarien. Alle diese Aspekte wurden unter dem Begriff **außerplanmäßige GuV** eingeordnet.

Die stochastische GuV wird darüber hinaus durch externe stochastische Einflussfaktoren außerhalb des betrieblichen Wirkungsbereiches beeinflusst, wie etwa durch die Zinsentwicklung innerhalb der Bilanzperiode. Somit benötigt man neben unternehmensinternen stochastischen Modellen (z. B. für die stochastische Entwicklung der Bilanzreserven) als weitere Zutat zu einem internen Modell noch eine Modellierung des Marktgeschehens am Ende der Bilanzperiode in Form von **ökonomischen Szenarien**. Dabei kann die Erstellung der ökonomischen Szenarien durch das Unternehmen selbst oder durch externe Anbieter erfolgen, wodurch ggf. eine bessere Vergleichbarkeit zwischen den Modellansätzen verschiedener Unternehmen gegeben ist.

1.3.2 Modellierung der Versicherungstechnik

Die Abbildung der **Versicherungstechnik** in der stochastischen GuV gliedert sich in die Modellierung der Reserveentwicklung für den Altbestand sowie in die Modellierung des Neugeschäfts für das neue Bilanz-/Anfalljahr. Die stochastische **Reserve des Altbestandes** am Ende der Periode ergibt sich aus der deterministischen Reserve zu Periodenbeginn abzüglich der Zahlungen innerhalb der Periode abzüglich oder zuzüglich etwaiger Reserveveränderungen bedingt durch günstige oder ungünstige Entwicklungen. Hier gilt es also, geeignete stochastische Modelle für die Zahlungen innerhalb der Periode und der einjährigen Reserveveränderungen zu erstellen.

Beim **Neugeschäft** im neuen Bilanz-/Anfalljahr muss zuerst ein geeignetes **Brutto-Modell** für den Brutto-Schadenaufwand konzipiert werden. Um den Netto-Schadenaufwand nach Anwendung der Rückversicherungsstrukturen möglichst genau abschätzen zu können, ist es sinnvoll, das Brutto-Modell eng an die Rückversicherungsstrukturen zu koppeln. Neben einer zweckmäßigen Unterteilung des Brutto-Schadenaufwandes nach Sparten und Segmenten ist somit im Einklang mit den üblichen Rückversicherungsstrukturen auch eine Aufteilung in **Großschäden**, **Naturkatastrophenschäden** und **Basisschäden** (als Komplemente dazu) sinnvoll.

Im **Rückversicherungsmodell** können dann die wichtigsten Rückversicherungsstrukturen auf den modellierten Brutto-Schadenaufwand angewendet werden. Hierbei bieten Monte-Carlo-Simulationen in der Regel die einzige Möglichkeit zu testen, wie Rückversicherungsstrukturen in extremen Fällen wirken und ob im Hinblick auf die Veränderung der Risikostruktur zwischen Brutto- und Netto-Aufwand die Rückversicherungslösung effizient war (beispielsweise im Hinblick auf eine genügend große Kapitalkostenentlastung).

1.3.3 Modellierung der Kapitalanlage

Versicherung ist bekannterweise ein Kuppelprodukt zwischen Risikozeichnung und Kapitalanlage und somit beeinflussen nicht nur die versicherungstechnischen Risiken die stochastische Gewinn- und Verlustrechnung, sondern auch die **Kapitalanlagerisiken**. In der stochastischen GuV ergibt sich der stochastische Wert der Kapitalanlagen am Ende der Periode aus dem deterministischen Wert zu Beginn der Periode abzüglich Dividenden, Kuponzahlungen usw. sowie zuzüglich oder abzüglich etwaiger Wertveränderungen. Dabei hängen die Wertveränderungen in den einzelnen **Asset-Klassen** durchaus auch davon ab, welche Regeln ein Unternehmen bei der Neuanlage des liquiden Saldos aus der Neugeschäftsprämie anwendet. Um die hier beschriebenen Modellbeispiele möglichst einfach zu gestalten, wurde stets davon ausgegangen, dass keine Dividenden, Kuponzahlungen usw. erfolgen (d. h., wir gehen von einer Gewinnthesaurierung bzw. Zerokuponbonds aus) und dass der liquide Saldo aus der Neugeschäftsprämie stets risikofrei angelegt wurde.

Die **Modellierung** der Wertveränderungen der Kapitalanlagen ergibt sich dabei in nicht unerheblichem Maß aus der Modellierung der ökonomischen Szenarien. Für **festverzinsliche Wertpapiere** ist das ziemlich evident, da der Wert nach einem Jahr eindeutig aus der Entwicklung des Marktzinses für die jeweilige Restlaufzeit sowie der Entwicklung der Zinsspreads resultiert. Diese beiden Parameter sind aber neben vielen anderen wichtigen Marktparametern üblicherweise in ökonomischen Szenarien abgebildet, wobei in den Szenarien bei den Zinsspreads in der Regel auch die möglichen Bonitätsveränderungen zu entnehmen sind.

Bei **Aktien** sind in vielen (internen wie auch externen) ökonomischen Szenarien Kursentwicklungen der wichtigsten Aktienindizes wie z. B. dem Eurostoxx abgebildet. Dies ermöglicht eine differenzierte Modellierung des unternehmenseigenen Aktienportfolios, bei der das eigene Portfolio so gut wie möglich den wichtigsten Aktienindizes zugeordnet wird.

1.3.4 Einbeziehung von sonstigen Risiken und Effekten

Neben der Versicherungstechnik und der Kapitalanlage benötigt man noch als letzte Zutat zu der stochastischen GuV des internen Modells die Abbildung aller darüber hinausgehenden **sonstigen Risiken** und der dadurch bedingten **außerplanmäßigen GuV-Effekte**. Hierbei muss man sich zunächst einmal vor Augen halten, was im Zusammenhang mit internen Modellen der Begriff Risiko eigentlich beinhaltet: Risiko bei einer stochastischen GuV bedeutet nicht irgendein schlimmes Ereignis irgendwo auf dem Globus, sondern zunächst einmal nur ganz einfach Mehraufwand (z. B. große Reserveerhöhungen) und/oder Minderertrag (z. B. drastische Kursverluste bei einer Aktie).

Alle weitere Risiken zusätzlich zu den versicherungstechnischen und den Kapitalanlage-Risiken kann man strukturell als Mehraufwand behandeln, der die GuV entsprechend negativ beeinflusst. Prinzipiell hat man hierbei die Möglichkeit, diesen Mehraufwand teilweise als sofortigen (stochastischen) liquiden Abfluss und teilweise als (stochastische) Drohverlustrückstellung in der Bilanz am Ende der Periode abzubilden. Im Hinblick auf das Liquiditätsrisiko sind beide Varianten nicht äquivalent, die Unterschiede dürften sich aber in Grenzen halten. Aus diesem Grund werden alle sonstigen Risiken in unseren Berechnungsbeispielen zur Vereinfachung stets als stochastische Drohverlustrückstellungen am Ende der Periode behandelt.

Betrachtet man in der ökonomischen Sichtweise analog zur Vorgehensweise in IFRS Rückversicherung als eine Asset-Position, dann kann man den **Rückversicherungsausfall** dahingehend modellieren, dass man eine geeignete stochastische Ausfallfunktion auf den Wert dieses Assets anwendet und den so ermittelten „Preis" für das Bonitätsrisiko als Drohverlustrückstellung behandelt. Der Marktwert der zedierten Reserven entspricht dabei konzeptionell dem Barwert der zedierten Reserven zuzüglich der Kapitalkostenentlastung durch die Rückversicherung abzüglich des Preises für das Bonitätsrisiko des Rückversicherers, der dann umso höher ausfällt, je schlechter die Bonität des Rückversicherers ist.

Völlig analog dazu kann man **operationelle Risiken** ebenfalls als stochastische Drohverlustrückstellung in der Bilanz zum Ende der Bilanzperiode behandeln, in der die noch zu erwartenden Kosten abgebildet sind, die sich allgemein aus der mangelnden Qualität der Unternehmensprozesse ergeben. Da die meisten Unternehmen in der Risk Map zumindest im Sinne eines „Self Assessments" eine Einschätzung dieser Risiken abgeben, können in einem ersten Schritt durchaus die Informationen aus der Risk Map zur Modellierung dieser Risiken herangezogen werden.

Bei einer ökonomischen Betrachtung von Risiken als stochastische Einflussgrößen für Mehraufwand oder Minderertrag in einer stochastischen ökonomischen Gewinn- und Verlustrechnung wirkt sich die Unternehmensbesteuerung bis zu einem gewissen Grad dahingehend glättend auf die Ergebnisse aus, dass tendenziell gute Resultate verschlechtert und schlechte Resultate verbessert werden. Man könnte also vermuten, dass durch den Ansatz von Steuereffekten die Wahrscheinlichkeit eines Unternehmensruins verringert wird.

Diese Vermutung greift aber zu kurz: Steuereffekte bei einem Verlust führen zu Verlustvorträgen, die man vom Finanzamt nicht erstattet bekommt, sondern die nur mit zukünftigen Gewinnen verrechnet werden dürfen. Wenn langfristig keine Gewinne mehr zu erwarten sind, dann sind derartige Verlustvorträge nicht mehr werthaltig und es muss eine **außerplanmäßige Steuerabschreibung** vorgenommen werden. Spätestens aber dann, wenn das Eigenkapital nur noch durch Verlustvorträge auf der Aktivseite abgedeckt ist, wird man wohl keine künftigen Gewinne mehr erwarten dürfen und eine solche Steuerabschreibung vornehmen müssen, d. h., Steuereffekte glätten bis zu einem gewissen Grad schlechte Ergebnisse, verhindern aber in korrekt konzipierten Modellen niemals einen Unternehmensruin.

1.3.5 Gesamtmodell

Nachdem bis zu diesem Punkt alle mathematischen und ökonomischen Zutaten für ein internes Modell zusammengetragen sind, stellt sich die spannende Frage, wie sich alle Einflüsse zusammen im **Gesamtmodell** auswirken und wie man die gewonnenen Erkenntnisse anwenden kann. Wie bereits zuvor erläutert ist das Gesamtmodell dabei nicht unabhängig von den zugrunde gelegten **Managementregeln**, beispielsweise bei der Entscheidung, wie der liquide Saldo der Neugeschäftsprämie angelegt werden soll oder welche Kapitalanlagen bei einem Großschaden zuerst aufgelöst werden sollen.

Die **Auswertung** der Struktur der Gesamtverteilung des Eigenkapitals nach einem Jahr liefert zunächst einmal Informationen auf der Ebene des Gesamtunternehmens wie etwa die beobachtete Anzahl von Unternehmensruinen oder die Relation zwischen dem Soll- und dem Ist-Kapital des Unternehmens. Als Ist-Kapital wird dabei je nach Sichtweise das Ausgangskapital zu Beginn der Periode oder das erwartete Kapital nach Ablauf der Periode definiert; das Soll-Kapital ergibt sich als Differenz zwischen dem Erwartungswert und dem Value at Risk bzw. als Differenz zwischen dem Erwartungswert und dem Tail Value at Risk zu einem zuvor festgelegten Sicherheitsniveau.

In einem derart aufgebauten internen Modell ergibt sich also das gesamte Risiko sofort aus der stochastischen Struktur der Eigenkapitalverteilung, in der ja alle positiven und negativen Einflüsse aus der GuV abgebildet sind; im Unterschied zu den üblichen Basismodellen stellt die Aggregation der

Risiken also keine gesonderte Fragestellung dar. Dennoch macht es beispielsweise unter Steuerungsaspekten Sinn, die Eigenkapitalbedarfe auf das Niveau einzelner Risiken herunter zu brechen, beispielsweise zur getrennten Performance Beurteilung von Kapitalanlage und Risikozeichnung. Somit muss man sich also mit dem Aspekt einer möglichst zweckmäßigen **Eigenkapitalallokation** auseinandersetzen. Hier gibt es unterschiedliche Allokationsverfahren, die je nach Sichtweise Vor- oder Nachteile beinhalten.

1.4 Stochastische Grundlagen

Im nachfolgenden Abschnitt werden die wesentlichen mathematisch-statistischen Grundlagen behandelt, die man zum Aufbau eines internen Modells in der Schadenversicherung benötigt. Dabei werden im ersten Teil die wichtigsten Verteilungen eingeführt und im zweiten Teil wird die generelle Vorgehensweise beim Aufbau eines Simulationsmodells erläutert.

1.4.1 Verteilungen

Zielsetzung bei der Auswahl der in diesem Abschnitt betrachteten Verteilungen war, für jeden in ein internes Schadenversicherungsmodell eingehenden Sachverhalt eine möglichst einfache Verteilung auszuwählen, die dennoch alle wesentlichen Eigenschaften abbildet.

1.4.1.1 Einpunktverteilung

Die einfachste stochastische Verteilung ist die Einpunktverteilung. Es handelt sich hierbei um eine diskrete Verteilung mit nur einer Merkmalsausprägung m, die den Eintritt eines sicheren Ereignisses beschreibt.

Mathematisch bedeutet dies, dass der Erwartungswert gleich m und die Varianz gleich null ist, d. h., dieser Verteilungstyp ist somit nicht wirklich stochastisch.

Diese Form der Verteilung wird häufig zur Modellierung von Ausfallereignissen bei Standardmodellen verwendet. Hier beschränkt sich die Anwendung der Einpunktverteilung auf Werte m aus dem Intervall [0, 1], d. h., es wird beispielsweise auf 100 Mio. Euro zedierte Reserve eine feste Ausfallwahrscheinlichkeit von 1 % angewendet.

Aufgrund der fehlenden Volatilität wird die Einpunktverteilung in internen Modellen in der Regel nicht angewendet. In dem zuvor beschriebenen Beispiel wird ein denkbarer Rückversicherungsausfall lediglich wie ein sicheres Disagio von 1 % auf die zedierten Reserven modelliert, was aber kaum der tatsächlichen Risikolage entspricht.

- Sicherer Eintritt einer einzigen Merkmalsausprägung m
- Erwartungswert = m
- Varianz = 0
- Anwendung beispielsweise bei der Modellierung von Ausfallereignissen in Standardmodellen, hier gilt m ε [0, 1]

1.4.1.2 Bernoulliverteilung (Null-Eins-Verteilung)

Bei der Bernoulliverteilung handelt es sich ebenfalls um eine sehr einfache diskrete Verteilung, die jedoch im Gegensatz zur Einpunktverteilung zwei Realisierungen zulässt: den Eintritt eines Ereignisses (Merkmalsausprägung 1 mit Wahrscheinlichkeit p) und den Nichteintritt eines Ereignisses (Merkmalsausprägung 0 mit Wahrscheinlichkeit 1 – p). Das Bernoulliexperiment wird auch als Null-Eins-Verteilung bezeichnet.

Nimmt die Eintrittswahrscheinlichkeit p den Wert 1 an, handelt es sich um das sichere Ereignis; mit der Wahrscheinlichkeit p = 0 wird das unmögliche Ereignis beschrieben. In einem Bernoulliexperiment wird grundsätzlich nur „ein Versuch“ durchgeführt; werden N unabhängige Versuche hintereinander durchgeführt, spricht man von der Binomialverteilung.

Der Erwartungswert ist die Summe der – mit den jeweiligen Wahrscheinlichkeiten gewichteten – Merkmalsausprägungen 0 und 1, d. h.:

$$E(X) = p \times 1 + (1 - p) \times 0 = p$$

Die Varianz ist der Erwartungswert der quadratischen Abweichungen vom Erwartungswert, d. h.:

$$\begin{aligned} VAR(X) &= E[(X - E(X))^2] \\ &= p \times (1 - p)^2 + (1 - p) \times (0 - p)^2 \\ &= p \times (1 - 2p + p^2) + (1 - p) \times p^2 \\ &= p \times (1 - p) \end{aligned}$$

Von allen Verteilungen mit Merkmalsausprägungen im Intervall [0, 1] und mit dem Erwartungswert p ist bei der Bernoulliverteilung die Varianz am höchsten, da sich die Werte nur auf die Ränder 0 und 1 konzentrieren. Im Gegensatz zur Einpunktverteilung würde daher dieser Verteilungstyp bei der Modellierung eines Rückversicherungsausfalls das Risiko nicht unter-, sondern systematisch überschätzen.

- Diskrete Verteilung mit den Merkmalsausprägungen 0 und 1
- Erwartungswert = p
- Varianz = $p \cdot (1 - p)$
- Bei gegebenem Erwartungswert p hat die Bernoulliverteilung B_p von allen [0, 1] Verteilungen die größte Varianz
- Daher nur selten Anwendung bei der Modellierung von Ereigniseintritten, z. B. Rückversicherungsausfall
- Spezialfälle:
  - das sichere Ereignis (p = 1)
  - das unmögliche Ereignis (p = 0)

1.4.1.3 Zwei-Klassen-Histogramm

Für eine geeignete Modellierung des Rückversicherungsausfalls benötigt man eine [0, 1] Verteilung mit folgenden wünschenswerten Eigenschaften:

- Die Varianz sollte weder maximal noch minimal sein.
- Eher eine stetige als eine diskrete Verteilung zur Vermeidung von „Sprungstellen“.

- Die Verteilung trennt in geeigneter Weise zwischen:
    - Das Ereignis tritt nicht bzw. nur in einem geringen Umfang ein.
    - Das Ereignis tritt vollständig bzw. in einem erheblichen Umfang ein

Ein Verteilungstyp mit diesen Eigenschaften ist ein Sonderfall des Zwei-Klassen-Histogramms mit Werten im Intervall [0, 1], siehe dazu auch die nachfolgende Abbildung der Dichte:

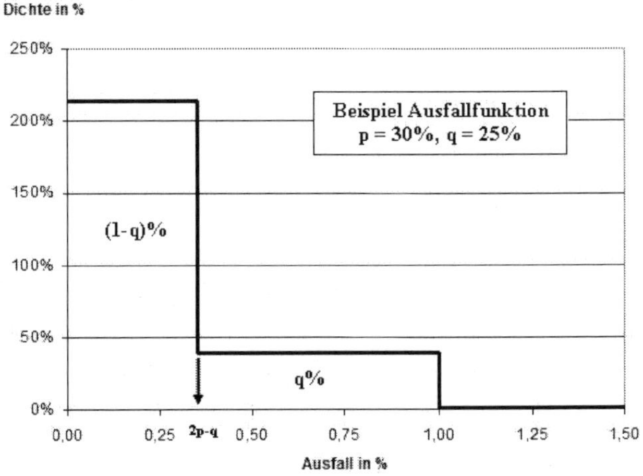

Abbildung 5: Dichtefunktion des Zwei-Klassen-Histogramms

Im Beispiel ist der Erwartungswert p = 30,00 %. Mit einer Wahrscheinlichkeit von 1-q = 75,00 % werden (gleich verteilte) Werte im Intervall 0,00 % bis 35,00 % (= 2p-q) angenommen. Mit der komplementären Wahrscheinlichkeit q = 25,00 % werden (gleich verteilte) Werte im Intervall 35,00 % – 100,00 % beobachtet. Das nachfolgende Diagramm zeigt die Verteilungsfunktion zur Dichte.

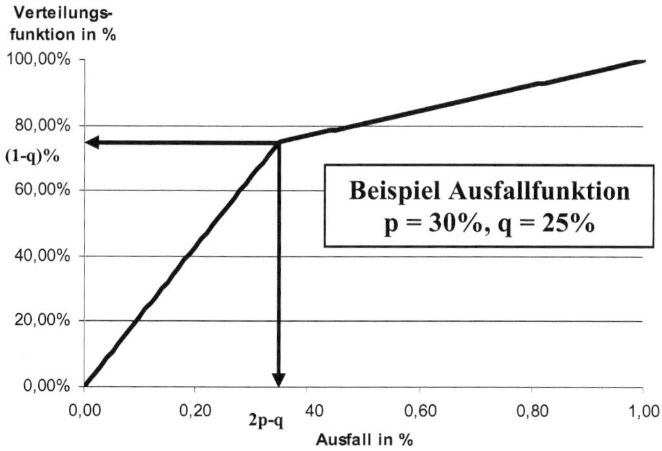

Abbildung 6: Verteilungsfunktion des Zwei-Klassen-Histogramms

Die Verteilung ist vollständig festgelegt durch die Auswahl der Parameter p und q, wobei es folgende Spezialfälle gibt:

- $2p - q = 0$, d. h., der Punkt $x = 0$ hat ein diskretes Gewicht $(1 - 2p)$ und das Intervall $(0, 1]$ ein Gewicht 2p. In diesem Fall muss $p \leq 1/2$ gelten. Somit fällt die erste Klasse [0; 2p-q] auf den Punkt Null.
- $p = q$ mit Varianz $1/3 \times p \times (1 - p)$
- $2p - q = 1$, d. h., der Punkt $x = 1$ hat ein diskretes Gewicht $(2p - 1)$ und das Intervall $[0, 1)$ hat ein Gewicht von $2 \times (1 - p)$. In diesem Fall muss $p \geq 1/2$ gelten!
- $q = 1$. In diesem Fall liegt das ganze Gewicht im Intervall [2p -1, 1] und es muss $p \geq 1/2$ gelten.
- $q = 0$. In diesem Fall liegt das ganze Gewicht im Intervall [0, 2p] und es muss $p \leq 1/2$ gelten.

Das Zwei-Klassen-Histogramm ist die einfachste Verteilung, die alle genannten Eigenschaften eines einfachen Ausfallmodells erfüllt. Der Parameter p beschreibt den Erwartungswert und der Parameter q die Volatilitätseigenschaften.

- Stetige Verteilung mit dem Erwartungswert = p
- und der Varianz = $1/3 \times (q \times (1- q) + (p - q)^2)$
- Wertebereich innerhalb des Intervalls [0, 1]; jedoch kleinere Varianz als die Bernoulliverteilung
- Eignung zur Modellierung von Ausfallereignissen

Die bis jetzt vorgestellten Verteilungstypen eigneten sich für die Modellierung von Ausfallwahrscheinlichkeiten. Beim Aufbau eines internen Modells müssen jedoch nicht nur Ausfallwahrscheinlichkeiten abgebildet, sondern auch Großschaden- und Kumulereignisse modelliert werden, beispielsweise ein Feuerereignis oder Naturkatastrophen. Zur Modellierung stehen u. a. die nachfolgenden Verteilungen zur Verfügung, die die Besonderheiten dieser Ereignisse berücksichtigen.

1.4.1.4 Poissonverteilung

Bei der Poissonverteilung handelt sich um eine diskrete Verteilung, die nur von einem Parameter λ abhängt und die sich beispielsweise zur Modellierung einer Schadenanzahl eignet. Falls N die Anzahl der Schäden bezeichnet, dann gilt:

$$P(X = N) = (\lambda^N / N!)\, e^{-\lambda}$$

Eine Eigenschaft dieser Verteilung ist, dass sowohl der Erwartungswert als auch die Varianz gleich λ sind.

Da λ der Erwartungswert ist und somit z. B. die durchschnittlich erwartete Schadenanzahl wiedergibt, muss dieser Parameter nicht notwendigerweise ganzzahlig sein. Das bedeutet, dass auch ein Wert von 3,48 möglich ist.

In der nachfolgenden Abbildung sind die einzelnen Häufigkeiten (weiß) und die kumulierten Häufigkeiten (schwarz) für ein Beispiel abgebildet.

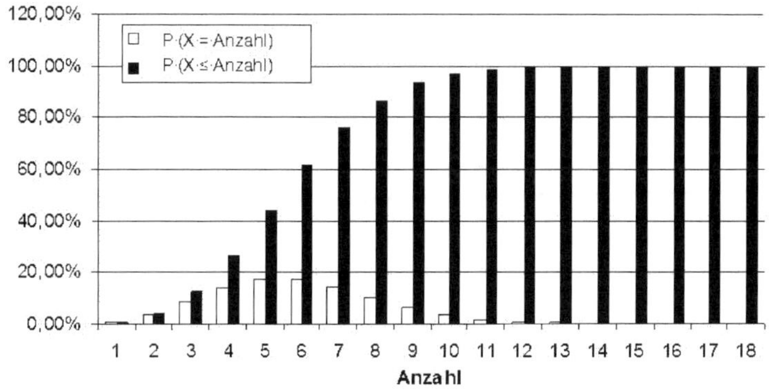

Abbildung 7: (Kumulierte) Häufigkeiten der Poissonverteilung

Die Poissonverteilung ist aufgrund ihrer Eigenschaften besonders geeignet für die Abbildung der Schadenanzahl bei Großschadenereignissen. Grundsätzlich muss in der vorhandenen Datenbasis zur Modellierung dieser Großschadenanzahlen aber stets geprüft werden, ob die beobachteten Parameter Erwartungswert und Varianz mit der Hypothese „Erwartungswert = Varianz“ kompatibel sind.

Eine weitere Anwendung der Poissonverteilung erfolgt typischerweise bei der NatCat-Modellierung für die Modellierung der Event-Eintritte.

- Diskrete Verteilung
- Erwartungswert = Varianz = λ
- Verwendung zur Modellierung von diskreten Ereignissen, z. B. Großschadenanzahl oder Anzahl NatCat-Events
- Prüfung der Kompatibilität des Datenmaterials mit der Hypothese „Varianz = Erwartungswert“ notwendig

1.4.1.5 Paretoverteilung

Eine einfache Verteilung zur Modellierung der (Groß-)Schadenhöhe ist die Paretoverteilung. Hierbei handelt es sich um eine stetige Verteilung, die von dem Parameter K und dem positiven Paretoparameter α abhängt und durch die folgende Verteilungsfunktion beschriebenen wird:

$$F(x) = P(X \leq x) = 1 - \left(\frac{x}{K}\right)^{-\alpha}$$

Die Existenz von Varianz und Erwartungswert ist abhängig von der Höhe des Parameters α. Der Paretoparameter α bestimmt, wie schnell sich die Verteilungsfunktion dem Wert 1 annähert, d. h., je höher α ist, desto schneller läuft die Verteilungsfunktion gegen 1. Für $\alpha > 1$ erhält man als Erwartungswert:

$$E(X) = \frac{\alpha \times K}{\alpha - 1}$$

Die Varianz existiert erst für $\alpha > 2$, wobei in diesem Fall gilt:

$$VAR(X) = \frac{\alpha \times K^2}{(\alpha - 1)^2 \times (\alpha - 2)}$$

Die Paretoverteilung ist sehr gut geeignet für die Abbildung einer Großschadenverteilung, weil sie erst ab einem gewissen Punkt K („Kappungsgrenze“) beginnt. Für eine Rückversicherungsoptimierung ist z. B. die Betrachtung von Schadenhöhen unterhalb der Kappungsgrenze irrelevant.

Die nachfolgende Abbildung zeigt die Verteilungs- und die Dichtefunktion einer Paretoverteilung für Schadenhöhen, die über den Kappungsbetrag K von 5 Mio. hinausgehen.

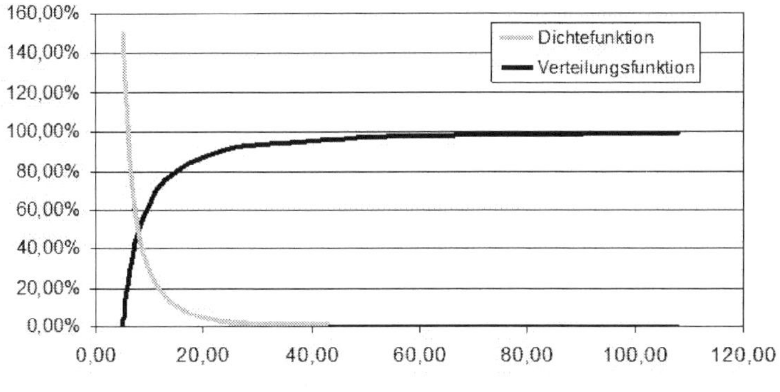

Abbildung 8: Dichte- und Verteilungsfunktion der Paretoverteilung

Das Problem dieser Verteilung ist das starke Gewicht auf dem Auslauf der Funktion (Heavy-Tail).

- Eignung zur Modellierung stetiger Zufallsgrößen, beginnend ab einer Kappungsgrenze K, z. B. bei Großschadenhöhen
- Notwendigkeit nur eines weiteren Parameters α (Kompatibilität mit den beobachteten Momenten beachten)
- Konservative Verteilung:
  - Keine Existenz eines k-ten Moments der Verteilung wenn $\alpha < k$
  - Sensibilität des Parameters α → kleinste Veränderungen können gravierende Auswirkungen bspw. auf die Prämienkalkulation haben

Im Folgenden werden noch die einfachsten Verteilungen betrachtet, die für eine allgemeine Modellierung von Schadenereignissen in Frage kommen.

1.4.1.6 Normalverteilung

Die Normalverteilung ist eine stetige symmetrische Verteilung (Glockenkurve), die von den Parametern μ (Erwartungswert) und σ (Standardabweichung) abhängt, siehe dazu auch die nachfolgende Grafik:

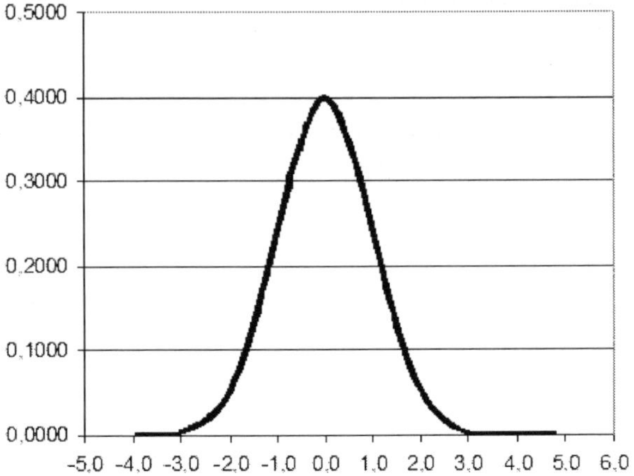

Abbildung 9: Dichtefunktion der Normalverteilung

Da die Normalverteilung wegen der Symmetrie auch negative Werte annehmen kann, eignet sie sich theoretisch nicht für die Modellierung positiver Schadenereignisse. In der Praxis kann dieser Verteilungstyp allerdings approximativ zur Modellierung von Aktien, Reserven etc. verwendet werden, sofern die Variation nicht allzu hoch ausfällt.

Normalverteilungen sind invariant im Hinblick auf Linearkombinationen. Falls z. B. der Gesamtschadenaufwand in der Wohngebäudeversicherung und in der Feuerversicherung jeweils (approximativ) normal verteilt ist, dann ist der Gesamtaufwand beider Sparten auch normal verteilt. Das bedeutet also, dass man alle Normalverteilungen auf eine Standardnormalverteilung normieren kann.

Die Verteilungsinformationen für diese Standardnormalverteilung kann man Tabellen (z. B. in Excel) entnehmen. Hierzu betrachten wir ein Beispiel mit dem Erwartungswert $\mu = 1000$ und der Standardabweichung $\sigma = 100$. In der folgenden Abbildung ist die Berechnung des 99,5 %-Quantils (= Wert, der mit 99,5 % Wahrscheinlichkeit nicht überschritten wird, auch als 99,5 % Value at Risk bezeichnet) sowie des bedingten Erwartungswertes aller darüber hinausgehenden Werte (auch als 99,5 % Tail Value at Risk bezeichnet) mithilfe der Standardtabelle illustriert.

Quantile
Berechnungsbeispiel

Quantile der Normalverteilung

Obere Quantile		
α	VaR_{α}	$TVaR_{\alpha}$
99,30%	2,46	2.78
99,40%	2,51	2,83
99,50%	2,58	2,89
99,60%	2,65	2,96
99,70%	2,75	3,05
99,80%	2,88	3,17
99,90%	2,99	3,37

$VaR_{99,5\%}$

- Der VaR (Value at Risk) für das 99,5% Quantil lässt sich der Tabelle entnehmen:
  $VaR_{99,5\%} = EW + 2,58 \times STD = 1258$

$TVaR_{99,5\%}$

- Der TVaR (Tail Value at Risk) ergibt sich wie folgt:
  $TVaR_{99,5\%} = EW + 2,89 \times STD = 1289$

Abbildung 10: Beispiel zur Berechnung der Quantile

Zusammengefasst ergeben sich folgende wichtige Eigenschaften für die Normalverteilung:

- Symmetrische Verteilung in Form einer Glockenkurve
- Hängt nur von den Parametern μ (Erwartungswert) und σ (Standardabweichung) ab
- Invariant unter Linearkombinationen und kann daher durch Standardtabellen (z. B. in Excel) beschrieben werden
- Kann negativ werden und ist somit für Schadengrößen nur approximativ geeignet.

Die einfachste Modifikation, unerwünschte negative Werte zu vermeiden, besteht in der Anwendung der Exponentialfunktion. Auf diese Art und Weise erhält man die Lognormalverteilung.

1.4.1.7 Lognormalverteilung

Diese Verteilung ist so definiert, dass die logarithmierten Werte normal verteilt sind mit den Parametern μ (Erwartungswert) und σ (Standardabweichung). Dadurch nimmt die Lognormalverteilung nur positive Werte an. Deshalb eignet sie sich besonders gut zur Modellierung von Schadenverteilungen.

Man hat folgende Transformation zwischen dem Erwartungswert EW und der Varianz VAR der Lognormalverteilung und den Parametern μ und σ der zugrunde liegenden Normalverteilung:

$$\sigma^2 = \ln\left(1 + \frac{\mathrm{VAR}}{\mathrm{EW}^2}\right)$$

$$\mu = \ln(\mathrm{EW}) - \frac{1}{2}\sigma^2$$

Dabei kann $\mathrm{VAR} / \mathrm{EW}^2 = \mathrm{CV}^2$ geschrieben werden, CV (= „Coefficient of Variation“) der Variationskoeffizient.

Zur Veranschaulichung betrachten wir eine Wohngebäudeversicherung mit Schadenerwartungswert in Höhe von 1000 und mit einem dazugehörigen

Variationskoeffizienten von 50,00. Die Standardabweichung beträgt 500. Es ergeben sich folgende transformierte Werte:

Transformierte STD	$(LN(1+CV^2))^{0,5} = (LN(1+50,00\,\%^2))^{0,5}$	= 0,4724
Transformierter EW	$LN(1.000) - 0,5 \times LN(1+50,00\,\%^2)$	= 6,7962

Die nachfolgende Tabelle zeigt die Quantilswerte für die Lognormal- und die Normalverteilung (bei gleichem Erwartungswert und gleicher Varianz) in Abhängigkeit des betrachteten Quantils und der berechneten, transformierten Werte.

Quantil	Quantilswerte abhängig von der Verteilung	
	Log NV	NV
1,00 %	298,05	-163,17
2,50 %	354,37	20,02
5,00 %	411,24	177,57
10,00 %	488,24	359,22
25,00 %	650,39	662,76
50,00 %	894,43	1000,00
75,00 %	1230,04	1337,24
90,00 %	1638,54	1640,78
95,00 %	1945,32	1822,43

Abbildung 11: Quantile für das Beispiel Wohngebäudeversicherung

In EXCEL kann z. B. das 25 %-Quantil wie folgt ermittelt werden:

25 %-Quantil Lognormalverteilung	LOGINV(25,00 %; 6,7962; 0,4724)	= 650,39
25 %-Quantil Normalverteilung	NORMINV(25,00 %; 1000; 500)	= 662,76

Der Tabelle kann entnommen werden, dass die Abweichungen zwischen den Werten der Normalverteilung und denen der Lognormalverteilung bei dem hier zugrunde gelegten Variationskoeffizienten in Höhe von 50,00 % auffällig sind. Insbesondere beobachtet man beim 1,00 %-Quantil diesen Unterschied besonders deutlich, da die Normalverteilung hier sogar negative Werte annimmt.

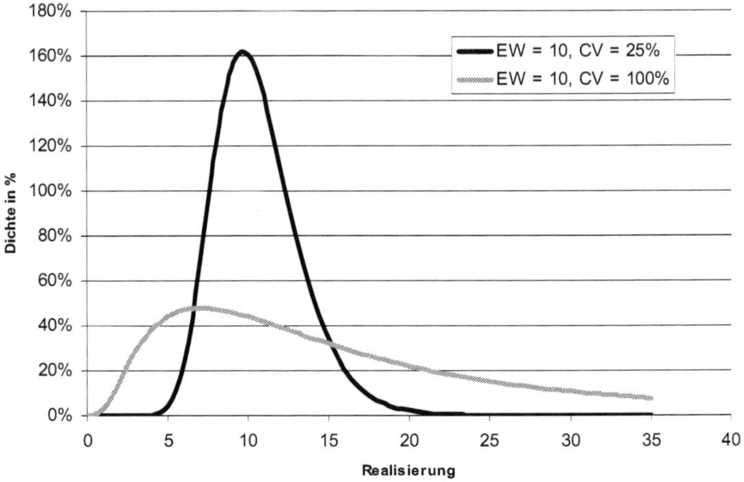

Abbildung 12: Dichtefunktion der Lognormalverteilung

In der obigen Grafik kann man erkennen, dass bei einem kleinen Variationskoeffizienten (bspw. 25,00 %) die Lognormalverteilung approximativ eine Glockenform annimmt, die der Normalverteilung sehr ähnlich ist (schwarze Kurve). Bei einem Variationskoeffizienten von 100,00 % hingegen zeigt sich die typische Schiefe der Lognormalverteilung (graue Kurve).

- Rechtsschiefe der Lognormalverteilung (sofern der CV groß ist)
- Negative Werte sind ausgeschlossen
- Gute Handhabbarkeit
- Anwendung bei der Modellierung von Schadenverteilungen, Schadensummen etc.

Zusammenfassend lässt sich zu den Verteilungen sagen, dass es keine „optimale“ Verteilung zur Modellierung von Schadenverteilungen o. Ä. gibt. Die Wahl der Verteilung ist ausschließlich abhängig von dem vorhandenen Datenmaterial und dem Ziel, welches mit der Modellierung verfolgt wird. In diesem Kapitel wurden „gut handhabbare“ Verteilungstypen vorgestellt, die in internen Modellen und dem Standardmodell Anwendung finden.

1.4.2 Ziehung einer Zufallsgröße

Bis jetzt wurden interessante Verteilungen für Einzelphänomene vorgestellt, so dass nun einzelne Aspekte abgebildet werden können. Das Ziel jedoch besteht nicht in der Abbildung dieser Einzelaspekte, sondern in der Simulation in einem Modell. Es stellt sich also die Frage: Wie simuliert man ein solches Modell?

1.4.2.1 Allgemeine Vorgehensweise

Im vorherigen Abschnitt wurden bereits Quantile für bestimmte Verteilungen ermittelt. Im Gegensatz zum vorangegangenen Kapitel werden an dieser Stelle keine festen Quantile mehr vorgegeben, sondern „gewürfelt“. Das Würfeln wird dabei von Simulationsprogrammen z. B. in Microsoft Excel mittels „ZUFALLSZAHL()“ übernommen.

Mithilfe beispielsweise des Microsoft Excel Zufallszahlengenerators können Zufallszahlen gezogen werden. Diese Zufallszahlen liegen immer zwischen 0,00 % und 100,00 %. Bei einer gegebenen Verteilungsfunktion F erhält man dann die stochastische Realisierung in der Form F^{-1}, d. h. als das Inverse der Verteilungsfunktion. Die folgende Abbildung illustriert die Ziehung einer Zufallszahl:

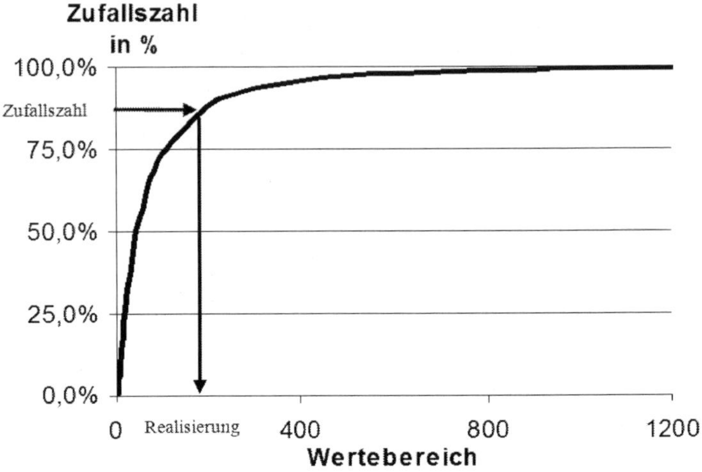

Abbildung 13: Ziehung einer Zufallszahl

Die Zufallszahl wird beispielsweise in Excel mittels der Excelfunktion „ZUFALLSZAHL()“ gezogen. Als Realisierungen ergeben sich in Microsoft Excel beispielsweise für die Normalverteilung oder die Lognormalverteilung folgende Formeln:

Realisierung = NormInv (Zufallszahl ( ); EW; STD)

Realisierung = LogInv (Zufallszahl ( ); transformierter EW; transformierte STD)

Das nachfolgende Beispiel veranschaulicht die Ziehung einer Zufallszahl mit dazugehöriger Realisierung. Die Kombination der Versicherungssparten liefert das Ergebnis „gesamte Realisierung“.

Dazu wird erneut das Beispiel der Wohngebäudeversicherung zugrunde gelegt, das bereits bei der Erläuterung der Lognormalverteilung verwendet wurde. Hier wird die Wohngebäudeversicherung gemeinsam mit dem Bestand der Hausratversicherung betrachtet.

Ein Versicherungsunternehmen möchte grundsätzlich das gesamte Risiko kennen und daher ist es notwendig, die Summe der möglichen Schadenrealisierung beider Versicherungssparten zu kennen.

Für die Wohngebäudeversicherung werden ein Erwartungswert von 1000 und eine Standardabweichung von 500 angenommen. Als Schadenverteilung für die Wohngebäudeversicherung wird die Lognormalverteilung unterstellt. Für die Hausratversicherung werden ein Erwartungswert von 500, eine Standardabweichung von 50 und ebenfalls eine Lognormalverteilung angenommen.

Obwohl in beiden Fälle der Schadenaufwand lognormal verteilt ist, gilt (im Unterschied zur Normalverteilung) für die Summe nicht mehr, dass diese auch lognormal verteilt ist.

Für die weitere Vorgehensweise betrachten wir zunächst die Transformation der Verteilungsparameter für die Wohngebäude- und Hausratversicherung:

Parameter	**Wohngebäudeversicherung**		**Hausratversicherung**	
	Reale Werte	**Transform. Werte**	**Reale Werte**	**Transform. Werte**
Erwartungswert	1.000,00	6,7962	500,00	6,2096
Variationskoeffizient	50,00 %	6,95 %	10,00 %	1,61 %
Standardabweichung	500,00	0,4724	50,00	0,0998

Abbildung 14: Transformierte Beispielswerte

Anschließend werden Zufallszahlen mithilfe von Microsoft Excel gezogen und die dazugehörigen Realisierungen für beide Sparten berechnet.

Wohngebäudeversicherung		Hausratversicherung		Gesamte Realisierung
Zufallszahl	Realisierung	Zufallszahl	Realisierung	
25,21 %	652,37	69,01 %	522,80	1175,17
43,42 %	827,09	75,32 %	532,67	1359,76
5,25 %	415,97	51,13 %	498,93	914,90
62,11 %	1034,65	13,42 %	445,39	1480,04
43,07 %	823,64	18,39 %	454,83	1278,48
82,67 %	1395,24	51,20 %	499,00	1894,24
39,74 %	791,06	36,64 %	480,86	1271,92
49,63 %	890,56	87,51 %	557,88	1448,45
87,31 %	1533,49	7,71 %	431,60	1965,09
52,03 %	916,17	82,72 %	546,62	1462,79
13,60 %	532,37	9,01 %	435,14	967,51

Abbildung 15: Realisierung des Berechnungsbeispiels

Die Zufallszahlen der jeweiligen Sparte sind an dieser Stelle unabhängig voneinander gezogen. Anschließend können die Realisationen dann durch einfache Addition als Gesamtergebnis betrachtet werden.

In diesem Beispiel wurden Abhängigkeiten der beiden genannten Sparten untereinander nicht betrachtet, da die Zufallszahlen bisher noch nicht miteinander korreliert sind. In der Praxis ist der Schadeneintritt in der Hausratversicherung aber häufig abhängig von dem Schadeneintritt in der Wohngebäudeversicherung. Beispielsweise ist bei einem Leitungswasserschaden in der Regel nicht nur das Gemäuer sondern auch gleichzeitig der „Inhalt" des Gebäudes betroffen.

Im folgenden Abschnitt tritt der Aspekt der gegenseitigen Abhängigkeit verschiedener Größen in den Vordergrund.

1.4.2.2 Korrelationen

Für Normalverteilungen können Korrelationen einfach abgebildet werden, indem man zu den standardisierten Größen übergeht. Diese Vorgehensweise kann auch auf beliebig verteilte Zufallsvariablen übertragen werden, indem man die Technik für Normalverteilungen anwendet, um die Quantile der beliebig verteilten Zufallsgröße miteinander zu korrelieren (Gauß Kopula).

Um zwei Zufallsgrößen über die Quantile miteinander zu korrelieren, betrachten wir zunächst zwei unabhängige, standardnormal verteilte Zufallsgrößen X und Y.

Für die Erwartungswerte gilt somit E(X) = E(Y) = 0, für die Standardabweichungen STD(X) = STD(Y) = 1 sowie für die Korrelation der beiden Größen KORR(X, Y) = 0.

Für $|\rho| \leq 1$ ist auch die Zufallsgröße $Z = \rho \times X + (1 - \rho^2)^{0,5} \times Y$ ebenfalls standardnormal verteilt und es gilt $KORR(X, Z) = \rho$, denn es gilt:

$$\underbrace{E(Z) = \rho \times \underset{=0}{E(X)} + (1-\rho^2)^{0,5} \times \underset{=0}{E(Y)}}_{=0}$$

Für die Berechnung der Varianz der Zufallsvariable Z ergibt sich:

$$\begin{aligned} VAR(Z) &= VAR[\rho \times X] + VAR[(1-\rho^2)^{0,5} \times Y] \\ &= \underbrace{\rho^2 \times \underset{=1}{VAR(X)} + (1-\rho^2) \times \underset{=1}{VAR(Y)}}_{=1} \end{aligned}$$

Die Korrelation zwischen X und Z berechnet sich wie folgt:

$$\mathrm{KORR}(X,Z) = \mathrm{COV}(X,Z) / \mathrm{STD}(X) \times \mathrm{STD}(Z)$$

$$\begin{aligned}\mathrm{COV}(X, \rho \times X + (1-\rho^2)^{0,5} \times Y) &= \mathrm{COV}(X, \rho \times X) \\ &\quad + \mathrm{COV}(X, (1-\rho^2)^{0,5} \times Y) \\ &= \rho \times \mathrm{COV}(X,X) = \rho \times \mathrm{VAR}(X) = 1\end{aligned}$$

Diese Vorgehensweise soll in einem anschließenden Beispiel illustriert werden. Die dazugehörigen Realisierungen haben im Folgenden keinerlei Interpretation, da es sich um Realisierungen von Standardnormalverteilungen handelt. Diese Standardnormalverteilungen werden nur als „Hilfsvariablen" verwendet, um die Zufallszahlen miteinander korrelieren zu können. Die Korrelation in diesem Fall soll 80 % betragen.

Schritt 1: Unabhängige Ziehung der Zufallszahlen Z_X und Z_Y

Zunächst einmal werden für die Variable (X) und die Fehlervariable (Y) folgende unabhängige Zufallszahlen mittels des Microsoft-Excel-Befehls „ZUFALLSZAHL()" gezogen:

Z_X = Zufallszahl für die unabhängige Variable (X)	15,18 %
Z_Y = Zufallszahl für die unabhängige Fehlervariable (Y)	60,41 %

Schritt 2: Ermittlung der Realisierungen $X = \Phi^{-1}(Z_X)$ bzw. $Y = \Phi^{-1}(Z_Y)$ der Standardnormalverteilung

Als dazugehörige Realisationen der Standardnormalverteilung bezogen auf die oben gezogenen Zufallszahlen ergeben sich durch Anwendung der Excelfunktion NORMINV:

X = Realisierung von (X):	aus 15,18 %	folgt -1,03
Y = Realisierung von (Y):	aus 60,41 %	folgt 0,26

Schritt 3: Ermittlung der Realisierung $Z = \rho \times X + (1- \rho^2)^{0,5} \times Y$

Die Realisierung der abhängigen Variablen (Z) ergibt sich entsprechend der oben genannten Formel aus den Realisierungen von (X) und (Y):

		Gewichtung	Gewichtete Realisierung
Realisierung von (X)	-1,03	0,8	-0,824
Realisierung von (Y)	0,26	0,6	0,156
Realisierung von (Z)			-0,668

Die abhängige Variable (Z) ist somit nicht mehr unabhängig von der Variablen (X). Die Fehlervariable (Y) stellt lediglich eine Hilfsgröße für die Berechnung dar.

Schritt 4: Ermittlung der Zufallszahl $Z_Z = \Phi(Z)$

Zur Realisierung der abhängigen Variable (Z) ergibt sich im Berechnungsbeispiel von Microsoft Excel durch Anwendung der Funktion NORMVERT:

Zufallszahl für die abhängige Variable Y	aus -0,668	folgt 25,32 %

Hierbei handelt es sich nicht um eine „echte“ Zufallszahl, sondern um eine Funktion aus den Zufallszahlen 15,18 % (für die Variable (X)) und 60,41 % (für die Fehlervariable (Y)). Die Zufallszahl der abhängigen Variablen (Z) ist somit nicht mehr unabhängig von der Variablen (X).

Die Zufallszahlen Z_X und Z_Z sind nun miteinander korreliert. Zwei beliebige Zufallsgrößen X* und Z* können dann via $F_{X*}^{-1}(Z_X)$ und $F_{Z*}^{-1}(Z_Z)$ miteinander korreliert werden.

Die nun korrelierten Zufallszahlen können auf beliebige Verteilungen angewendet werden, wobei die Hilfsgrößen dann vernachlässigt werden können.

Schritt 5: Anwendung in einem Beispiel

Im unteren Beispiel werden der risikofreie Zins (Erwartungswert = 4,00 % und Variationskoeffizient = 20 %) und der Zinsspread (Erwartungswert = 3,00 % und Variationskoeffizient = 20 %) mit einer Korrelation von 80 % miteinander korreliert.

Unabhängige Variable (X)		**Fehlervariable (Y)**		**Abhängige Variable (Z)**		**Realisierungen**	
Zuf. Zahl	**Realis.**	**Zuf. Zahl**	**Realis.**	**Zuf. Zahl**	**Realis.**	**Risikofreier Zins**	**Zinsspread**
8,99%	-1,34	58,25%	0,21	17,15%	-0,95	2,93%	2,43%
88,58%	1,20	41,10%	-0,23	79,64%	0,83	4,96%	3,50%
23,72%	-0,72	60,60%	0,27	34,06%	-0,41	3,43%	2,75%
32,39%	-0,46	5,43%	-1,60	9,21%	-1,33	3,63%	2,20%
67,78%	0,46	81,78%	0,91	81,95%	0,91	4,37%	3,55%

Abbildung 16: Korrelation von risikofreiem Zins und Zinsspread

Die Abhängigkeit der Variablen (Z) zur unabhängigen Variablen (X) wird mittels der Fehlervariablen (Y) hergestellt.

Die Realisierung des risikofreien Zinses ergibt sich aus der Zufallszahl der unabhängigen Variablen (X), dem Erwartungswert (4,00 %) und der Standardabweichung (0,80 %= 4,00 % · 20,00 %) des risikofreien Zinses.

Die Realisierung des Zinsspreads ist das Ergebnis aus der Zufallszahl für (Z), dem Erwartungswert (3,00 %) und der Standardabweichung (= 0,60 % = 3,00 % · 20,00 %) des Zinsspreads.

Die folgenden Grafiken zeigen unterschiedliche Korrelationen zwischen risikofreiem Zins und Zinsspread.

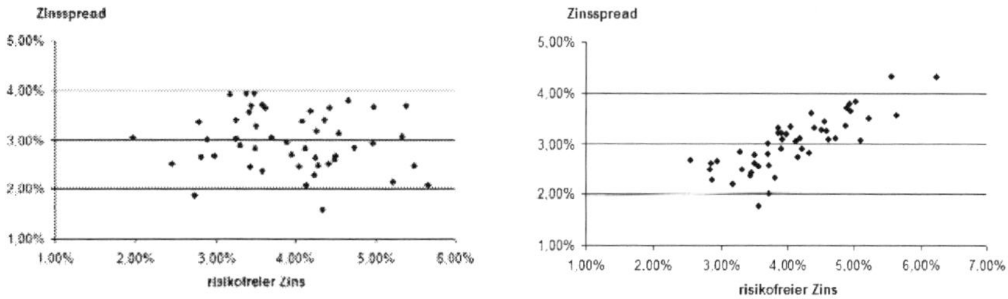

Abbildung 17: Korrelation von 0,00 % und 80,00 %

In der linken Grafik besteht keine Korrelation zwischen den Parametern risikofreiem Zins und Zinsspread. Es zeigt sich daher eine großflächige Punktewolke. Die rechte Grafik hingegen zeigt eine Korrelation von 80,00 %. In diesem Fall wird die Punktewolke deutlich enger, da die Variationsbreite abnimmt. Die Punktewolke nimmt langsam die Form einer Geraden an.

2 Basisansatz bei internen Modellen

In diesem Kapitel wird der Basisansatz bei internen Modellen in der Schadenversicherung, eine Methode zur Ermittlung einer stochastischen Marktwertbilanz, erläutert. Wie bereits im Kapitel 1.3.1 dargestellt, werden voraussichtlich alle internen Modelle in Richtung einer Fair Value-Bewertung tendieren, was wiederum eine Bewertung möglichst nahe an beobachtbaren Marktpreisen bedeutet. Zunächst ist folglich die Frage zu beantworten, was der FV ist, bevor dann in einem zweiten Teil die Stochastik bzw. die Modellierungsaspekte abgebildet werden.

2.1 Fair Value-Bewertung

Die Fair Value-Bewertung ist die Bewertung eines stochastischen Cash Flows über die Zeit zur Ermittlung eines Marktpreises. Dies ist nur dann notwendig, wenn kein Marktpreis vorhanden ist, wie bspw. bei den Reserven der Schadenversicherungsunternehmen. Ist hingegen der Marktpreis oder ist der Preis eines replizierenden Portfolios gegeben, so wird dieser angesetzt. Der Markt hat hier eine Lösung gefunden, ohne dass es ein Bewertungsmodell erfordert.

Bei der Fair Value-Bewertung ist zudem ausschlaggebend, ob es sich um einen Cash Flow auf der Passiv- oder Aktivseite handelt. Auf der Passivseite ist der Marktpreis eines Cash Flows in der Regel größer als der erwartete Barwert, da der Preis, zu dem ein Dritter die Verpflichtung übernehmen würde, um einen Risikozuschlag erhöht werden muss. Bei einem Cash Flow auf der Aktivseite übersteigt dagegen der erwartete Barwert den Marktpreis.

Die IFRS-Bilanz kommt einer Marktwertbilanz bereits sehr nahe. Für versicherungstechnische Rückstellungen wird allerdings im derzeitigen Stand von IFRS noch eine Best Estimate-Reserve angesetzt, die sich von der Fair Value-Reserve unterscheidet.

Für die stochastische Marktwertbilanz muss daher der FV der Reserve ermittelt werden. Da es für Schadenreserven aufgrund des fehlenden liquiden Marktes weder einen Marktpreis noch ein replizierendes Portfolio gibt, muss hier auf ein geeignetes Modell zurückgegriffen werden. Schadenversicherer ermitteln bei der FV-Bewertung der Reserven einen **Transaktionswert**. Der Transaktionswert wird durch den Preis dargestellt, den das Schadenversicherungsunternehmen (SVU) für die Übernahme der Verbindlichkeit an einen Dritten zahlen muss.

Das Problem eines geeigneten Modellansatzes für die FV-Bewertung stellt sich grundsätzlich auch Lebensversicherungsunternehmen (LVU). Aufgrund verschiedener Schwerpunkte haben sich allerdings historisch unterschiedliche Verfahren entwickelt, was aus Sicht einer Holding problematisch sein kann. Theoretisch bildet zwar sowohl das LVU als auch das SVU Marktpreismechanismen nach, allerdings kann es aufgrund verschiedener Ansätze und unterschiedlich gewählter Modellparameter zu Differenzen kommen.

2.1.1 Methoden zur Ermittlung des Fair Value

In diesem Kapitel werden verschiedene Verfahren zur Ermittlung des Fair Value vereinfacht dargestellt. Danach wird die für den Schadenversicherer entscheidende Methode, die Bestimmung des Transaktionswertes mit Kapitalkostenansatz, erläutert. Aus Gründen der Vollständigkeit werden aber auch die risikoneutrale Bewertung und risikoadäquate Diskontierung kurz vorgestellt, obwohl diese für interne Modelle von SVU i. d. R. nicht von Bedeutung sind. Theoretisch sollten die drei Ansätze zu dem gleichen Ergebnis führen.

Grundsätzlich geht es um die Frage der Marktwertbewertung von stochastischen Größen. Zunächst betrachten wir vereinfacht einen Cash Flow, der nach D Jahren mit einer Wahrscheinlichkeit von p den Wert M und mit der komplementären Wahrscheinlichkeit den Wert N annimmt. Falls rf den risikofreien Zins bezeichnet, dann ergibt sich ein Barwert BW des erwarteten Cash Flows EW von:

$$BW = (p \cdot M + (1 - p) \cdot N) / (1 + rf)^D = EW / (1 + rf)^D$$

Dieser Wert stellt allerdings noch keinen Marktpreis dar. Für einen Cash Flow auf der Aktivseite (Einnahmen) sowie für einen Cash Flow auf der

Passivseite (Ausgaben) muss noch eine Risikomarge[23] berücksichtigt werden.

Um den Marktpreis (Fair Value) für einen Einnahmen-Cash Flow (d. h., ein Käufer zahlt heute einen Preis, um in D Jahren einen stochastischen Cash Flow zu erhalten) zu bestimmen, wird der ermittelte Barwert aufgrund der Unsicherheit hinsichtlich der zukünftigen Einnahmen um einen Betrag X reduziert, d. h.:

$$FV = BW - X$$

Auf der Passivseite hingegen wird der BW um einen Betrag (Risikomarge) Y erhöht. Der Käufer erhält heute einen Preis dafür, dass er in D Jahren einen stochastischen Cash Flow leisten muss. Die Verpflichtung übernimmt er nur, wenn der BW um einen Betrag Y erhöht wird. Damit ergibt sich ein FV von:

$$FV = BW + Y$$

Entscheidend für die Ermittlung des FV ist folglich die Bestimmung der Margen. Für Aktiv- und Passivseite sowie für LVU und SVU haben sich aufgrund der unterschiedlichen Gewichtungen unterschiedliche Lösungswege ergeben, die theoretisch zu einem gleichen Ergebnis führen sollten, in der Praxis aber häufig voneinander abweichen.

Im Folgenden wollen wir vereinfacht die wichtigsten Verfahren skizzieren.

Risikoadäquater Diskont

Die Modellierung erfolgt mit dem tatsächlichen Wahrscheinlichkeitsmaß P. Zusätzlich wird mit einem **risikoadjustierten (ra) Zins** zur Berücksichtigung des Risikos diskontiert.

$$FV_{RD}(X) = E_P(X) / (1 + ra)^D = E_P(X) / (1 + rf \pm s)^D$$

---

[23] Der Begriff Risikomarge wird in Kapitel 2.1.3 erläutert.

Dabei wird der positive Spread s bei den Aktiva addiert und bei den Passiva subtrahiert. Formal gilt für die Aktivseite FV = BW – X. Durch die Erhöhung des Diskontfaktors um s wird der FV reduziert. Folglich spiegelt s die Risikomarge wider. Die Zinsspreads (interne Zinsen oder Risikodiskontraten) kann man für Wertpapiere mit vorhandenen Marktpreisen ermitteln.

Auf der Passivseite hingegen wird eine Risikomarge Y hinzuaddiert, folglich wird der Spread s von dem rf Zins subtrahiert. In diesem Ansatz könnte der risikoadjustierte Zins rf-s sogar negativ sein, was nicht plausibel erscheint und schwer zu vermitteln wäre, so dass sich dieser Ansatz bei der Modellierung von Passiv Cash Flows nicht etabliert hat.

Dieser Bewertungsansatz ist der klassische Ansatz aus der Finanzmathematik zur Bewertung von Aktiva (Bewertung von Einzahlungsmustern). Das Problem besteht in der Ermittlung der risikoadjustierten Diskontraten (interner Zins).

Risikoneutrale Bewertung

Die risikoneutrale Bewertung stellt eine Alternative zur risikoadäquaten Diskontierung dar. Es erfolgt eine Umrechnung des tatsächlichen Wahrscheinlichkeitsmaßes P auf ein **äquivalentes Wahrscheinlichkeitsmaß Q** (allgemein auch als das äquivalente Martingalmaß bezeichnet). Statt mit dem risikoadjustierten Zins ra wird nun mit dem **risikofreien Zins rf** diskontiert. Es handelt sich hierbei um eine Technik (erstmals angewendet in der Black-Scholes-Formel), bei der das Wahrscheinlichkeitsmaß so abgeändert wird, dass alle (in Betracht kommenden) Cash Flows risikofreie Erträge liefern. Aus diesem Grund wird der Ansatz als risikoneutrale Bewertung bezeichnet. Durch diese Übersetzung der Problemstellung wird ein schwer lösbares Problem (die Ermittlung der Risikodiskontrate) in ein leichter lösbares Problem (die Ermittlung des äquivalenten Martingalmaßes) transformiert.

Vereinfacht ausgedrückt wird also der Erwartungswert angepasst (P wird zu Q bzw. 1-P zu 1-Q), so dass sich am Ende bei einer Diskontierung mit dem risikofreien Zins dennoch ein äquivalenter Marktpreis im Vergleich zur risikoadäquaten Diskontierung ergibt. Handelt es sich um einen Cash

Flow auf der Passivseite, muss der EW folglich steigen, d. h., der höhere Wert würde stärker gewichtet. Auf der Aktivseite hingegen müsste für den höheren Wert eine geringere Gewichtung erfolgen. Man hat somit

$$FV_{RN}(X) = E_Q(X) / (1 + rf)^D$$

mit Q als äquivalentem Wahrscheinlichkeitsmaß. Der Vorteil liegt darin, dass es keinen Zinsspread gibt, d. h., alle Wertpapiere haben den gleichen Risikozins. Die Schwierigkeit der Ermittlung des risikoadjustierten Zinses ra wird vermieden.

Die risikoneutrale Bewertung mit dem äquivalenten Wahrscheinlichkeitsmaß erscheint auf den ersten Blick künstlich, hat sich jedoch insgesamt als der einfachere Ansatz erwiesen. In der Praxis werden „risikoneutrale" Marktszenarien derart ermittelt, dass bekannte Marktpreise reproduziert werden. In dieser (virtuellen) Szenariowelt können zur Bewertung dann alle Cash Flows risikoneutral diskontiert werden.

Transaktionswert (mit Kapitalkosten-Ansatz)

Die Modellierung erfolgt mit dem tatsächlichen Wahrscheinlichkeitsmaß P, die Diskontierung mit dem risikofreien Zins rf. Zur Berücksichtigung des Risikos werden **Kapitalkosten** angesetzt. Die Risikomargen X und Y werden hier als Kapitalkostenbarwert über alle Zusatzdividenden angesehen (Zusatzdividenden = allokiertes Eigenkapital · Zusatzzins).

$$FV_{KK}(X) = E_P(X) / (1 + rf)^D \pm \text{Kapitalkosten}$$

Die Kapitalkosten wirken, analog der Risikomargen im vereinfachten Ansatz, auf der Aktivseite reduzierend und auf der Passivseite erhöhend.

Für Verpflichtungen ist dieser Ansatz in der Regel am besten geeignet, da er den Transaktionsmechanismus nachbildet. Das Problem besteht in der geeigneten Parameterwahl. Hier wäre es vielleicht langfristig sinnvoll, anhand bekannter Preise für Vermögensgegenstände die Parameterwahl zu justieren.

In der Theorie liefern diese drei dargestellten Ansätze die gleichen Ergebnisse. In der Praxis kommt es aber zu Differenzen, was zu einem großen Teil an den unterschiedlich gewählten Modellparametern liegt. Insgesamt bleibt festzuhalten, dass sich die risikoneutrale Bewertung und die risikoadäquate Diskontierung zur Bewertung von Vermögensgegenständen eignen, während der Transaktionswert mit Kapitalkosten-Ansatz bei der Bewertung von Verpflichtungen am besten genutzt werden kann. Folglich wählt der Lebensversicherer zwischen der risikoneutralen Bewertung und der risikoadäquaten Diskontierung, für den Schadenversicherer hingegen ist der richtige Ansatz der Kapitalkosten-Ansatz. Die verschiedenen Ansätze können jedoch zur Plausibilisierung der theoretischen Modellierungsansätze im internen Modell herangezogen werden, d. h., um zu überprüfen, ob ein Parametrisierungsansatz ökonomisch sinnvolle Ergebnisse liefert.

2.1.2 Berechnungsbeispiel

In diesem Kapitel soll nun anhand eines Beispiels die Wirkungsweise der verschiedenen Berechnungsansätze gezeigt werden, wobei zunächst einmal der Kapitalkostenansatz betrachtet wird.

Für das Berechnungsbeispiel werden ein risikofreier Zins von 4 % und eine Zusatzdividende in Höhe von 6 % angenommen. Das betrachtete Versicherungsunternehmen hat zudem ausschließlich einjährige Verpflichtungen (Duration = 1) mit nur zwei Ausprägungen:

		Eintrittswahrscheinlichkeit (Wahrscheinlichkeitsmaß P)
Obere Schranke (OS):	1.200	60 %
Untere Schranke (US):	700	40 %

Für den Schadenversicherer ergibt sich damit zunächst ein Erwartungswert seiner Verpflichtung von:

$$Ep(X) \quad = 1.200 \cdot 60{,}0\ \% + 700 \cdot 40{,}0\ \% = 1.000$$

Die Standardabweichung (STD) kann mit der folgenden Beziehung ermittelt werden:

$$\begin{aligned} STD(X) &= (Ep(X^2) - Ep(X)^2)^{0,5} \\ &= (60{,}0\ \% \cdot 1.200^2 + 40{,}0\ \% \cdot 700^2 - 1000^2)^{0,5} \\ &= 60.000^{0,5} \approx 244{,}95 \end{aligned}$$

Für den Variationskoeffizienten CV(X) = STD(X) / Ep (X) ergibt sich ein Wert von 244,95 / 1000 ≈ 24,5 %. Das erforderliche EK zum Sicherheitsniveau 99,5 % kann (unter einer approximativen Normalverteilungsannahme) nun wie folgt ermittelt werden:

$$\begin{aligned} EK_{99,5\,\%}(X) &= Ep(X) \cdot CV(X) \cdot 2{,}58 \\ &= 1000 \cdot 0{,}245 \cdot 2{,}58 \approx 632{,}1 \end{aligned}$$

Der Faktor 2,58 wird in Kapitel 2.1.5 näher erläutert. Die Kapitalkosten ergeben sich als Zusatzdividende von 6 % bezogen auf 632,1 / 1,04 = 607 Geldeinheiten und entsprechen somit einem Betrag von 36 Geldeinheiten. Daraus folgt ein FV von:

$$FV_{KK}(X) = 1.000 / (1{,}04)^1 + 36 = 998$$

Auf der Passivseite werden die Kapitalkosten, wie bereits erwähnt, hinzuaddiert, da dort das Risiko für einen potentiellen Käufer im Ansteigen der Verbindlichkeit liegt. Daher ist der Marktpreis höher als der Barwert.

Auf der Aktivseite würden die Kapitalkosten subtrahiert; d. h., überträgt man die Annahmen auf einen Vermögensgegenstand, ergibt sich damit ein FV von:

$$FV_{KK}(X) = 1.000 / (1{,}04)^1 - 36 = 925$$

Dies entspricht einem risikoadjustierten Zins von 8,09 % bzw. folgendem äquivalenten Wahrscheinlichkeitsmaß bei einer risikoneutralen Bewertung:

		Eintrittswahrscheinlichkeit (äquiv. Wahrscheinlichkeitsmaß Q)
Obere Schranke (OS):	1.200	52,4 %
Untere Schranke (US):	700	48,6 %

Beim Kapitalkostenmodell wie auch bei den beiden anderen Ansätzen ist also die Parametrisierung entscheidend. Setzt man zu hohe Kapitalkosten an, kann dies dazu führen, dass das Kapitalkostenmodell nicht in Marktpreisen wieder gefunden wird.

2.1.3 Fair Value einer Reserve

In diesem Abschnitt wird die Anwendung des Kapitalkostenmodells auf die Bewertung einer Reserve illustriert. Dazu wird aufbauend auf den angestellten Vorüberlegungen dargestellt, welche konkreten Schritte notwendig sind, um den Fair Value einer Reserve zu bestimmen.

Wie die vorherigen Überlegungen gezeigt haben, hat man eine prinzipielle Beziehung

Diskontierter Cash Flow + Risiko-/Marktmarge = Fair Value

Bei dieser Rechnung besteht kein Problem darin, den Diskontsatz zu bestimmen. Hierfür wird der sichere Zins verwendet, dessen Definition zwar nicht absolut unstrittig ist, für den sich aber bspw. die Rendite von Staatsanleihen von Staaten mit hervorragender Bonität eignet (z. B. USA, Deutschland).

Noch relativ unproblematisch ist die Schätzung der mittleren Zahlungszeitpunkte (also der Duration des Cash Flows) aus Vergangenheitswerten.

Problematisch ist hingegen die Festlegung einer **Risiko-/Marktmarge**. Diese Marge ist Ausdruck der Unsicherheit bzgl. der Höhe der zu leistenden Zahlungen und kann – wie bereits erläutert – als Kapitalkosten definiert werden.

Die Kapitalkosten und der Barwert entsprechen konzeptionell einem **Transaktionswert**. Es muss also ermittelt werden, welche Kapitalkosten ein fiktiver Käufer bei Übernahme der Verbindlichkeiten ansetzen würde. Diese Kosten sind allerdings vom Käufer abhängig, da es elementare Unterschiede zwischen den EK-Kosten eines VVaG, einer Erstversicherungs-AG und eines Rückversicherers gibt. Die verschiedenen Unternehmen stellen in unterschiedlicher Höhe EK für die Unsicherheit in den Reserven und erwarten für das bereitgestellte EK unterschiedliche Zusatzzinsen. (Es gibt in diesem Zusammenhang also nicht den einen typischen Käufer mit einem einheitlichen Kapitalkostenansatz.) Der Marktpreis der Reserve wäre dann der Durchschnitt über alle Kapitalkostenmodelle.

2.1.4 Kapitalkostenmodell

Zur Illustration des Kapitalkostenansatzes verwenden wir an dieser Stelle das Eigenkapitalmodell von Standard & Poors, wobei wir uns an dieser Stelle nur auf die Komponenten für die Versicherungstechnik beschränken. Dieses Modell stellt einen einfachen Ansatz – bestehend aus den Faktoren Hebesatz, Prämien- und Reservesatz – für die Eigenkapitalbedarfsbestimmung dar. Die nachfolgende Abbildung illustriert die Funktionsweise des Eigenkapitalmodells und wird anschließend Schritt für Schritt erläutert:

Periode	1	2	3	4	5	6
Restreserve	R(1)	R(2)	R(3)	R(4)	R(5)	
Gefordertes Eigenkapital	EK(1)	EK(2)	EK(3)	EK(4)	EK(5)	
Zusatzdividende		(z-r) · EK(1)	(z-r) · EK(2)	(z-r) · EK(3)	(z-r) · EK(4)	(z-r) · EK(5)

Abbildung 18: Kapitalkosten im S&P-Modell

Die erste wichtige Größe für das Modell von Standard & Poors ist der **Zusatzzins (z-r)**. Dieser ist definiert als die Differenz zwischen der Eigenkapitalrendite (z) und dem risikofreien Zins (r). Die Höhe des geforderten Zusatzzinses ist also abhängig von den Eigenkapitalrenditevorstellungen des Unternehmens. Kleine VVaG geben sich mit einem Zusatzzins von ca. 6 % zufrieden, wohingegen große Rückversicherer einen Zusatzzins nicht unter 15 % fordern. Der Zusatzzins muss für alle zukünftigen Perioden bestimmt werden.

Zudem benötigt man für jede Periode i das zu Beginn der Periode **geforderte EK(i)**. Die Höhe des allokierten Eigenkapitals, also die Höhe des Eigenkapitals, das für die Unsicherheit in der Reserve bereitgestellt wird, ergibt sich im S&P-Modell durch Multiplikation von Hebesatz, Reservefaktor und Restreserve. Diese Faktoren werden nun kurz definiert.

Der erste Faktor **Hebesatz** ist ein unternehmensindividueller Faktor, der vom angestrebten Sicherheitsniveau des Unternehmens abhängt. Die folgende Abbildung zeigt die Hebesätze für das entsprechende Rating nach S&P:

Rating	Kapitalisierung (Hebesatz)	Finanzielle Sicherheit
AAA	Ab 175 %	Herausragend
AA	150 % bis 174 %	Ausgezeichnet
A	125 % bis 149 %	Sehr gut
BBB	100 % bis 124 %	Gut

Abbildung 19: Hebesätze im S&P-Modell

Ein Unternehmen, welches ein stabiles Rating anstrebt, sollte der Berechnung jeweils die obere Grenze des Intervalls der Hebesätze für die angestrebte finanzielle Sicherheit zugrunde legen, so dass Abweichungen abgefedert werden können, ohne dass sich die Ratingklasse verändert. Es ist zu beachten, dass Industrieversicherer im Regelfall ein A-Rating benötigen und große Rückversicherer oftmals sogar ein AA-Rating.

Der zweite Faktor **Reservefaktor** hängt von der Risikostruktur (also von den Volatilitätseigenschaften) des Segments ab. S&P gibt diesbezüglich für verschiedene Versicherungssparten unterschiedliche Faktoren vor.

Der dritte Faktor **Restreserve R(i)** ist die Reserve, die zum Beginn der i-ten Periode planmäßig noch gestellt werden muss.

Nachdem der Zusatzzins und das allokierte Eigenkapital bestimmt wurden, kann nun die **Zusatzdividende** für alle zukünftigen Perioden errechnet werden. Sie ist definiert als das Produkt aus dem Zusatzzins (z-r) und dem allokierten Eigenkapital EK(i).

Abschließend ergeben sich die **Kapitalkosten**, die als Barwert der Zusatzdividenden definiert sind. Als Diskontzins wird der risikofreie Zins verwendet.

Dieses Modell führt prinzipiell zu richtigen Ergebnissen und bietet zudem eine relativ einfache Handhabung. Dennoch wird es häufig kritisiert, da die Faktoren vorgegeben, nicht ausreichend transparent und nicht auf verschiedene Märkte abgestimmt sind. Dies ließe sich aber durch unternehmensindividuelle Parameter aus internen Modellen „heilen“.

2.1.5 Berechnungsbeispiel

In diesem Abschnitt wird für einen risikofreien Zins von 4 % ein Beispiel für den FV einer Reserve gerechnet. Dabei gehen wir für eine Restreserve von 1.500 von folgendem erwarteten Zahlungsstrom aus:

Periode	**Geldeinheiten (GE)**
1	500
2	400
3	300
4	200
5	100
Gesamt	**1.500**

Es ergeben sich pro Periode **Diskontfaktoren** zu Periodenbeginn und zur Periodenmitte. Den Diskontfaktor zur Periodenmitte benötigt man, um die erwarteten Zahlungen abzuzinsen. Bei diesen wird angenommen, dass sie im Durchschnitt jeweils zur Mitte der Periode anfallen, da die Zahlungen in der Regel gleichmäßig über das Jahr verteilt sind. Der Diskontfaktor zu Periodenbeginn wird verwendet, um die Zusatzdividenden abzuzinsen.

Im nächsten Schritt muss nun in jeder Periode für die Restreserven Eigenkapital bereitgestellt werden, um die Unsicherheit in den Restreserven zu bedecken. Wie im letzten Kapitel eingeführt, ergibt sich das benötigte EK aus der Multiplikation von Hebesatz, Reservefaktor und Restreserve. Das Produkt aus Hebesatz und Reservefaktor kann man auch als **EK-Allokationssatz** zusammenfassen. Wir gehen in diesem Beispiel von einem EK-Allokationssatz von 25 % aus. Dieser Wert kann bspw. aus dem S&P-Modell berechnet werden, wenn man von einem Hebesatz von 125 % und einem Reservefaktor von 20 % ausgeht (125 % · 20 % = 25 %).

Alternativ könnte man die 25 % auch aus einem internen Modell erhalten. Dazu benötigt man das vom Unternehmen angestrebte Sicherheitsniveau und die Standardabweichung des Segments als Volatilitätsmaß. Bei einem Sicherheitsniveau von 99,5 % und bei angenommener Standardnormalverteilung ergibt sich der EK-Allokationssatz aus der Gleichung:

$$2{,}58 \cdot \text{Standardabweichung} = \text{EK-Allokationssatz}$$

Der Wert 2,58 ist die Schranke, die zum Sicherheitsniveau 99,5 % gehört. Ein EK-Allokationssatz von 25 % würde sich also bei einem Variationskoeffizienten von ca. 9,7 % einstellen, d. h., der Reservesatz entspricht ungefähr dem Doppelten der Standardabweichung.

Nachdem nun das benötigte EK berechnet werden kann, benötigt man als letzte Inputgröße noch die **Zusatzdividende**. Wir gehen hier von einer Forderung von 6 % auf das allokierte EK aus. Dieser Wert stammt ursprünglich aus dem Swiss Solvency-Test und wird zurzeit auch im Standardmodell verwendet. Die Zusatzdividende wird zu Beginn der Folgeperiode fällig und wie bereits eingeführt mit dem Diskontfaktor zu Beginn der jeweiligen Periode diskontiert. Diese Überlegungen sind in der folgenden Tabelle dargestellt:

Per.	erwartete Zahlungen			EK-Allokation		Zusatzdividende		
	nomin.	Diskont-faktor	diskont.	Rest-reserve	Eigen-kapital	nomin.	Diskont-faktor	diskont.
1	500,0	0,9806	490,3	1.500,0	375,0			
2	400,0	0,9429	377,1	1.000,0	250,0	22,5	0,962	21,6
3	300,0	0,9066	272,0	600,0	150,0	15,0	0,925	13,9
4	200,0	0,8717	174,3	300,0	75,0	9,0	0,889	8,0
5	100,0	0,8382	83,8	100,0	25,0	4,5	0,855	3,8
6						1,5	0,822	1,2
Total	1.500,0		1.397,6					48,6

Abbildung 20: Fair Value-Bewertung von Reserven

Abschließend kann man nun den Fair Value der Reserve bestimmen. Dieser ergibt sich aus der Summe der diskontierten Zahlungen (1.397,6 GE) und den Kapitalkosten (48,6 GE). Aus der nominellen Best Estimate-Reserve von 1.500 GE wird eine Fair Value-Reserve von 1.446,2 GE.

Der Fair Value einer Reserve sinkt also unter anderem dann, wenn der EK-Allokationssatz oder die geforderte Zusatzdividende sinkt.

An dieser Stelle ist der Hinweis angebracht, dass Versicherungsunternehmen zahlreiche Vorgaben machen müssen, um den Fair Value einer Reserve zu bestimmen (vor allem im EK-Allokationsmodell und beim veranschlagten Zusatzdividendensatz).

Dabei kann bezüglich der Parametrisierung noch prinzipiell zwischen dem Produktionskostenansatz/*entry-value*-Ansatz (das Unternehmen verwendet die in der Unternehmenssteuerung verwendeten eigenen Parameter) und den Transaktionskostenansatz/*exit-value*-Ansatz (das Unternehmen verwendet die Parameter eines fiktiven Käufers). Beim Transaktionskostenansatz kann man als fiktiven Käufer eine Aktiengesellschaft, einen VVaG oder den Kapitalmarkt (im Sinne einer Reserveverbriefung) annehmen. Der Kapitalkostensatz eines VVaG oder bei einer Verbriefung ist geringer als bei einer Aktiengesellschaft. Bei einer Verbriefung auf den Kapitalmarkt liegt das i. d. R. darin begründet, dass im Vergleich zu einer Aktiengesellschaft nur ein Rendite-, aber kein Wertschöpfungsanspruch vorliegt.

Im Zweifelsfall kommt also jedes Unternehmen zu einer unterschiedlichen Bewertung. Der Fair Value einer Reserve kann demnach nur eingeschränkt als normierte Definition im Sinne eine Marktwertes angesehen werden.

Derzeit ist das einzig verbindlich formulierte Modell das Schweizer Solvenzmodell, das mit einem fixen Zusatzdividendensatz von 6 % bezogen auf das Solvenzkapital rechnet. Momentan kann davon ausgegangen werden, dass eine Verwendung dieses Wertes in internen Modellen, auch im Hinblick auf eine mögliche Zertifizierung, unproblematisch möglich ist.

2.2 Stochastische GuV

Wie bereits einleitend erläutert wurde, starten wir bei dem Aufbau eines internen Risikomodells (nach einer ggf. vorab vorgenommenen FV-Umbewertung) mit einer stochastischen GuV.

Bei einer **stochastischen GuV** werden für die Folgeperiode eine Vielzahl von Gewinn- und Verlustrechnungen simuliert, so dass man als Ergebnis der Simulationen sowohl „gute“ als auch „schlechte“ Gewinn- und Verlustrechnungen erhält. Die Stochastizität steckt hierbei in den Ergebnisbeiträgen, aus denen sich eine stochastische GuV zusammensetzt. So führen Schadenaufwendungen, die für die Folgeperiode unterschiedlich ausgewürfelt werden, als Beispiel eines Ergebnisbeitrages jeweils zu unterschiedlichen GuV-Ergebnissen.

Die stochastischen Eigenschaften der Ergebnisbeiträge implizieren die Risiken für das VU. Als Risiko wird aus Solvenzsicht das bezeichnet, was die GuV negativ beeinflusst, demnach alles, was einen Minderertrag oder einen Mehraufwand generiert und somit zu einer Verringerung des Eigenkapitals führt.

Bei unseren Modellierungsansätzen betrachten wir die folgenden vier wichtigsten **Risikogruppen**:

- versicherungstechnische Risiken,
- Kapitalanlagerisiken,
- Bonitätsrisiken und
- operationelle Risiken.

Die Beeinflussung der einzelnen Ergebnisbeiträge der vier Risikogruppen auf die stochastische GuV und folglich auf die Verteilung des Eigenkapitals wird detailliert in den nachfolgenden Kapiteln erläutert. Dieses Kapitel hat lediglich einführenden Charakter.

Im folgenden Abschnitt wird der Übergang vom deterministischen zum stochastischen Eigenkapital mittels einer stochastischen GuV erläutert.

2.2.1 Basisgleichung

Das Ergebnis der Basisgleichung ist das stochastische Eigenkapital. Sowohl für „gute“ als auch für „schlechte“ GuV-Szenarien soll die Höhe des Eigenkapitals in der Folgeperiode ermittelt werden.

Bei der Bestimmung des stochastischen Eigenkapitals dient das **deterministische Eigenkapital** als Ausgangspunkt. Als deterministisches Eigenkapital bezeichnet man das Eigenkapital zum Zeitpunkt t = 0, das nicht simuliert wurde. Es kann ggf. mit dem Best Estimate (als IFRS Eigenkapital) oder mit dem Fair Value (als ökonomisches Eigenkapital) bewertet werden. Das deterministische Eigenkapital wird während der Folgeperiode um das Ergebnis der stochastischen GuV verändert. Die Summe der stochastischen Ergebnisbeiträge kann sowohl zu einer Erhöhung als auch zu einer Verringerung des Eigenkapitals führen.

Die stochastischen Ergebnisbeiträge der Versicherungs- und Nichtversicherungstechnik berücksichtigt das VU unabhängig von den Anforderungen gemäß Solvency II bereits anhand von betrieblichen Planungsrechnungen. Solvency II fordert darüber hinaus eine weiter gehende Risikobetrachtung. So müssen auch außerplanmäßige Risiken, wie operationale Risiken, berücksichtigt werden. Weiter sind in einem vollständigen Simulationsmodell z. B. außerplanmäßige Steuerabschreibungen zu betrachten. Sie sind ebenfalls stochastisch und können zu einem erheblichen Mehraufwand führen.

Die Summe der einzelnen stochastischen Ergebnisbeiträge der stochastischen GuV bestimmen im Ergebnis das **stochastische Eigenkapital** zum Zeitpunkt t = 1. Dies ist in der nachfolgenden Grafik illustriert.

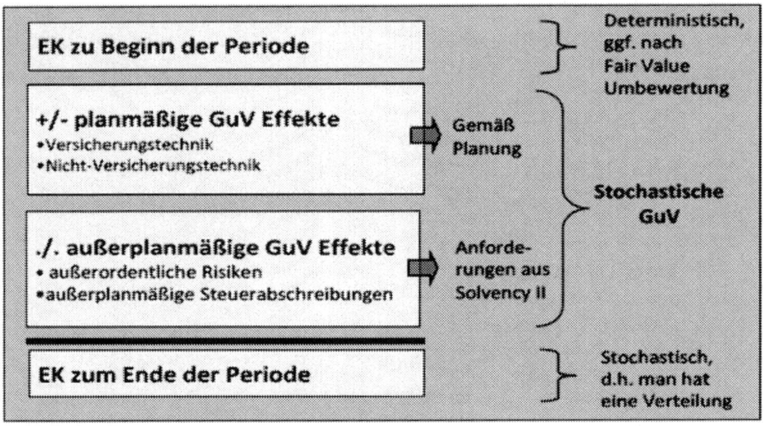

Abbildung 21: Basisgleichung für das stochastische Eigenkapital

2.2.2 Eigenkapital nach einem Jahr

Mittels Monte-Carlo-Simulationen soll aus der stochastischen GuV und dem deterministischen Eigenkapital eine möglichst detaillierte EK-Verteilung für die Folgeperiode generiert werden. Die Fülle von stochastischen Einflüssen auf die GuV macht es gerade erforderlich, dass so viele Simulationen wie möglich erfolgen, um auch äußerst seltene Ereignisse abzubilden. Insbesondere Ausnahmeszenarien, wie operationale Risiken, die sich nur sehr selten realisieren und deren Betrachtung gerade aus Solvenzgründen äußerst wichtig ist, können erst durch zahlreiche Simulationen genau abgebildet werden. (Aus diesem Grund wäre ein deterministischer Ansatz mit nur einer einzigen Simulation nicht risikoadäquat.)

Die nachfolgende Abbildung stellt mögliche Entwicklungen des stochastischen Eigenkapitals nach einem Jahr (ausgehend von einem deterministischen Eigenkapital von 1.000) für fünf simulierte Pfade dar.

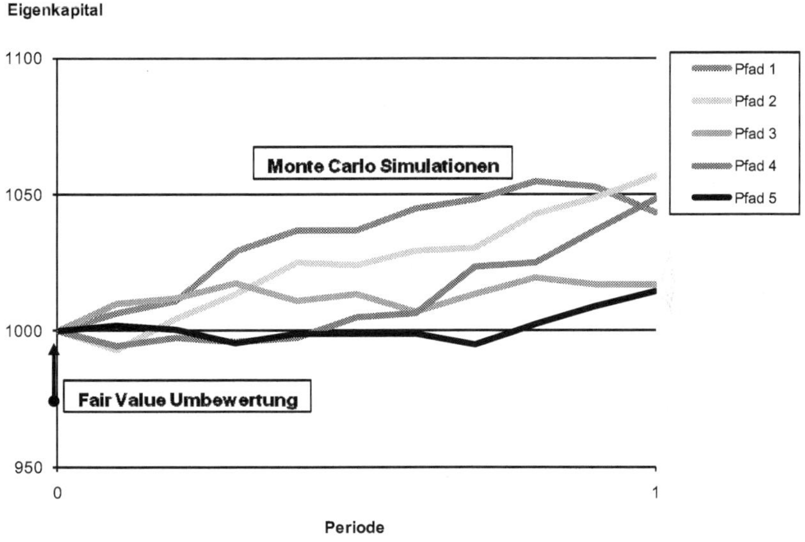

Abbildung 22: Stochastisches Eigenkapital

Die Zusammenfassung möglichst vieler Pfade ergibt die Verteilung des Eigenkapitals, die in der Regel „linksschief" ist. Dies bedeutet, dass die Verteilung nach oben begrenzt ist, nach unten aber ausläuft, d. h., es können auch extrem negative Werte auftreten. In diesen wie auch in allen anderen Fällen mit negativem Eigenkapital kann das Unternehmen seine Verpflichtungen nicht mehr voll erfüllen, es ist im sprichwörtlichen Sinn ruiniert.

Die Struktur einer typischen Eigenkapitalverteilung nach einem Jahr ist in der nachfolgenden Abbildung illustriert.

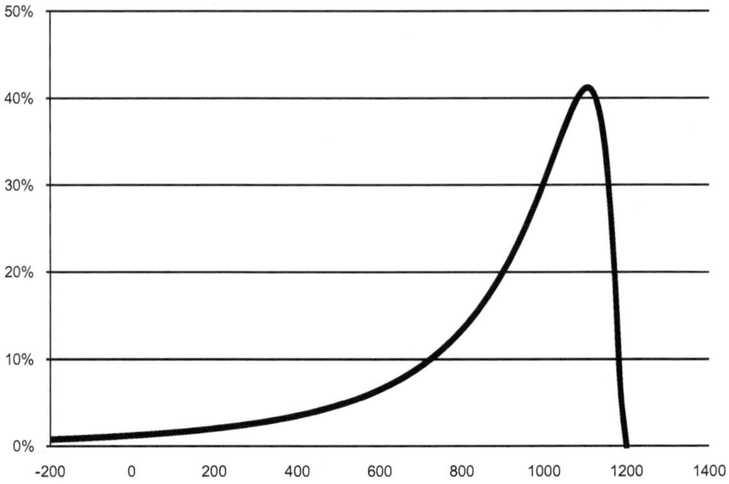

Abbildung 23: Eigenkapitalverteilung nach einem Jahr

Es wird deutlich, dass sich die Mehrzahl der Simulationen um den Mittelwert bewegen. Die Abbildung des Mittelwertes ist bereits bei geringer Simulationsanzahl möglich. Aus Solvenzsicht liegt der Fokus auf einer genauen Betrachtung des Randes, dort wo das Eigenkapital gegen null geht und dem VU der Ruin droht. Um diese Situation möglichst stabil abzubilden, benötigt man deutlich mehr Simulationen als nur für den Mittelwert.

2.2.3 Steuerungsniveaus

Der technische Aufwand zur Modellierung der Eigenkapitalverteilung nach einem Jahr lässt sich kaum durch die Anforderungen aus Solvency II legitimieren; es empfiehlt sich daher, die Resultate auch für die Unternehmensteuerung zu nutzen.

Der **technische Ruin** (d. h. der Nullpunkt bei der Eigenkapitalverteilung nach einem Jahr) stellt dabei die unterste Stufe der Steuerungsniveaus dar, die ein VU aus Aufsichtsgründen überschreiten muss. Dieses Niveau definiert den Ruin aus der Sicht des Versicherungsnehmers bzw. der Aufsicht.

Eine Stufe über dem technischen Ruin befindet sich das **Mindestsolvenzniveau**. Sollte das VU dieses aus Shareholdersicht kritische Eigenkapitalniveau unterschreiten, bedeutet es de facto den „Ruin“ der Shareholder. Denn auch wenn kein Verbot der Geschäftstätigkeit folgt, findet zumindest eine Übernahme der Geschäftsführung durch die BaFin statt. Dies kommt für den Eigentümer einer „Enteignung“ gleich.

Sollte das **Solvenzniveau** in einem Jahr nicht erreicht werden, würde dies zu einer „kritischen“ Kontaktaufnahme der BaFin mit dem entsprechenden VU in einem Jahr führen. Zwar besitzt das VU heute noch Eigenkapital in ausreichender Höhe, aber zukünftig zeichnet sich die Möglichkeit von ernsthaften Solvenzproblemen ab. Die Wahrscheinlichkeit, dass zukünftig auch das Mindestsolvenzkapital unterschritten wird, steigt.

Da bei den meisten VU die Höhe des vorhandenen Eigenkapitals nicht so dramatische Ausmaße annimmt, dass die Solvenz gefährdet ist, liegt der Fokus auf der Sicherstellung des **Ratingniveaus**. Wird das Rating beispielsweise eines Rückversicherers aufgrund verminderten Eigenkapitals herabgesetzt, hat er in der Folgeperiode möglicherweise Probleme, Geschäft zu zeichnen. Infolgedessen kann er ggf. die von den Eigenkapitalgebern geforderte Verzinsung nicht erfüllen, was die EK-Beschaffung zusätzlich erschwert. Dieses Beispiel zeigt, dass eine Unterschreitung des Ratingniveaus zu deutlichen Problemen bei der Ausübung des Geschäftsmodells führen und folglich den Anfang eines Abwärtstrends bedeuten kann.

Die nachfolgende Abbildung zeigt eine Verteilung des Eigenkapitals unter Bezugnahme auf die verschiedenen Steuerungsniveaus. Unter Steuerungsgesichtspunkten muss kontrolliert werden, dass die Unterschreitungswahrscheinlichkeiten für die verschiedenen Steuerungsniveaus vorgegebene Schwellenwerte nicht übersteigen.

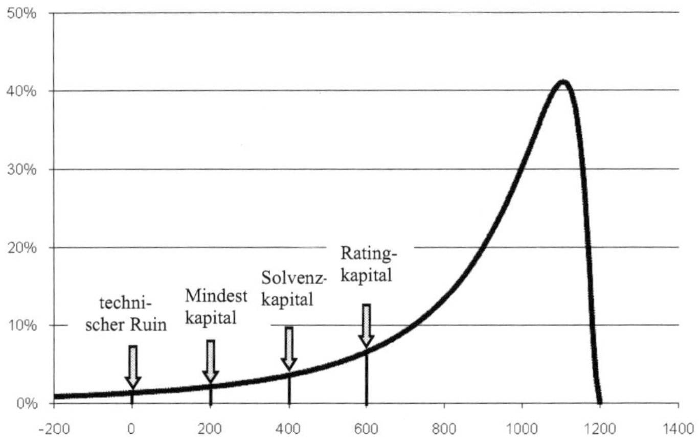

Abbildung 24: Steuerungsniveaus eines VU

Ergeben sich aus dem Simulationsmodell zu hohe Unterschreitungswahrscheinlichkeiten, muss das Unternehmen geeignete Steuerungsmaßnahmen ergreifen.

2.2.4 Ökonomische Szenarien

Ein weiterer wichtiger Anwendungsbereich von Simulationen ist die Modellierung für alle Risiken gemeinsamer **externer Marktparameter**. Diese werden beispielsweise für die Simulation des Fair Value von Kapitalanlagen und von Reserven benötigt.

Gerade Kapitalanlagen sind von vielen externen Marktparametern beeinflusst, die eine hohe Volatilität aufweisen. Oft ergibt sich dabei die Bewertung der Kapitalanlagen fast vollständig aus der reinen Anwendung dieser stochastischen externen Parameter. Die Ermittlung externer Marktparameter mit geeigneten Simulationsansätzen wird als **Economic Scenario Generation (ESG)** bezeichnet.

Die nachfolgende Liste beschreibt die wichtigsten Beispiele für externe Marktparameter:

- Zinsstrukturkurven
- Aktienindizes
- Spreads für Bondrisiken
- Währungskurse
- Inflationsentwicklungen
- Immobilienindizes

Diese externen Parameter können entweder innerhalb des eigenen Modells durch Simulationen generiert oder von externen Anbietern (als Dateien mit stochastischen Realisierungen) gekauft werden. In letzterem Fall müssen die Daten nur in das eigene Unternehmensmodell eingelesen werden. Die nachfolgende Tabelle zeigt ein Beispiel einer ESG:

Szenario	risikofreier Zins*	Risiko-spread*	Euro Aktienindex	US Dollarkurs	US Immo-bilienindex
1	3,94 %	2,89 %	1,1063	1,56	1,0051
2	3,98 %	3,66 %	1,0164	1,35	1,0025
3	3,63 %	2,68 %	1,0119	1,58	0,9632
4	2,60 %	2,97 %	1,1746	1,68	0,9780
5	3,13 %	2,45 %	1,1521	1,60	0,9854
6	2,91 %	3,12 %	0,9758	1,74	1,0021
7	3,60 %	2,90 %	1,1081	1,55	0,9700
8	3,29 %	2,68 %	1,1189	1,88	0,9990
9	2,88 %	3,22 %	1,0957	1,34	0,9615
10	3,22 %	2,79 %	1,1070	1,26	0,9846
⋮					
10.000	3,48 %	3,23 %	1,1256	1,41	1,0124

* jeweils auf 3-jährige Zerobonds bezogen

Abbildung 25: Beispiel einer Economic Scenario Generation

Die nachfolgende Beispielrechnung für den stochastischen Fair Value eines risikobehafteten Zerobonds mit Nominalwert 800 und Restlaufzeit 3 soll die Vorgehensweise verdeutlichen. Dabei werden folgende (zuvor in der oben abgebildeten ESG ausgewürfelte externe Marktparameter) aus dem Marktszenario Nr. 7 zugrunde gelegt.

Risikofreier Zins:	
Verteilung:	Lognormal
Erwartungswert:	4,0 %
Variationskoeffizient:	20,0 %
Realis. im 7-ten Marktszenario:	**3,6 %**
Spread für Bondrisiko:	
Verteilung:	Lognormal
Erwartungswert:	3,0 %
Variationskoeffizient:	20,0 %
Korrelation mit dem risikofr. Zins:	50,0 %
Realis. im 7-ten Marktszenario:	**2,9 %**

Auf dieser Basis ergibt sich für den genannten Zerobond im realisierten Marktszenario Nr. 7 ein FV in Höhe von

$$FV = 800 / (1 + 0{,}036 + 0{,}029)^3 = 662{,}28.$$

In diesem einfachen ESG-Modell wird die Beziehung zwischen risikofreiem Zins und Zinsspread durch eine Korrelation von 50 % berücksichtigt. Bei einem Bestimmtheitsmaß von $r^2 = 25$ % stellt dies allerdings keinen allzu großen Zusammenhang dar; ein größerer Zusammenhang ist vermutlich erst ab einem Bestimmtheitsmaß von über 50 % und somit einer Korrelation von mehr als 70 % gegeben.

3 Versicherungstechnik / VT-Risiken

In diesem Kapitel wird das versicherungstechnische Risiko erläutert. Dabei erfolgt eine Unterteilung in das Reserverisiko, das Prämien- oder Zeichnungsrisiko und das Abwicklungsrisiko. Als Reserverisiko bezeichnet man das Risiko, dass die gebildeten Reserven aus dem Altgeschäft nicht ausreichen, um den sich aus den Versicherungsverträgen ergebenden Verpflichtungen nachzukommen. Unter dem Prämien- oder Zeichnungsrisiko hingegen versteht man die Gefahr, dass die Prämien aus dem künftigen Neugeschäft nicht ausreichend sind. Das Risiko aus der Abwicklung von Schäden besteht für den Versicherer insofern, als dass das Auszahlungsmuster der künftigen Zahlungen nicht so eintritt, wie man es vorab erwartet hat. Diese Problematik zielt auf die Fälligkeiten der Verbindlichkeiten ab. Ist das Cash Flow-Muster anders als geschätzt, ergeben sich unterschiedliche Diskontierungseffekte.

Zunächst werden einige Grundlagen der Versicherungstechnik vorgestellt, welche für die weiteren Inhalte in diesem Teil des Kapitels von elementarer Bedeutung sind. Diese beginnen mit dem versicherungstechnischen Ergebnis eines Versicherungsunternehmens, welches von verschiedenen Faktoren abhängt und sich vereinfacht Netto wie folgt zusammensetzt:

Netto-Prämien	
- Netto-Kosten[24]	Risikokomponente 1 (Netto-Prämien, Netto-Kosten, Netto-Schadenzahlungen im Bilanzjahr)
- Netto-Schadenzahlungen im Bilanzjahr	Risikokomponente 2 (Netto-Schadenzahlungen im Bilanzjahr, Veränderung der Netto-Schadenreserve)
- Veränderung der Netto-Schadenreserve	
= versicherungstechnisches Netto-Ergebnis	

Aus Gründen der Vereinfachung haben wir bei dieser Darstellung **Beitragsüberträge** nicht betrachtet, was auch im Weiteren gelten soll. Das Rückversicherungsergebnis ist schon saldiert.

Im Folgenden werden die Positionen „Schadenzahlungen“ und „Reserveänderungen“ näher erläutert und somit die Schadenaufwendungen eines

[24] Zahlungen ohne Rückstellungen für z. B. Schäden.

Versicherungsunternehmens dargestellt. Nicht weiter betrachtet werden hingegen Prämien und Kosten.

Zu beachten ist, dass die versicherungstechnischen Ergebnisse von dem jeweiligen Unternehmen beeinflusst werden können. Dies trifft i. d. R. zwar nicht auf die Zahlungen zu, aber auf die Bildung der Reserven. Die neuen Reserven können beispielsweise so gesetzt werden, dass eine gewünschte Schadenquote für das Jahr erzielt wird. Dies führt aber dazu, dass sich die Schwankungen für dieses Geschäft in den Folgeperioden erhöhen.

Bei der Betrachtung der Schadenaufwendungen müssen sowohl die Zahlungen und die Reserven für schon eingetretene Schäden im Bestandsgeschäft als auch die Zahlungen und die Reservebildung für das Neugeschäft berücksichtigt werden. Die zuvor dargestellte Zerlegung in zwei Komponenten – liquider Abfluss und Reserveänderung – folgt dem klassischen Muster einer Gewinn- und Verlustrechnung.

In der GuV der meisten Versicherungsunternehmens wird grundsätzlich bei den Schadenaufwendungen nicht zwischen **Alt- und Neugeschäft** unterschieden, sondern zwischen Auszahlungen und Reserveänderungen, d. h., man hat:

Netto-Schadenzahlungen im Bilanzjahr
= Netto-Schadenzahlungen für das aktuelle Anfalljahr (SZ_1)
+ Netto-Schadenzahlungen für alle früheren Anfalljahre (SZ_2)

bzw.

Veränderung der Netto-Reserven zum Ende des Bilanzjahres
= Zuführung zur Netto-Reserve für das aktuelle Anfalljahr (RV_1)
+ Veränderung der Netto-Reserve für alle früheren Anfalljahre (RV_2)

Im Standardmodell unter Solvency II wird im Unterschied zur klassischen GuV eine Unterscheidung zwischen Alt- und Neugeschäft vorgenommen. In diesem Modell wird zwischen dem **Reserverisiko** und dem **Prämienrisiko** unterschieden, wie in der folgenden Darstellung gezeigt wird:

<table>
<tr><td>Netto-Prämien
- Netto-Kosten
- Netto-Schadenzahlungen SZ_1
- Zuführung zur Netto-Schadenreserve RV_1</td><td>Prämienrisiko
Neugeschäft</td></tr>
<tr><td>- Netto-Schadenzahlungen SZ_2
- Veränderung der Netto-Schadenreserve RV_2</td><td>Reserverisiko
Altbestand</td></tr>
<tr><td>= versicherungstechnisches Netto-Ergebnis</td><td></td></tr>
</table>

Das **Reserverisiko** reflektiert die Schwankungsrisiken der Reserven des Altgeschäfts und setzt sich aus den jeweiligen Zahlungen und Reserveänderungen zusammen. Die Aufwendungen werden aus bereits in der Vergangenheit gezahlten Prämien geleistet, die schon in Kapitalanlagen angelegt sind.

Das **Prämienrisiko** korrespondiert zu den aufwandswirksamen Zahlungen und Reserveänderungen des Neugeschäfts. Es gibt Aufschluss über die Schwankungsrisiken und zeigt, ob die in dem aktuellen Jahr eingenommenen Prämien zur Deckung der Aufwendungen ausgereicht haben oder nicht.

3.1 Reserven

Nachdem im vorhergehenden Teil die Grundzüge der Versicherungstechnik erläutert wurden, werden im Folgenden die Auszahlungsmuster der Schadenzahlungen sowie die erwarteten Schwankungen in den Reserven dargestellt.

3.1.1 Einperioden-Abwicklungsergebnis

Für ein Versicherungsunternehmen, welches zum Zeitpunkt $t = 0$ die Reserven (z. B. als **Best Estimate-Reserven**) geschätzt hat, besteht im Folgenden das Problem, dass das im Bilanzjahr beobachtete Ergebnis vom erwarteten Ergebnis abweichen kann. Dabei hat man folgende Größen:

$R(0)$ Deterministische Eingangsreserve zum Zeitpunkt $t = 0$ (hängt vom gewählten Reserveschätzverfahren ab).

$R(1, \omega)$ Realisierung der Ausgangsreserve zum Zeitpunkt $t = 1$ für einen Zufallseinfluss ω (welche ebenfalls vom gewählten Reserveschätzverfahren abhängt).

$Z(1, \omega)$ Realisierung der Schadenzahlungen in der 1. Periode für einen Zufallseinfluss ω (unabhängig von einem Schätzverfahren).

Für jede zufällige Realisierung ω erhält man am Ende der Periode folgendes Abwicklungsergebnis AE, welches als Aufwand oder Ertrag in die GuV eingeht:

$$AE(1, \omega) = R(1, \omega) + Z(1, \omega) - R(0)$$

Setzt man nun $R(0) = R(1) + Z(1)$, $R(1)$ die erwartete Fortentwicklung der Reserve $R(0)$, dann setzt sich das Abwicklungsergebnis $AE(1, \omega)$ aus einem Zahlungseffekt und einem Reserveeffekt zusammen, d. h.,

$$\begin{aligned} AE(1, \omega) &= (R(1, \omega) - R(1)) + (Z(1, \omega) - Z(1)) \\ &= \Delta R(1, \omega) + \Delta Z(1, \omega) \end{aligned}$$

Das Abwicklungsergebnis ist nicht unabhängig vom Reserveschätzverfahren! Falls $R(0)$ für das angewendete Schätzverfahren eine Best Estimate-Reserve ist, dann ist der Erwartungswert des Abwicklungsergebnisses per definitionem Null; die Einperioden-Volatilität für das Abwicklungsergebnis σ_1 hingegen muss geschätzt werden und hängt vom Reserveschätzverfahren ab. Um das zu verdeutlichen betrachten wir das nachfolgende Beispiel für ein Abwicklungssegment mit folgenden Eigenschaften:

- Endabgewickelt nach drei Jahren.
- Erwarteter Endaufwand = 1.000 bei einer Variation von 25 % (approximativ normal verteilt).
- Am Ende der ersten Periode sind immer 0 % des Endaufwandes erreicht, am Ende der zweiten Periode im Schnitt 75 % mit einer Variation von 20 % (approximativ normal verteilt).

Zur Vereinfachung gehen wir davon aus, dass das Segment nur ein Jahr lang gezeichnet wurde und dann in den Run Off geht, d. h., wir müssen bei der Reserveschätzung nicht mehrere Anfalljahre simultan betrachten. Wir betrachten jetzt die Abwicklungsergebnisse für zwei verschiedene Abwicklungsmethoden. Beide Methoden landen nach drei Perioden beim wahren Endwert, produzieren aber zwischenzeitlich unterschiedliche Abwicklungsergebnisse. (In der ersten Periode gilt bei beiden Methoden Abwicklungsergebnis = erwarteter Endaufwand = 1.000.):

Methode 1:

Schätzung des abgew. Endaufwands am Ende der 1. Periode:	1.000
Schätzung des abgew. Endaufwands am Ende der 2. Periode:	erreichter Aufwand / 0,75
Schätzung des abgew. Endaufwands am Ende der 3. Periode:	erreichter Aufwand

Methode 1 entspricht einem aufwandsbasierten Chain Ladder-Ansatz und dürfte in der Praxis häufig zu beobachten sein. In der folgenden Abbildung sind für diese Methode verschiedene Szenarien sowie die Mittelwerte und die Standardabweichungen über mehr als 1.000 Szenarien dargestellt.

	Erreichter Aufwand			Progn. des abgew. Aufwands			Ergebnis	
Periode	1	2	3	1	2	3	2	3
Mittelw.		753,05	1.004,12		1.004,06	1.004,12	4,06	0,05
Std.Abw		162,36	249,83		216,48	249,83	216,48	117,86
Simul.								
1	0	862,26	1.248,73	1.000	1.149,68	1.248,73	149,68	99,05
2	0	662,91	820,89	1.000	883,88	820,89	-116,12	-62,98
3	0	536,60	644,73	1.000	715,47	644,73	-284,53	-70,74
4	0	825,21	1.080,63	1.000	1.100,29	1.080,63	100,29	-19,65
5	0	748,80	1.243,17	1.000	998,40	1.243,17	-1,60	244,78
6	0	808,69	949,39	1.000	1.078,25	949,39	78,25	-128,86
7	0	861,57	1.111,35	1.000	1.148,76	1.111,35	148,76	-37,40
8	0	865,49	1.354,09	1.000	1.153,98	1.354,09	153,98	200,11
9	0	991,58	1.439,50	1.000	1.322,11	1.439,50	322,11	117,39
10	…	…	…	…	…	…	…	…
11	…	…	…	…	…	…	…	…

Abbildung 26: Reserveschätzung gemäß Methode 1

Wie wir sehen, schwankt das Abwicklungsergebnis aufgrund der Anwendung des Chain Ladder-Verfahrens in der zweiten Periode stark (216,48). In der dritten Periode erfolgt eine Korrektur der Schätzung der Vorperiode, so dass die Schwankung im Verhältnis niedriger ausfällt (117,86).

Methode 2:

Schätzung des abgew. Endaufwands am Ende der 1. Periode:	1.000
Schätzung des abgew. Endaufwands am Ende der 2. Periode:	MAX (erreichter Aufw.; 1.000)
Schätzung des abgew. Endaufwands am Ende der 3. Periode:	erreichter Aufwand

Bei dieser Methode wird in der zweiten Periode der Erwartungswert von 1.000 beibehalten, es sei denn, die erreichten Aufwendungen übersteigen diesen Wert. In der nachfolgenden Abbildung sind hierfür einige Simulationen aufgelistet.

	Erreichter Aufwand			Progn. des abgew. Aufwands			Ergebnis	
Periode	**1**	**2**	**3**	**1**	**2**	**3**	**2**	**3**
Mittelw.		753,05	1.004,12		1.006,12	1.004,12	6,12	-2,00
Std.Abw		162,36	249,83		30,34	249,83	30,34	239,55
Simul.								
1	0	862,26	1.248,73	1.000	1.000	1.248,73	0	248,73
2	0	662,91	820,89	1.000	1.000	820,89	0	-179,11
3	0	536,60	644,73	1.000	1.000	644,73	0	-355,27
4	0	825,21	1.080,63	1.000	1.000	1.080,63	0	80,63
5	0	748,80	1.243,17	1.000	1.000	1.243,17	0	243,17
6	0	808,69	949,39	1.000	1.000	949,39	0	-50,61
7	0	861,57	1.111,35	1.000	1.000	1.111,35	0	111,35
8	0	865,49	1.354,09	1.000	1.000	1.354,09	0	354,09
9	0	991,58	1.439,50	1.000	1.000	1.439,50	0	439,50
10	...	...	...	...	...	...	...	...
11	...	...	...	...	...	...	...	...

Abbildung 27: Reserveschätzung gemäß Methode 2

Bei dieser Methode schwankt aufgrund der Beibehaltung des Erwartungswertes das Abwicklungsergebnis in Periode 2 kaum (30,34). Dies hat eine hohe Schwankung in der dritten Periode zur Folge (239,55).

Trotz sehr unterschiedlicher Einperioden-Volatilitäten erhält man über die gesamte Dauer bei beiden Methoden natürlich die gleiche **Gesamtschwankung** (von 249,83). Hierbei ist zu beachten, dass man die Volatilitäten der einzelnen Perioden nicht einfach addieren darf, sondern die Aggregationsregeln für Standardabweichungen und Varianzen anwenden muss. Da die Gesamtstreuung in beiden Fällen fast mit der Wurzel aus der Summe der Quadrate, d. h. mit

$(216{,}48^2 + 117{,}86^2)^{1/2} = 246{,}48$ für Methode 1 bzw.

$(30{,}34^2 + 239{,}55^2)^{1/2} = 241{,}46$ für Methode 2

übereinstimmt, sind in beiden Fällen die Abwicklungsergebnisse nur im geringen Maße miteinander korreliert.

Bei beiden Methoden sind wir davon ausgegangen, dass uns Erwartungswert und Standardabweichung für die Höhe und den Cash Flow der endabgewickelten Schäden bekannt sind, und wir haben nur den **Zufallsfehler** betrachtet. Falls diese Parameter ebenfalls geschätzt werden müssen, kann es zusätzlich zu **Schätzfehlern** und somit zu weiteren Unterschieden zwischen beiden Ansätzen kommen. Im allgemeinen Fall gilt nämlich:

Gesamtfehler = Zufallsfehler + Schätzfehler

$$(X - \mu^*) = (X - \mu) + (\mu - \mu^*)$$

X die Zufallsgröße

μ^* der geschätzte Parameter

μ der wahre Parameter

Zufallsfehler entstehen also, wenn die Parameter zwar richtig sind, sich aber dennoch zufällig andere Beobachtungen ergeben. Schätzfehler liegen dann vor, wenn zusätzlich die wahren Parameter falsch geschätzt wurden.

In unserem Beispiel haben wir gesehen, dass es einen Unterschied zwischen der **Gesamtvolatilität** über die gesamte Abwicklungsdauer und der **Einperioden-Volatilität** gibt. Zu beachten ist hierbei, dass die Gesamtvolatilität i. d. R. höher ist als die Einperioden-Volatilität. Das vorhergehende Beispiel hat weiterhin gezeigt, dass die Einperioden-Volatilität keine eindeutig definierte Größe ist, sondern vom Schätzverfahren abhängt.

Bei der Schätzung der Gesamt- bzw. der Einperioden-Volatilität können verschiedene Verfahren zur Anwendung kommen. Typischerweise beobachtet man aber den in der nachfolgenden Tabelle illustrierten Verlauf, bei dem die Volatilität (hier dargestellt als +/- eine Standardabweichung) über den Abwicklungszeitraum auf die Gesamtvolatilität anwächst.

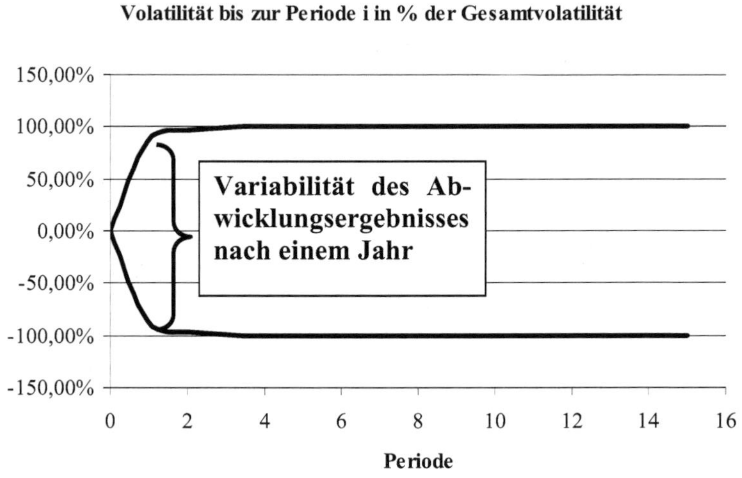

Abbildung 28: Volatilität über den Abwicklungszeitraum

Falls reine Einperioden-Modelle untersucht werden, ist die Anwendung der Gesamtvolatilität ungeeignet; Schwankungen in anderen Perioden sind hier nicht von Bedeutung. Die Abweichung zwischen der Gesamtvolatilität und der Einperioden-Volatilität ist dabei umso größer, je länger die Abwicklungsdauer ist. Für Versicherungsunternehmen mit besonders hoher Duration der Reserven (z. B. Industrie- und Rückversicherer) kommt es daher zu einem signifikanten Anstieg der Eigenkapitalanforderungen, wenn mit der Gesamtvolatilität anstelle der Einperioden-Volatilität gearbeitet wird.

3.1.2 Verfahren zur Ermittlung der Volatilität

In diesem Abschnitt sollen einzelne Verfahren kurz vorgestellt werden, mit denen die Volatilität der Schadenreserven geschätzt werden kann. Grundsätzlich unterscheidet man zwischen Verfahren, bei denen eine **geschlossene Formel** zur Anwendung kommt und Ansätzen, die **Monte-Carlo-Simulationen** beinhalten. Zudem wird ein **vereinfachtes Verfahren** vorgestellt, mit dem unter bestimmten Voraussetzungen gearbeitet werden kann.

3.1.2.1 Geschlossene Formeln

Ein Verfahren zur Bestimmung der Gesamtvolatilität ist das Mack-Verfahren. Hierbei wird die Reservevolatilität über den gesamten Abwicklungszeitraum berechnet. Grundlage für dieses Verfahren ist der Chain Ladder-Ansatz. Es zeichnet sich dadurch aus, dass es aufgrund seiner einfachen Programmierung sehr anwenderfreundlich ist, allerdings nur die Volatilität und keine Informationen über die Gesamtverteilung liefert.

Benötigt man, wie im obigen Beispiel, die Einperioden-Volatilität, so gestaltet sich dies schwieriger als die Ermittlung der Gesamtvolatilität. In der Arbeit von Merz/Wüthrich wurde das Mack-Verfahren auf die Diagonale des Chain Ladder-Dreiecks eingeschränkt und für diesen Fall eine explizite Formel für die Einperioden-Volatilität ermittelt. Im Unterschied zur Formel für die Gesamtvolatilität ist diese Formel aber deutlich komplexer.

3.1.2.2 Bootstrap-Ansätze

Bootstrap-Ansätze sind Simulationsansätze, bei denen (ähnlich wie auch in unserem einfachen Beispiel) das Einperioden-Abwicklungsergebnis (gemäß zuvor getroffenen Modellannahmen) simuliert wird; die Einperioden-Volatilität ergibt sich dann explizit aus der empirischen Verteilung der simulierten Werte.

Betrachtet man beispielsweise ein Abwicklungsdreieck, so können durch die Kombination der in der Vergangenheit beobachteten Abwicklungsfaktoren viele neue Dreiecke generiert werden. Dies soll an folgendem sehr vereinfachtem Beispiel veranschaulicht werden:

	Jahr 1	Faktor	Jahr 2	Faktor	Jahr 3	Faktor	Jahr 4
2006	1.000	1,20 →	1.200	1,20 →	1.320	1,00 →	1.320
2007	1.000	1,30 →	1.300	1,05 →	1.365		
2008	1.000	1,10 →	1.100				
2009	1.000						

Abbildung 29: Abwicklungsdreieck

Aus den in diesem Beispiel beobachteten Abwicklungsfaktoren könnten nun durch Kombinationen der Faktoren sechs (= 3 · 2) fiktive Dreiecke modelliert werden. Dies ermöglicht dem Unternehmen, eine Verteilung herzuleiten und so eine Volatilität zu berechnen. (In der Praxis würden allerdings wesentlich mehr Informationen und Annahmen in das Modell eingehen, als in dem oben gezeigten Beispiel zu sehen ist.) Um dabei auch Zufalls- und Schätzfehler bei diesen Ansätzen zu berücksichtigen, müssen die Simulationen stets zweimal durchgeführt werden (Re-Reservierung).

Zur Bestimmung der Einperioden-Volatilität werden bei diesen Ansätzen dann die Betrachtungen auf die Diagonale eingeschränkt.

Der Vorteil bei diesen Ansätzen liegt darin, dass sie eine Gesamtverteilung liefern. Für die Durchführung wird ein Simulationstool benötigt. Diese Ansätze eignen sich besonders in den Fällen, in denen eine geschlossene Formel nicht erstellt werden kann, z. B. bei Variationen des Chain Ladder-Verfahrens oder Kombinationen mit anderen Verfahren.

3.1.2.3 Vereinfachtes Verfahren

Da in dieser Ausarbeitung der Fokus auf dem Gesamtmodell (mit allen relevanten Komponenten) liegt, beschränken wir uns an dieser Stelle auf ein vereinfachtes Verfahren zur Ermittlung der Einperioden-Volatilität (für Alt- und Neubestand), welches wir daher in den folgenden Abschnitten auch ausführlicher erläutern.

Dieses Verfahren setzt zunächst einmal voraus, dass die Gesamtvolatilität σ_{ges}^2 bekannt ist, beispielsweise aus dem Mack-Verfahren oder durch eine Markt-Benchmark. Unter Voraussetzung bestimmter (in der Praxis zu prüfender) Hypothesen kann bei diesem Ansatz davon ausgegangen werden, dass die Volatilität σ_i in der i-ten Periode proportional zur erwarteten Restreserve der Periode i ist, d. h., es gilt dann

$$\sigma_{ges}^2 = \sigma_1^2 + \sigma_2^2 + \ldots + \sigma_N^2 \qquad \text{mit}$$

$$\sigma_i^2 = (R_i^2 / \Sigma\, R_k^2) \cdot \sigma_{ges}^2$$

Man benötigt also zusätzlich zur Gesamtvolatilität nur noch das erwartete Cash Flow-Muster.

3.1.3 Vereinfachtes Verfahren für die Bestandsreserven

In der nachfolgenden Grafik ist ein typischer Verlauf eines Reserve-Cash Flows illustriert.

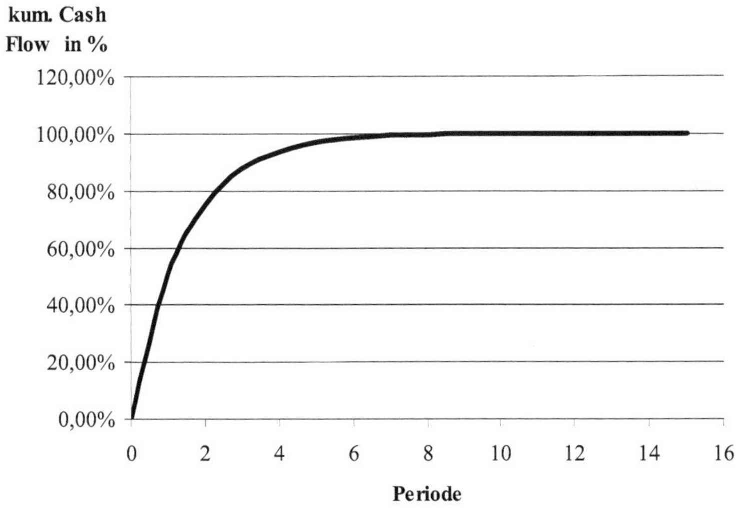

Abbildung 30: Zahlungsentwicklung über den Abwicklungszeitraum

Um im Folgenden möglichst einfach Beispiele generieren zu können, werden wir mit dem im Exkurs beschriebenen Cash Flow-Modell arbeiten.

3.1.3.1 Exkurs: Approximation des Reserve-Cash Flow

Das zuvor illustrierte Zahlungsmuster kann relativ einfach durch folgende Struktur approximiert werden, die nur von zwei Parametern abhängt:

Kumuliert nach t Perioden:	$(1 - a \cdot b^t)$
Zuwachs in der Periode t = 1:	$(1 - a \cdot b)$
Zuwachs in der Periode t > 1:	$a \cdot (b^{t-1} - b^t)$

Je größer b in dieser Formel gewählt ist, desto langsamer nähert sich die Kurve 100 % an. Der Parameter a dient zur Steuerung des Anteils, der auf die erste Periode entfällt. Je geringer der gewählte Wert für a ist, desto höher ist der Anteil der Zahlungen in der ersten Periode.

Falls die Zahlungen nach T Jahren auslaufen sollen, müssen zur Normierung der Zahlungen auf 100 % alle Werte durch $(1 - a \cdot b^T)$ geteilt werden. Für das vereinfachte Verfahren zur Volatilitätsschätzung benötigt man dann die normierten Werte

$(1 - a \cdot b) / (1 - a \cdot b^T)$ für i = 1 und

$a \cdot (b^{i-1} - b^i) / (1 - a \cdot b^T)$ für i > 1,

Der Parameter b beschreibt somit einen geometrischen Auslauf ab der Periode 2; der Parameter a legt fest, welcher Anteil auf die erste Periode entfällt. Bei bekannter Duration und Anteil der Zahlungen in der ersten Periode können die Parameter a und b so gewählt werden, dass diese bekannten Werte reproduziert werden.

3.1.3.2 Beispielrechnung

In der nachfolgenden Abbildung ist das Cash Flow-Muster sowie das Muster für die Restreserve für die Parameter a = 1,00 und b = 0,50 abgebildet.

Periode	Cash Flow kumuliert	Cash Flow einzeln	mittlere Zahlungs-dauer	Rest Reserve in %
0	0,00 %	0,00 %		
1	50,00 %	50,00 %	0,50	100,00
2	75,00 %	25,00 %	1,50	50,00
3	87,50 %	12,50 %	2,50	25,00
4	93,75 %	6,25 %	3,50	12,50
5	96,88 %	3,13 %	4,50	6,25
6	98,44 %	1,56 %	5,50	3,12
7	99,22 %	0,78 %	6,50	1,56
8	99,61 %	0,39 %	7,50	0,78
9	99,81 %	0,20 %	8,50	0,39
10	99,91 %	0,10 %	9,50	0,19
11	99,95 %	0,05 %	10,50	0,09
12	99,98 %	0,02 %	11,50	0,05
13	99,99 %	0,01 %	12,50	0,02
14	100,00 %	0,01 %	13,50	0,01
15	100,00 %	0,00 %	14,50	0,00
Total		100,00%	1,50	

Abbildung 31: Zahlungen und Restreserven

Um die Zahlungen in der einzelnen Periode zu errechnen (Spalte 3), subtrahiert man vom kumulierten Ergebnis der Periode das kumulierte Ergebnis der Vorperiode. Die Restreserve ergibt sich durch die Addition der noch ausstehenden Zahlungen. Die Duration von 1,50 ergibt sich als

$$\Sigma \text{ \% Anteil der Periode } i \cdot \text{ mittlere Zahlungsdauer für die Zahlungen in der Periode } i.$$

Wählt man einen kleineren Parameter b, erhöht sich die Duration, beispielsweise auf 3,30 für b = 0,75. Für den Anteil der Varianz der jeweiligen Periode an der Gesamtvarianz erhält man nun die Beziehung

$$= \text{Restreserve}_i^{\,2} \,/\, \Sigma \text{ Restreserve Periode}_k^{\,2}.$$

Bezug nehmend auf die vorherige Tabelle ergeben sich für die Varianz die nachstehenden Werte:

Periode	**Rest Reserve in %**	**Volatilität in der Periode i in % der Gesamtvolatilität**	
		Varianz	**Std. Abw.**
0			
1	100,00	75,00	86,60
2	50,00	18,75	43,30
3	25,00	4,69	21,65
4	12,50	1,17	10,82
5	6,25	0,29	5,41
6	3,12	0,07	2,70
7	1,56	0,02	1,35
8	0,78	0,00	0,67
9	0,39	0,00	0,34
10	0,19	0,00	0,17
11	0,09	0,00	0,08
12	0,05	0,00	0,04
13	0,02	0,00	0,02
14	0,01	0,00	0,01
15	0,00	0,00	0,00
Total		100,00	

Abbildung 32: Ermittlung der Volatilität

Für die Periode 1 ergibt sich beispielsweise der nachfolgende Wert:

$$100\,\%^2 \,/\, 100{,}00\,\%^2 + 50{,}00\,\%^2 + \ldots + 0{,}01\,\%^2 + 0{,}00\,\%^2 = 75\,\%$$

Die Varianz der Periode 1 beträgt somit 75 % der Gesamtvarianz. Zieht man aus der Varianz die Wurzel, so ergibt sich hieraus die Volatilität des Einperioden-Ergebnisses in % der Gesamtvolatilität. Periode 1 hat somit eine Volatilität in % der Gesamtvolatilität in Höhe von $(75\ \%)^{1/2} = 86{,}6\ \%$ (Spalte 4 der obigen Abbildung), die dann mit der Gesamtvolatilität multipliziert wird. Hat eine geschätzte Gesamtreserve zum Zeitpunkt $t = 0$ eine Höhe von 1.000,00 Euro bei einer geschätzten Duration von 1,50 und einer geschätzten Gesamtvolatilität von 100,00 Euro, so schwankt das Einperioden-Abwicklungsergebnis um 86,60 Euro.

Ob die Hypothesen, die man für die Anwendung eines derartigen Ansatzes treffen muss, realistisch sind, sei an dieser Stelle dahingestellt. Wie an dem ersten Beispiel zu sehen ist, ist die Einperioden-Volatilität abhängig vom gewählten Reserveschätzverfahren. Im Grunde findet man daher fast zu jeder sinnvollen Systematik, mit der man über den Zeitverlauf die Gesamtvolatilität aufbaut, immer einen passenden Reserveschätzer. Die Frage ist dann also nur: Wie realistisch ist es, dass mit einem solchen Schätzer auch gearbeitet wird.

3.1.4 Vereinfachtes Verfahren inklusive Neugeschäft

Wir werden in dieser Ausarbeitung das vereinfachte Verfahren auf Bestandsreserven und Neugeschäft gleichzeitig anwenden, wobei wir dabei approximativ von folgender Hypothese ausgehen:

Gleichgewichtshypothese:

Es wird (zumindest im Erwartungswert) ein gleichförmiges geometrisches Anwachsen des Aufwands vorausgesetzt.

Diese Hypothese liefert eine Gleichgewichtsbeziehung zwischen der Gesamtvolatilität des Anfalljahres und der Gesamtvolatilität der Reserve, d. h., man kann die Gesamtvolatilität der Reserve aus der Gesamtvolatilität des Anfalljahres zu schätzen. Letztere kann dann auf Basis einer Zeitreihenanalyse für die (preisbereinigten) Anfalljahresschadenquoten ermittelt werden. Die Einperioden-Volatilität ergibt sich dann durch den zuvor beschriebenen vereinfachten Ansatz.

In das zuvor beschriebene Modell muss zusätzlich der Aufwand $A(1, \omega)$ des Neugeschäfts und dessen (Einperioden-)Volatilität hinzugefügt werden. Die Zahlungen im Geschäftsjahr beinhalten nun zusätzlich Zahlungen aus dem Alt- und dem Neugeschäft. Sofern davon ausgegangen wird, dass die Anfalljahre unabhängig voneinander sind, gilt zu Periodenbeginn:

$$\sigma_{ges}^2 = \sigma_{R(0)}^2 + \sigma_{A(1)}^2,$$

$\sigma_{A(1)}^2$ Gesamtvolatilität des neuen Anfalljahres,

$\sigma_{R(0)}^2$ Gesamtvolatilität der Reserve der alten Anfalljahre.

Setzt man (zumindest approximativ) die Gleichgewichtshypothese voraus, dann gibt es eine (Gleichgewichts-) Konstante c, so dass die gesamte Varianz sich gerade als c · Varianz des neuen Anfalljahres ergibt.

3.1.4.1 Gesamt-Cash Flow

Unter Annahme der Gleichgewichtshypothese erhält man insgesamt für den erwarteteten Cash Flow folgendes Muster:

AJ	W_1	W_2	W_3	W_4	W_5
AJ-1	$W_1 \cdot \lambda^{-1}$	$W_2 \cdot \lambda^{-1}$	$W_3 \cdot \lambda^{-1}$	$W_4 \cdot \lambda^{-1}$	$W_5 \cdot \lambda^{-1}$
AJ-2	$W_1 \cdot \lambda^{-2}$	$W_2 \cdot \lambda^{-2}$	$W_3 \cdot \lambda^{-2}$	$W_4 \cdot \lambda^{-2}$	$W_5 \cdot \lambda^{-2}$
AJ-3	$W_1 \cdot \lambda^{-3}$	$W_2 \cdot \lambda^{-3}$	$W_3 \cdot \lambda^{-3}$	$W_4 \cdot \lambda^{-3}$	$W_5 \cdot \lambda^{-3}$
AJ-4	$W_1 \cdot \lambda^{-4}$	$W_2 \cdot \lambda^{-4}$	$W_3 \cdot \lambda^{-4}$	$W_4 \cdot \lambda^{-4}$	$W_5 \cdot \lambda^{-4}$

Abbildung 33: Zahlungsmuster bei konstantem Bestandswachstum

Die Zeilen zeigen die in den jeweiligen Anfalljahren entstehenden Schadenaufwendungen, wobei W_1 den Anteil der Zahlungen und W_2 bis W_5 die Anteile der gebildeten Reserven im aktuellen Anfalljahr beschreiben. Der farblich markierte Teil der Diagonale stellt den Cash Flow aus früheren Anfalljahren in der aktuellen Periode dar. Aufgrund der Gleichgewichtshypothese ergeben sich alle Cash Flows durch Multiplikation mit einem Faktor λ, der für das jährlich erwartete Wachstum steht. Für ein Zahlenbeispiel sollen folgende Annahmen gelten:

- Einnahmen = 1000,
- Wachstumsfaktor = 5 % jährlich,

- gleichförmige Verteilung nach dem Schema in Abbildung 31 auf die einzelnen Perioden mit den Werten der Restreserve aus Abbildung 32.

Überträgt man diese Werte in die Abbildung 33, um die Schadenaufwendungen inklusive der Reserveänderung zu erhalten, ergibt sich folgendes Bild:

AJ	500	250	125	62,5	31,25	...	1000
AJ-1		$250 \cdot 1{,}05^{-1}$					
AJ-2			$125 \cdot 1{,}05^{-2}$				
AJ-3				$62{,}5 \cdot 1{,}05^{-3}$			
AJ-4					$31{,}25 \cdot 1{,}05^{-4}$		

Abbildung 34: Zahlungen bei konstantem Bestandswachstum

Der Cash Flow des aktuellen Anfalljahres beträgt 500, die Reservezuführung beträgt somit ebenfalls 500. Die Summe der (mit dem Wachstumsfaktor gewichteten) Cash Flows in der Diagonale für die Reserven aus den Altjahren ergibt 475, was eine Reserveerhöhung von 25 zur Folge hat.

3.1.4.2 Gesamtvolatilität

Es handelt sich bei diesem Modell um die Volatilität des Einperioden-Ergebnisses bezogen auf Bestandsreserven und Neugeschäft. Die Varianz der Reserven zum Ende der Periode (inklusive des Neugeschäfts) ergibt sich als „Komplement" hierzu. Die Formeln unter Anwendung der Gleichgewichtshypothese und dem vereinfachten Ansatz lauten somit:

$$\sigma_{R(1)}^{2} = (1 - W_1^{*}) \cdot (\sigma_{R(0)}^{2} + \sigma_{A(1)}^{2}) = c \cdot \sigma_{A(1)}^{2},$$

W_1^* steht dabei für den Faktor aus dem Ansatz für die Einperioden-Volatilität und c bezeichnet den Proportionalitätsfaktor im Gleichgewichtszustand. Da eine gleichförmige Beziehung bezüglich eines konstanten Wachstumsfaktors λ angenommen wurde, gilt nun:

$$\begin{aligned} \sigma_{R(1)}^2 &= \lambda^2 \cdot \sigma_{R(0)}^2 \\ &= (1 - W_1^*) \cdot (\sigma_{R(0)}^2 + \sigma_{A(1)}^2) \\ &= (1 - W_1^*) \cdot (\sigma_{R(0)}^2 + c \cdot \lambda^2 \cdot \sigma_{R(0)}^2) \end{aligned}$$

Daraus ergibt sich nun folgender Proportionalitätsfaktor c:

$$c = (\lambda^2 - (1 - W_1^*)) / (\lambda^2 * (1 - W_1^*)).$$

Die Varianz des Einperioden-Ergebnisses ist daher gleich $(1 - c) \cdot$ Anfalljahresvarianz, wie eingangs bereits beschrieben wurde. In gewissem Sinne ist die Formel jetzt sogar noch leichter: Man braucht nur noch eine Schätzung der (preisbereinigten) Anfalljahresvarianz, was verhältnismäßig leicht über die Zeitreihen der indizierten abgewickelten Schadenquoten funktioniert (siehe dazu auch den entsprechenden Abschnitt).

Zusammenfassend kann man sagen, dass grundsätzlich bei der Anwendung eines Schätzverfahrens die Unterscheidung zwischen der Gesamtvolatilität über alle Perioden und der Einperioden-Volatilität ist. Bei großer Abweichung zwischen der Gesamt- und der Einperioden-Volatilität können sich hinsichtlich der Eigenkapitalhinterlegung gravierende Konsequenzen für das Unternehmen ergeben, die ggf. darin münden, dass möglicherweise mehr Kapital hinterlegt werden muss.

In dieser Arbeit wird (da der Fokus auf dem Gesamtmodell liegt) mit dem vereinfachten Schätzverfahren unter Anwendung einer **(Gleichgewichts-) Hypothese** für ein gleichförmiges Wachstum gearbeitet, da dies die Schätzung der Volatilität einer Reserve auf eine Schätzung der Volatilität des Anfalljahres reduziert. In einem abschließenden Beispiel soll der Gesamtansatz noch einmal genauer erläutert werden:

Beispiel:

Unter Bezugnahme auf das Beispiel zur Schätzung der Einperioden-Volatilität im Altgeschäft wird hier das gleiche Verfahren zur Approximation des Cash Flows verwendet, welches durch die Parameter a und b determiniert wird. Es wird vorausgesetzt, dass die Duration des Anfalljahres und der Reserve bekannt sind und das Unternehmen die Faktoren a und b so wählt, dass diese Durationen reproduziert werden. Konkret werden folgende Parameter zugrunde gelegt:

- Wachstumsfaktor 5 % jährlich
- Parameter a = 1,00
- Parameter b = 0,50

In der nachfolgenden Tabelle ist der Cash Flow aus Altreserven und neuem Geschäftsjahr aufgelistet:

Periode / Jahr	CF Muster des AJ wi	AJ Duration	CF Muster für das Bilanzjahr (BJ) wi*	vi*	Wi	Reserve Duration	Summierte Gewichte	Einper. VAR	Einper. STD
1	50,00%	0,50	50,0%	95,5%	95,5%		190,9%	75,0%	86,6%
2	25,00%	1,50	23,8%	45,5%	47,7%	0,50	95,4%	75,0%	86,6%
3	12,50%	2,50	11,3%	21,6%	23,9%	1,50	47,7%	75,0%	86,6%
4	6,25%	3,50	5,4%	10,3%	11,9%	2,50	23,8%	75,1%	86,7%
5	3,13%	4,50	2,6%	4,9%	6,0%	3,50	11,9%	75,2%	86,7%
6	1,56%	5,50	1,2%	2,3%	3,0%	4,50	5,9%	75,3%	86,8%
7	0,78%	6,50	0,6%	1,1%	1,5%	5,50	3,0%	75,5%	86,9%
8	0,39%	7,50	0,3%	0,5%	0,7%	6,50	1,5%	75,9%	87,1%
9	0,20%	8,50	0,1%	0,3%	0,4%	7,50	0,7%	76,6%	87,5%
10	0,10%	9,50	0,1%	0,1%	0,2%	8,50	0,4%	77,8%	88,2%
11	0,05%	10,50	0,0%	0,1%	0,1%	9,50	0,2%	79,7%	89,3%
12	0,02%	11,50	0,0%	0,0%	0,0%	10,50	0,1%	82,8%	91,0%
13	0,01%	12,50	0,0%	0,0%	0,0%	11,50	0,0%	87,5%	93,5%
14	0,01%	13,50	0,0%	0,0%	0,0%	12,50	0,0%	94,0%	96,9%
15	0,00%	14,50	0,0%	0,0%	0,0%	13,50	0,0%		
Total	100%	1,50	95,5%	182%	190%	1,50			

Abbildung 35: Volatilität bei konstantem Bestandswachstum

In diesem Beispiel beträgt die Duration des Anfalljahres als auch die Duration der Reserve am Ende des Jahres jeweils 1,50.

Die gestellte Reserve beträgt für die Auszahlung in der zweiten Periode 25 % der in Periode 1 entstandenen Schadenaufwendungen. Unter Beachtung des Bestandswachstums beträgt dieser Anteil, bezogen auf die in Periode 2 entstandenen Schadenaufwendungen nicht 25 %, sondern reduziert sich auf 25 % / $1{,}05^1$ = 23,81 %. Der prozentuale Anteil an den Schadenaufwendungen in Periode 3 aus der Periode 1 reduziert sich von 12,50 % auf 12,50 % / $1{,}05^2$. Diese Vorgehensweise der Gewichtung setzt sich in den anderen Perioden fort. Als Summe der relativen Anteile an den jeweiligen Perioden ergeben sich die in der Spalte 4 der Abbildung 35 abzulesenden 95,50 %, welche den 100 %, die sich ohne Berücksichtigung des Bestandswachstums ergeben, gegenüberstehen.

Da wegen des Bestandswachstums aus den früheren Anfalljahren weniger Zahlungen erfolgen als sich aus dem Cash Flow-Muster des neuen Anfalljahres für die zukünftigen Perioden ergeben, erhält man also im Schnitt nur insgesamt 95,50 % des Aufwands des neuen Anfalljahres als Zahlungen in der aktuellen Periode. Der Differenzbetrag erfolgt als Reserveerhöhung.

Aus den dann vorhandenen Reserven erwartet man in der nächsten Periode Zahlungen in Höhe von 47,7 % des erwarteten Aufwands des aktuellen Anfalljahres. Dieser Wert ergibt sich daraus, dass man den Ausgangswert von 95,50 % um 50,00 % reduziert und die Differenz anschließend um den Wachstumsfaktor von 5,00 % erhöht. Alle weiteren Werte in der Tabelle für den zukünftigen Reserve-Cash Flow erhält man analog.

Mit den gewonnen Daten können nun die Einperioden-Varianzen und die Einperioden-Volatilitäten berechnet werden. Hierzu werden zunächst in der Spalte 8 die modifizierten Gewichte aus der Spalte 6 summiert. Anschließend ergibt sich die Einperioden-Varianz als Ergebnis aus:

$$(\text{Summiertes Gewicht in der Periode i})^2 \; / \sum_{k \geq i} (\text{Summiertes Gewicht in der Periode k})^2$$

und für die Einperioden-Volatilität gilt:

$$\left((\text{Summiertes Gewicht in der Periode i})^2 \; / \sum_{k \geq i} (\text{Summiertes Gewicht in der Periode k})^2 \right)^{1/2}$$

3.1.5 Fair Value-Reserve

Zu den zuvor beschriebenen „mathematischen" Modellkomponenten kommen beim Übergang von einer Best Estimate-Reserve zur Fair Value-Reserve noch ökonomische Komponenten hinzu.

Bei der stochastischen Simulation der Fair Value-Reserve zum Ende der Periode wird eine ähnliche Vorgehensweise wie bei der Weiterentwicklung der Best Estimate-Reserve gewählt, indem ebenfalls eine Basisgleichung aufgestellt wird. Zu Beginn der Periode gilt für die deterministische Fair Value-Reserve FV(0):

$$FV(0) = R(0) \cdot DF(0) + KK(0),$$

wobei DF den deterministischen Diskontfaktor bezeichnet und KK die deterministischen Kapitalkosten für die Perioden 1, …, N darstellt. Diese sind so definiert, dass die Volatilitäten der einzelnen Perioden risikoadäquat bepreist werden. Sie sind sozusagen das geldwerte Äquivalent für die Volatilität über den gesamten Abwicklungszeitraum. Veranschaulicht wird dies in der folgenden Abbildung, bei der die Entwicklung der Volatilität (dargestellt als +/- 1 Standardabweichung) über den gesamten Abwicklungszeitraum illustriert ist:

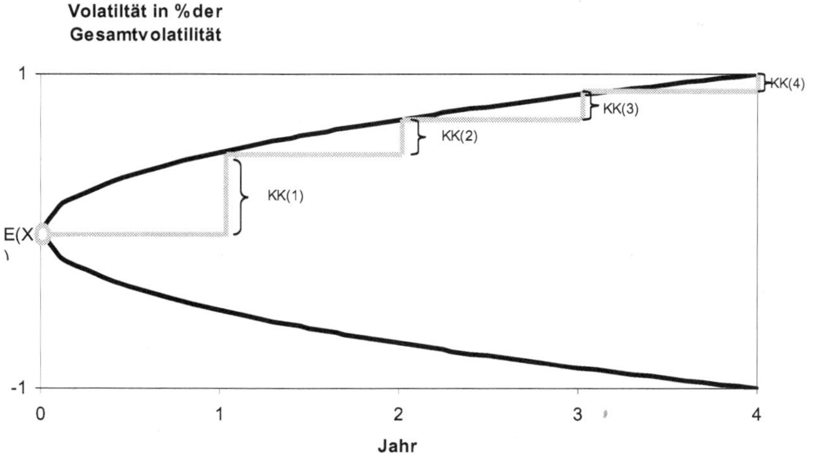

Abbildung 36: Deterministische Fair Value-Reserve, t=0

Die Berechnung des Fair Value in der Folgeperiode kann durch die nachstehende Gleichung charakterisiert werden:

$$FV(1, \omega) = R(1, \omega) \cdot DF(1, \omega) + KK\,(1, \omega)$$

Die Werte sind jetzt nicht mehr deterministisch, sondern stochastisch. $KK(1, \omega)$ ist nun der Kapitalkostensatz für die Perioden 2, …, N und jeweilig abhängig von der Stochastik im entsprechenden Marktszenario. Diesen Satz gilt es nun zu ermitteln.

Wie bereits erwähnt bepreist der Kapitalkostensatz die Volatilitäten der einzelnen Perioden. Ein Jahr später, also zu Beginn des zweiten Jahres, hat sich die Volatilität für die erste Periode realisiert, und zwar im Abwicklungsergebnis für die erste Periode. Folgerichtig müssen nur noch zukünftige Volatilitäten im Kapitalkostensatz abgebildet werden. Diese sind aufgrund des gesunkenen Risikos natürlich niedriger als die Volatilitäten ab der ersten Periode, weshalb der Kapitalkostensatz im Verhältnis zum Ausgangswert geringer ist.

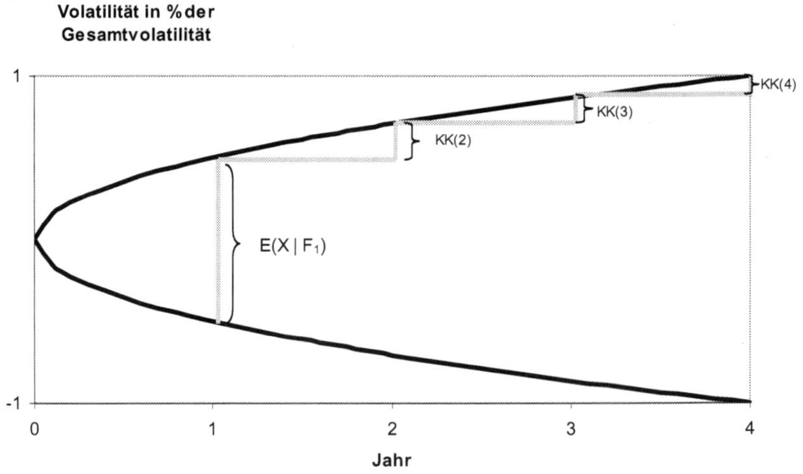

Abbildung 37: Stochastische Fair Value-Reserve, t=1

Die Abbildung zeigt den Erwartungswert und die Kapitalkostensätze nach einer Periode. Die aus heutiger Sicht stochastische Fair Value-Reserve ist in einem Jahr wieder deterministisch, da sich Zahlungen und Reserven innerhalb des Jahres realisiert haben. Dies liefert dem Unternehmen neue Informationen, die in die Ermittlung des Kapitalkostensatzes ab dieser Periode eingehen. Anhand dieser neuen Informationen muss beispielsweise für die kommende Periode eine neue Reserveschätzung, also ein neuer Erwartungswert, abgegeben werden. In einem stochastischen Modell müssen all diese möglichen Entwicklungen bereits ausgehend vom Zeitpunkt t = 0 modelliert werden.

3.2 Neugeschäft

Ein weiterer wesentlicher Bestandsteil der stochastischen Gewinn- und Verlustrechnung ist die Schätzung des Gesamtschadenaufwandes im neuen Geschäftsjahr. Dabei erfolgt zunächst eine Ermittlung des Brutto-Gesamtschadenaufwands, der in Geschäftsjahreszahlungen und Reservezuführungen aufgeteilt werden kann. Anschließend wird auf den Brutto-Gesamtschadenaufwand die bestehende Rückversicherung des Erstversicherers angewandt, woraus der Netto-Gesamtschadenaufwand resultiert. Auch an dieser Stelle erfolgt eine Unterteilung in Zahlungen, die im Geschäftsjahr erfolgen, und Zuführungen zur Reserve. Zur Vereinfachung wird im Folgenden diese Unterscheidung sowohl bei der Betrachtung des Brutto- als auch bei der Betrachtung des Netto-Gesamtschadenaufwandes vernachlässigt. Dies wird erst im Gesamtmodell vorgenommen. Der Netto-Gesamtschadenaufwand geht in die stochastische Gewinn- und Verlustrechnung eines Versicherers ein, da sich dessen versicherungstechnisches Ergebnis aus der Differenz der Schadenzahlungen und sämtlicher Kosten von den Prämieneinnahmen ermittelt.

Im Folgenden wird die adäquate Schätzung des Gesamtschadenaufwandes dargestellt, welche erforderlich ist, um den stochastischen Beitrag des Neugeschäfts zum versicherungstechnischen Risiko zu determinieren.

Die Modellierung der Passivseite eines Schadenversicherers ist aufgrund der deutlichen Volatilität der auftretenden Schadenereignisse sehr komplex. Der Gesamtschadenverlauf unterliegt sowohl in der Schadenhöhe als auch in der Schadenfrequenz deutlichen Schwankungen.

Eine der Aufgaben eines internen Risikomodells ist auch die Unterstützung der Rückversicherungssteuerung und des Rückversicherungscontrollings. Daher sollte bereits bei der Modellierung der Brutto-Schäden, d. h. der Schadenaufwendungen vor Abzug der Rückversicherung, eine Zerlegung des Gesamtschadenaufwandes analog der Rückversicherungsstruktur in Basisschäden, Großschäden und Katastrophen- bzw. Kumulschäden erfolgen, um eine Vergleichbarkeit mit den Rückversicherungsstrukturen zu ermöglichen.

Die einzelnen Komponenten des Gesamtschadenaufwandes lassen sich wie bereits erwähnt üblicherweise in Basis-, Groß- und Kumulschäden aufteilen und weisen folgende Merkmale auf:

- **Basisschäden** zeichnen sich durch eine hohe Schadenfrequenz und eine durchschnittliche niedrige Schadenhöhe aus. Es handelt sich um Kleinschäden bis mittlere Schäden, die für sich genommen keine Gefahr für den Versicherer darstellen. Entsprechend der individuellen Risikofreudigkeit und Kapazität eines Versicherers fallen hierunter alle Schäden, die unterhalb einer definierten Großschadengrenze liegen. Basisschäden werden in der Regel aggregiert betrachtet und modelliert.

- **Großschäden** sind solche Schäden, die in ihrer Größe die unternehmensindividuell definierte Großschadengrenze übersteigen. Beispiele sind Explosionen und Großbrände, Flugzeugabstürze, Atomverseuchungsschäden. Großschäden werden durch eine niedrige Frequenz und hohe Schadenaufwendungen pro Einzelfall charakterisiert. Während Basisschäden meist nur mit einer einfachen Rückversicherungsstruktur wie einem Quotenvertrag belegt werden, besteht im Bereich der Großschäden ein weit höherer Rückversicherungsbedarf und damit ergeben sich komplexere Rückversicherungsstrukturen.

- Von den Großschäden abzugrenzen sind **Kumulschäden**; diese resultieren im Regelfall aus einem Katastrophenereignis. Sie umfassen im Wesentlichen Naturkatastrophenschäden, aber auch

Feuer- und Feuer-Betriebsunterbrechungsschäden.[25] Im Fokus dieser Ausarbeitung stehen Kumulereignisse aus Naturgefahren. Wie einzelne Großschäden haben Kumulschäden eine geringe Schadeneintrittswahrscheinlichkeit. Der Einzelschadenaufwand ist in der Regel niedrig, allerdings ist der kumulierte Schadenaufwand aus einem Katastrophenereignis oft exorbitant hoch.

Grundsätzlich kommt für die Modellierung des **Gesamtschadenaufwandes** eine Vielzahl von Verteilungstypen in Frage. Daher sollten immer auch statistische Testverfahren Anwendung finden, die in der Literatur unter dem Namen „Goodness of fit-Test" beschrieben werden.[26] Diese Testverfahren überprüfen, ob die gewählte angepasste parametrische Verteilung mit hinreichender Wahrscheinlichkeit die zugrunde gelegten Daten, in der Regel die tatsächlichen Schadendaten aus der Vergangenheit, ergeben hätte. Als wesentliche quantitative Testverfahren seien beispielsweise der χ-Quadrat-Test, der Kolmogorov-Smirnov- oder der Anderson-Darling-Test genannt.

Auch bei einer **Schadenanzahlmodellierung** muss untersucht werden, ob die Verteilungshypothese zutrifft, also beispielsweise die Hypothese, dass die Schadenanzahlen poisson verteilt seien. Neben den quantitativen Testverfahren sollten auch qualitative bzw. intuitivere Methoden Anwendung finden. In diesem Zusammenhang sind z. B. der Mean-Excess-Plot, der Hill-Plot, der P-P-Plot bzw. der Q-Q-Plot zu nennen.[27] Zu den quantitativen Testverfahren muss jedoch angemerkt werden, dass es möglich ist, dass sich die Großschadengrenze im Rahmen der quantitativen Testverfahren noch einmal ändert. Dies kann beispielsweise der Fall sein, wenn es sinnvoll erscheint, die Großschadengrenze leicht heraufzusetzen, um eine bessere Anpassung einer Verteilungsfunktion zu gewährleisten. Die endgültige Basisschadenlast steht also oftmals erst nach abgeschlossener Modellierung der Großschäden fest. Unabhängig von der hier gewählten Reihenfol-

---

[25] Vgl. Diers (2007), S. 90.

[26] Eine Beschreibung der Goodness of fit-Tests kann in der Literatur u. a. nachgelesen werden bei Huber-Carol et al. (2002).

[27] Eine Beschreibung der hier erwähnten quantitativen und qualitativen Verfahren kann in der Literatur detailliert nachgelesen werden. Siehe Frey/Nießen (2001) oder Vose (2000).

ge der Erläuterung sollte demnach die Basisschadenmodellierung zeitlich nach der Großschadenmodellierung stattfinden.

Für die möglichen **Schadenhöhenverteilungen** können zu diesem Zweck beispielsweise mithilfe der Maximum-Likelihood-Methode die zu den Originaldaten am besten passenden Parameter errechnet werden.

Für jede der vorgenannten Schadenkategorien sind die Verteilungen zu schätzen, insbesondere der Erwartungswert und die (Einperioden-)Volatilität. Dabei wird im Gesamtmodell wie folgt vorgegangen:

Basisschäden: Es erfolgt eine Schätzung der Gesamtvolatilität unter Berücksichtigung des vereinfachten Verfahrens. Es gilt:

$$\text{Gesamtschadenaufwand} = R_{t-1} + A_t$$

mit R_{t-1} = Reserve des Altbestands und A_t = Aufwand des Neugeschäfts. Falls Altbestand und Neugeschäft unabhängig voneinander sind, folgt

$$\text{Gesamtvolatilität}\ \sigma^2 = \sigma^2_{R_{t-1}} + \sigma^2_{A_t},$$

wobei $\sigma^2_{A_t}$ aus den (preisbereinigten) Vergangenheitsdaten geschätzt wird. Die Einperioden-Volatilität ermitteln wir an dieser Stelle gemäß des vereinfachten Verfahrens und der Gleichgewichtshypothese für den Gesamtaufwand.

Die Zahlungen ergeben sich durch die Anwendung eines Cash Flow-Faktors auf eine Realisierung $R_{t-1}(\omega) + A_t(\omega)$ des Gesamtschadenaufwands, wobei mit ω eine Realisierung der Zufallsvariable $x:\Omega \to R$ gemeint ist.[28] Dies stellt zwar eine vereinfachende Hypothese dar, bei der Zahlungen und Reserven als total abhängig voneinander betrachtet werden. Da aber von einem prinzipiell korrekt modellierten Gesamtaufwand ausgegangen wird, beeinflusst diese Modellvereinfachung an dieser Stelle nicht das Gesamtergebnis.

---

[28] Siehe hierzu die Erläuterungen in Kapitel 6.

Großschäden und Kumulschäden: Die Schätzung erfolgt unter der Annahme, dass alle Zahlungen in der aktuellen Periode erfolgen. Daraus folgt, dass keine Reserven gebildet werden, so dass die Gesamtvolatilität der Einperioden-Volatilität entspricht.

In den folgenden Abschnitten sollen die wichtigsten Methoden zur Modellierung der genannten Schadenarten im Rahmen eines internen Modells zur Ermittlung des stochastischen Beitrags des Neugeschäfts zum versicherungstechnischen Risiko erläutert werden. Dabei erfolgt in Abschnitt 3.2.1 zunächst eine Brutto-Betrachtung. Diese Analyse des Gesamtschadenaufwandes vor Anwendung der Rückversicherung beleuchtet die Underwritingqualität. In internen Risikomodellen sind jedoch auch die Netto-Ergebnisse relevant, daher wird in Abschnitt 3.2.2 eine Betrachtung der Ergebnisse nach Rückversicherung vorgenommen, die auch eine Bewertung der Rückversicherungspolitik ermöglicht.

3.2.1 Brutto-Modell

Zur Prognose und Bewertung des Neugeschäfts und dessen Einfluss auf die Risikolage des Versicherungsunternehmens muss ein Bestands- und ein Schadenmodell erstellt werden.

Grundsätzlich werden in einem **Bestandsmodell** die Aspekte des Prämienwachstums, der Geschäftsentwicklung sowie die Geschäftsstruktur und Zeichnungspolitik modelliert. Das Bestandsmodell analysiert folglich alle Bestandsgrößen wie Beiträge, Anzahl der Risiken oder Versicherungssummen. Weiterhin wird der Verlauf des Bestandsgeschäfts prognostiziert, d. h.:

- Um wie viel Prozent wächst die Prämie des Bestandes?
- In welchen Sparten ist das größte Wachstum zu erwarten?

Im Rahmen der hier durchgeführten Betrachtung wird das Bestandsmodell der Einfachheit halber nicht weiter betrachtet.

Das **Schadenmodell** nimmt eine wesentliche Rolle in internen Modellen zur Bestimmung des Prämienrisikos für das Neugeschäft ein, da in der Schadenversicherung die versicherungstechnischen Risiken deutlichen Schwankungen unterliegen, dic aus der hohen Volatilität des Gesamtschadenverlaufs – sowohl bei der Schadenhöhe als auch bei der Schadenfrequenz – resultieren. So können beispielsweise Schadenereignisse aus Naturgefahren einen erheblichen Schadenaufwand verursachen.

Im Folgenden werden Modellierungsmethoden für Basisschäden, Kumulschäden und Großschäden erläutert.

3.2.1.1 Basisschäden

Im Gegensatz zu Groß- oder Kumulschäden weisen Basisschäden eine gewisse Homogenität und damit einhergehend niedrigere Schwankungen auf. Dies ermöglicht eine Modellierung der Basisschäden mittels eines allgemeinen Verteilungsansatzes mit individuell bestimmten Parametern für die Gesamtschadenverteilung. Zur Vereinfachung gehen wir im Folgenden (wie auch in der Literatur häufig empfohlen[29]) von einer Lognormalverteilung aus. Grundsätzlich ist jedoch immer zu prüfen, ob der vorliegende Datensatz eine Modellierung mittels eines angestrebten Verteilungsansatzes rechtfertigt.

Für die Parametrisierung der Basisschäden werden mithilfe einer Zeitreihenanalyse der Bestandsdaten Erwartungswert und Standardabweichung prognostiziert. Diese Parameter gehen anschließend über die getroffene Verteilungsannahme in die Monte-Carlo-Simulationen ein. Vorab muss jedoch eine Aufbereitung der für die Parametrisierung verwendeten Daten erfolgen, da für die Zeitreihenbetrachtung der Basisschäden abgewickelte Schadendaten zugrunde gelegt werden müssen, die auf ein einheitliches, vergleichbares Niveau zu indizieren sind.

Der Basisschadenaufwand kann dabei als Differenz zum Gesamtaufwand berechnet oder separat kalkuliert werden. Bei Letzterem wird eine Aggregation der Daten zu einem Gesamtschadenmodell vorgenommen. Im Fol-

---

[29] Vgl. Diers (2007), S. 73.

genden soll exemplarisch ein Beispiel zur Parametrisierung von Basisschäden im Rahmen des Gesamtschadenmodells erläutert werden. Wir beschränken uns dabei auf eine reine Neugeschäftsbetrachtung.

Für die Aufbereitung der Basisschäden auf ein einheitliches Niveau benötigen wir dabei noch folgende Zusatzinformationen:

Prognosejahr	2009
Prognostizierte Prämie	1.000.000.000
Prognostizierter Preisindex	100,00 %
Abwicklung auf das Vorjahr	25,00 %
Abwicklung auf das Vorjahr - 1	12,50 %
Abwicklung auf das Vorjahr - 2	7,50 %
Abwicklung auf das Vorjahr - 3	5,00 %
Abwicklung auf das Vorjahr - 4	2,50 %

Für das weitere Vorgehen betrachten wir folgende Tabelle mit allen relevanten **Schadendaten für die Basisschäden**, d. h., zur Vermeidung von Doppelzählungen wurden Groß- und Naturkatastrophenschäden bereits herausgerechnet. Dabei sind für eine übersichtlichere Darstellung alle Werte in der Tabelle in Mio. € angegeben.

Anfall-jahr	Prämie in Mio. €	Präm. Index	Prämie indiziert in Mio. €	Aufwand erreicht in Mio.€	Abwick-lung	Aufwand abgew. in Mio. €	SQ ab-gew.	SQ in-diziert
1988	309,1	92,5%	334,1	221,1	0,00%	221,1	71,53%	66,16%
1989	352,7	100,0%	352,7	212,3	0,00%	212,3	60,21%	60,21%
1990	409,7	107,5%	381,1	268,4	0,00%	268,4	65,52%	70,44%
1991	451,1	115,0%	392,3	286,6	0,00%	286,6	63,53%	73,06%
1992	444,5	107,5%	413,5	270,4	0,00%	270,4	60,84%	65,40%
1993	435,6	100,0%	435,6	291,1	0,00%	291,1	66,82%	66,82%
1994	424,4	92,5%	458,8	288,3	0,00%	288,3	67,93%	62,83%
1995	410,5	85,0%	483,0	360,9	0,00%	360,9	87,91%	74,72%
1996	470,1	92,5%	508,3	390,4	0,00%	390,4	83,04%	76,81%
1997	550,1	100,0%	550,1	301,2	0,00%	301,2	54,75%	54,75%
1998	604,5	107,5%	562,3	424,1	0,00%	424,1	70,15%	75,42%
1999	679,8	115,0%	591,1	439,1	0,00%	439,1	64,60%	74,29%
2000	667,8	107,5%	621,2	490,9	0,00%	490,9	73,51%	79,03%
2001	652,7	100,0%	652,7	430,4	0,00%	430,4	65,95%	65,95%
2002	652,8	92,5%	705,7	452,0	0,00%	452,0	69,25%	64,05%
2003	311,8	85,0%	719,8	462,0	0,00%	462,0	75,51%	64,19%
2004	698,9	92,5%	755,6	664,3	2,50%	680,9	97,43%	90,12%
2005	805,2	100,0%	805,2	450,7	5,00%	473,3	58,78%	58,78%
2006	894,3	107,5%	831,9	583,4	7,50%	627,1	70,13%	75,39%
2007	1.003,4	115,0%	872,5	468,2	12,50%	526,7	52,49%	60,36%
2008	983,6	107,5%	915,0	606,9	25,00%	758,7	77,13%	82,92%
MW							69,38%	69,60%
STD							10,72%	8,76%
CV							15,45%	12,59%

Abbildung 38: Modellierung der Basisschäden

Die Modellierung des erwarteten Basisschadenaufwandes kann nach der folgenden Formel vorgenommen werden:

$$\text{erw. Basisschadenaufwand} = \text{erwartete Prämie} \cdot \text{erwartete Schadenquote}$$

Die prognostizierte Prämie kann dabei aus Daten der Unternehmensplanung gewonnen werden. Die erwartete Schadenquote kann mittels einer Zeitreihe geschätzt werden, wobei zwischen preisbereinigt und ohne Preisbereinigung zu unterscheiden ist:

- Erfolgt die Schätzung der erwarteten Schadenquote **ohne Preisbereinigung**, enthält das Ergebnis weiterhin eine Preisvolatilität.

- Bei einer Schätzung der erwarteten Schadenquote **mit Preisbereinigung** wird die Preisvolatilität herausgerechnet. Es ist lediglich der Preisindex für das Folgejahr zu schätzen, der unter Umständen eine geringe Volatilität enthalten kann. Die geschätzte Schadenquote ergibt sich dann durch Anwendung des Preisindexes auf die durchschnittliche preisbereinigte Schadenquote.

Somit ist der prognostizierte Preisindex, welcher aus Daten des Marktzyklus kalkulierbar ist, ein wesentlicher Bestandteil der Basisschadenparametrisierung, da er die Vergleichbarkeit von Schadenquoten ermöglicht, indem die Prämienqualität ermittelt wird. In dem vorliegenden Beispiel wird für 2009 ein Preisindex von 100 % unterstellt. Das heißt, dass die erhaltene Sollprämie ausreichend bemessen ist, um kostendeckend arbeiten zu können, bzw. es wird die Prämie erhoben, die zur Deckung des Risikos erforderlich ist. Durch das Hinzuziehen des Preisindexes kann folglich die Schätzung der Schadenquote im Folgejahr objektiver erfolgen.

Die Volatilität kann ebenfalls mittels einer Zeitreihenanalyse geschätzt werden, entweder mit oder ohne Preisbereinigung.

Weiterhin sind die Abwicklungsstände der Vorjahre zu berücksichtigen. In diesem Beispiel wurde angenommen, dass für 2008 noch 25 % und für 2007 noch 12,5 % zusätzlicher Aufwand aus der Abwicklung hinzukommt. Ab dem Anfalljahr 2003 wird der Schadenaufwand als endabgewickelt betrachtet. Konkret enthält die Tabelle die nachfolgenden Informationen:

Indizierte Prämie: Es wird die Prämie für ein Preisindex-Niveau von 100 % ermittelt. So wurden beispielsweise in 1988 Prämieneinnahmen in Höhe von 309.065.625 EUR verzeichnet. Die Prämie bei 100 % Preisniveau hätte 334.125.000 EUR betragen. Durch diese höhere Prämie wäre die Schadenquote in diesem Jahr entsprechend kleiner ausgefallen.

Durch die Prämienindizierung werden die Schadendaten vergleichbar gemacht, da preispolitische Effekte, wie z. B. weiche Marktphasen mit unzureichenden Prämieneinnah-

	men, herausgerechnet werden. Dadurch enthalten die ermittelten Schadenquoten keine Prämienschwankungen.
Aufwand erreicht	Hier werden die tatsächlichen Schadenaufwendungen (ohne Aufwendungen für Kumul- und Großschäden) exklusive IBNR-Schätzungen abgebildet. Der Anteil der Schadenaufwendungen, der auf Basisschäden entfällt, kann beispielsweise aus der Differenz von Gesamtschadenaufwand abzüglich Großschaden- und Kumulschadenaufwand ermittelt werden.
Abwicklung	Der Abwicklungsstand der Schäden wird abgebildet. Hierbei fällt auf, dass die Schäden der letzten 5 Jahre noch nicht abschließend abgewickelt worden sind. Dies entspricht den Angaben aus den Eingabeparametern.
SQ abgewickelt	Die abgewickelte Schadenquote entspricht dem Verhältnis des abgewickelten Schadenaufwands zu den Prämieneinnahmen im gleichen Jahr. Diese Schadenquote ist noch nicht um Einflüsse der Preispolitik bereinigt.
SQ indiziert	Um eine vergleichbare Schadenquote zu erhalten, wird der abgewickelte Aufwand durch die indizierten Prämieneinnahmen geteilt.
MW	Da der Preisindex im Schnitt 100 % beträgt, weicht der Mittelwert der abgewickelten Schadenquote in Höhe von 69,38 % nur geringfügig von dem Mittelwert der indizierten Schadenquote in Höhe von 69,60 % ab.
STD	Die Standardabweichung der abgewickelten Schadenquote fällt aufgrund der noch enthaltenen Schwankungen der Preispolitik mit 10,72 % höher aus als die Standardabweichung der um die Preispolitik bereinigten indizierten Schadenquote von 8,76 %. Bei der indizierten Schadenquote kommt dieser Teil der Volatilität über die Volatilität der Indexschätzung ins Modell.

Letztendlich wird eine durchschnittliche indizierte Schadenquote von 69,60 % ermittelt. Diese Schadenquote ist frei von Preisschwankungen und somit stabiler und objektiver als die Schadenquote ohne Indizierung. Mittels dieser indizierten Schadenquote kann nun eine adäquate Schätzung der Schadenquote für das neue Geschäftsjahr getroffen werden, indem die Schadenquote mit dem aktuellen Preisindex indiziert wird, welcher adäquat aus den Daten des Marktzyklus ermittelt werden kann.

Die unterstellten Eingabeparameter zusammen mit den vorgenannten Schadendaten führen zu folgenden **Ergebnisparametern**:

Prognostizierte Schadenquote	69,60 %
Prognostizierter Aufwand	696.042.990
Prognostizierte Standardabweichung	87.604.147
Prämienwachstumsfaktor	105,96 %
Indizierter Prämienwachstumsfaktor	105,17 %
Aufwandswachstumsfaktor	106,36 %

Die Ausgabeparameter für Mittelwert, Standardabweichungen und Variationskoeffizient entsprechen den mittels der indizierten Schadenquote berechneten Daten. Dabei ergeben sich konkret die prognostizierte Schadenquote und der prognostizierte Aufwand wie folgt:

Prognostizierte Schadenquote	Die prognostizierte Schadenquote entspricht der ermittelten durchschnittlichen Schadenquote und beläuft sich auf 69,60 %, da ein Preisindex von 100 % für 2009 in den Eingabeparametern zugrunde gelegt worden ist.
Prognostizierter Aufwand	Unter Hinzuziehung der prognostizierten Prämie von 1.000.000.000 kann nun ein Aufwand von 696.042.990 für Basisschäden des Neugeschäfts prognostiziert werden.

Diese Ausgabeparameter (als Teil der Parametrisierung der Verteilungen des Neugeschäfts für die Basisschäden) sind nun adäquat mittels der erläuterten Zeitreihenanalyse anhand geeignet aufbereiteter Bestandsdaten ermittelt worden.

3.2.1.2 Kumulschäden

Zur Ermittlung des Gesamtschadenrisikos ist es erforderlich, neben den Basisschäden auch das Schadenpotential von Kumulschäden quantifizierbar zu machen. Kumulschäden sind Schäden, die aufgrund eines (Katastrophen-)Ereignisses verursacht werden, das eine Vielzahl von Versicherten (fast) gleichzeitig trifft.[30]

Im Fokus dieser Ausarbeitung stehen lediglich Kumulereignisse aus Naturgefahren. Sogenannte „Man Made"-Katastrophen, die insbesondere durch die Terroranschläge des 11. Septembers stärker in die Wahrnehmung der Öffentlichkeit und der Versicherungswirtschaft gerückt sind, werden an dieser Stelle nicht betrachtet.

Grundsätzlich spricht man von einem Katastrophenereignis, wenn folgende Kriterien erfüllt sind:

- Unregelmäßiges Erscheinen,
- Unvorhersehbarkeit des Eintritts,
- Auswirkung auf viele Einzelverträge,
- außerordentlich hohe Schadenpotentiale,
- Kumulgefahr: ein Ereignis führt zu vielen (Klein-)Schäden,
- Seltenheit des Eintritts.[31]

Diese Charakteristika verdeutlichen, dass Katastrophenschäden einer gesonderten Betrachtung bedürfen, da nicht selten ein erheblicher Teil des Risikokapitals auf diese Schäden entfällt.

---

[30] Vgl. Diers (2007), S. 89.
[31] Vgl. Kuck (2000), S. 8.

Für internationale Kompositversicherer sind folgende Naturkatastrophen die schadenträchtigsten und damit bedeutsamsten Ereignisse:

- Sturmereignisse, insbesondere Hurrikane über Nord- und Mittelamerika, asiatische Taifune und europäische Winterstürme,
- Hagelereignisse,
- Überschwemmungen, insbesondere in Asien, Nordamerika und Europa, und
- Erdbeben, vor allem in Japan und weiteren dicht besiedelten Regionen Asiens.[32]

In internen Risikomodellen der Versicherungsunternehmen kommt daher gerade der Modellierung der Kumulereignisse eine große Bedeutung zu. Auf die aus Kumulereignissen resultierenden Schäden entfällt wie bereits erwähnt nicht selten ein erheblicher Teil des Risikokapitals. Umso wichtiger ist es, Schadenpotentiale eindeutig einzuschätzen und das versicherungstechnische Risiko durch den gezielten Einsatz von Rückversicherungsprogrammen zu reduzieren.[33]

Um den besonderen Gesamtschadenhöhen und geringen Eintrittswahrscheinlichkeiten von Kumulereignissen Rechnung zu tragen, werden sie bei der Modellierung der Basisschäden aus der Betrachtung herausgenommen, obwohl die zumeist geringen Einzelschadenhöhen der Kumulereignisse in den Bereich der Basisschäden fallen würden.

Grundsätzlich ist bei der Aufbereitung der Gesamtschadendaten zu berücksichtigen, dass alle Kumulschäden aus dem Bestand herausgefiltert werden, um Doppelzählungen bei der Modellierung aller Schadenarten zu vermeiden. Durch die Eliminierung der Kumulschäden aus der Datengrundlage wird eine Verfälschung des Analyseergebnisses vermieden.

---

[32] Vgl. Swiss Re Economic Research (2008), S. 20 ff.

[33] Vgl. Diers (2007), S. 90.

3.2.1.2.1 Kumulschaden-Modelle

Kumulschäden werden gesondert mittels sogenannter Kumulschaden-Modelle modelliert. Während die Modellierung der Basis- und Großschäden auf dem kollektiven Modell der Risikotheorie nach Mack[34] basiert (dessen Grundidee darin besteht, die von einem Versicherungsportefeuille verursachten Schäden unabhängig von den konkreten Risiken zu sehen), werden Kumulschäden nicht als separate Schäden, sondern als Ereignisse modelliert.[35] Die grundlegende Annahme des kollektiven Modells bezüglich der Unabhängigkeit von Schadenanzahl und Schadenhöhe pro Ereignis ist in der Regel nicht erfüllt. Der Ausgleich im Kollektiv bei kumullastigen Sparten greift nur bei räumlich weit auseinanderliegenden Risiken.

Kumul-Modelle betrachten zunächst alle möglichen Ereignisse eines Geschäftsjahres und deren Eintrittswahrscheinlichkeiten und ermitteln anschließend das unternehmensindividuelle Exposure. Grundsätzlich ist es möglich, dass verschiedene Sparten gleichzeitig durch ein Ereignis betroffen sind. Das modellierte, unternehmensweite Exposure ist daher stets auf die betroffenen Sparten zu verteilen.

Die Modellierung von Kumulschäden ist äußerst komplex und erfordert Expertenwissen in vielen verschiedenen Bereichen. Es handelt sich um geophysikalische/meteorologische Modelle, die auf der Nachbildung der sie verursachenden physikalischen Kräfte und deren versicherungstechnische Auswirkungen beruhen. Ziel ist die adäquate Abbildung aller denkbaren Ereignisse.

- Es werden unternehmensinterne Bestandsdaten herangezogen.
- Physikalische Modelle ermitteln Input-Daten.
- Mathematisch-statistische Modelle generieren Input-Daten.[36]

[34] Eine Beschreibung des kollektiven Modells der Risikotheorie kann nachgelesen werden bei: Mack (2002).

[35] Vgl. Diers (2007), S. 91.

[36] Weitere Informationen zu kommerziellen Kumulmodelle können u. a. nachgelesen werden bei: http://www.rms.com/DataQuality/ oder http://www.air-worldwide.com/.

Aufgrund der Komplexität von Kumulschäden modellieren Unternehmen diese in der Regel nicht selbst. Zu hoch ist das Risiko einer Fehlmodellierung bei unzureichender Datenqualität. Sie bedienen sich vielmehr der am Markt zur Verfügung stehenden **kommerziellen Risikomodelle** bzw. greifen auf lizenzierte Modelle großer Rückversicherungsunternehmen zurück.

Kommerzielle Anbieter sind auf die Modellierung von Katastrophenereignissen spezialisiert und bieten ihre Modelle zum Kauf an. Die Wissenschaftler und Ingenieure der Modellierungsanbieter sind auf die Entwicklung und Präzisierung von probabilistischen (stochastischen) Katastrophenmodellen (Cat Models) spezialisiert. Die Risikomodelle und Datenbanken werden den Kunden über eine Vielzahl von Softwareprodukten zur Verfügung gestellt und durch zusätzlichen Beratungsservice unterstützt.

Katastrophen-Modelle basieren auf detailliertem Datenmaterial, das

- örtlich stark eingrenzte Risikoeigenschaften beschreibt,
- örtliche Sach- und Haftpflichtwerte, Bausubstanzwerte und Versicherungsexposures erfasst,
- Ereignisdaten aus historischen Dokumentationen darstellt und
- weltweite Anwendungsbereiche umfasst.[37]

Die Modelle werden kontinuierlich gewartet und aktualisiert, um stets die neusten Ergebnisse aus Forschung und Datenverfügbarkeit widerzuspiegeln. Am Markt haben sich vor allem die Modellierungstools WORLD-CATenterprise™ des Anbieters EQECAT, Modelle von Risk Management Solutions (RMS) und AIR Worldwide durchgesetzt. Die kommerziellen Anbieter bestechen mit herausragendem Know-how und einem weitreichenden Datenstamm. Sie sind in der Lage, Katastrophenrisiken auf der ganzen Welt zu quantifizieren und zu bepreisen.

[37] Vgl. Risk Management Solutions: http://www.rms.com/Catastrophe/Models/ (14.11.2009).

Grundlage für die physikalischen Modelle ist die Auswertung möglichst vieler physikalischer Einflussgrößen eines Ereignisses. Es werden Ereignisdaten aus der Vergangenheit, oftmals mehrere Jahrzehnte zurückreichend, herangezogen. Output der Modelle sind sogenannte Ereignistabellen (Event Loss Tables), die die modellierten Event-Sets darstellen.

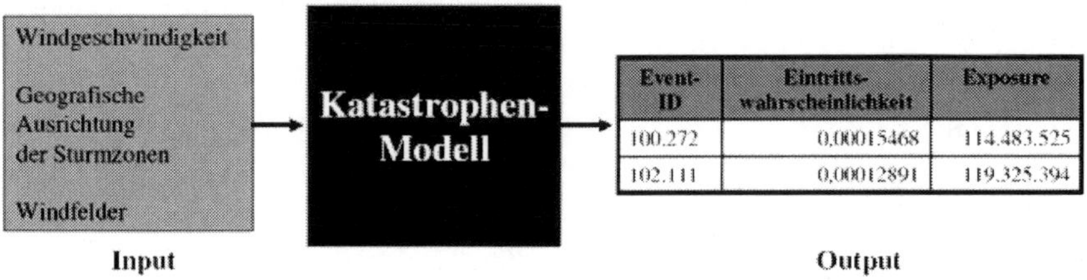

Abbildung 39: Input/Output physikalischer Modelle

Eine besondere Rolle kommt dabei der Datenqualität der Ereignisse zu. Modelle mit unzureichendem Datenmaterial sind instabil und können zu Fehleinschätzungen des Risikos führen. In vielen Fällen, gerade bei Ereignissen mit sehr geringen Eintrittswahrscheinlichkeiten, existiert allerdings kein oder nur unzureichendes Datenmaterial. Um ein 500-Jahres-Ereignis (Eintrittswahrscheinlichkeit 0,2 %) stabil schätzen zu können, wären ewig lange Zeitreihen und Jahrhunderte zurückliegende Dokumentationen erforderlich. Die Modelle werden daher nach jedem Katastrophenereignis angepasst, indem die Ereignisdaten im Nachhinein in das Modell eingegeben werden und dann der prognostizierte Schaden mit dem tatsächlichen Schaden verglichen wird.[38]

Die Ergebnisse der unterschiedlichen Modelle differenzieren in der Praxis stark. Die Entscheidung, welcher Schadenmodellierung man Glauben schenkt, ist wesentlich für die Eigenkapitalhinterlegung. Oftmals handelt es sich daher mehr um unternehmenspolitische Entscheidungen als Entscheidungen nach Risikoexponierung.

---

[38] Vgl. http://www.eqecat.com/worldcat.cfm (14.11.2009).

3.2.1.2.2 Ermittlung des Bestandsexposures

Die Kumulmodelle werden auf das Bestandsexposure der Versicherungsunternehmen umgelegt. Hier ist zu berücksichtigen, dass auch das Schadenausmaß im Bestand des Versicherers schwer einschätzbar ist. Die unterschiedliche Beschaffenheit der versicherten Risiken in beispielsweise Lage, Bauart, Zustand, Versicherungssumme etc. erfordert eine selektive Betrachtung eines jeden Risikos. Die Schlüsselfrage ist: Wie sehr trifft ein x-Jahres-Ereignis den eigenen Bestand?

Dazu werden die Ereignisdaten einer Naturkatastrophe regional über die geokodierten Bestandsdaten laufen gelassen, um so das Schadenausmaß bei wiederholtem Eintritt dieser Events zu modellieren. Wesentliches Merkmal ist die Verwendung aktueller Bestandsdaten und nicht vergangenheitsbasierter Schadendaten. Dies erfolgt vor dem Hintergrund, dass gerade hoch exponierte Risiken der Vergangenheit im Zuge der Geschäfts- und Rückversicherungsoptimierung eventuell nicht mehr gezeichnet werden. Zur Geokodierung ist eine Aufbereitung der Bestandsdaten seitens des Versicherers erforderlich.

Unter dem Prozess der Geokodierung versteht man die Zuweisung raumbezogener Referenzinformationen, der Georeferenz, zu einem Datensatz. Für die Risikomodelle bedarf es mindestens einer Zuweisung der Postanschrift. Die Geokodierung erfolgt in sogenannten Referenzsystemen.[39] Um die Kodierung der Bestandsdaten zu vereinfachen, stellen Anbieter kommerzieller Risikomodelle ihren Klienten entsprechende Softwareprodukte und Datenbanken zur Verfügung.

Die Bestandsdaten des Kunden werden mit Ereignisdatenbanken abgeglichen, um so das Exposure zu ermitteln. Um das unternehmensindividuelle Exposure zu prognostizieren, bedarf es verschiedener risikospezifischer Angaben des Versicherers.

---

[39] Vgl. http://www.geokodierung.de/begriffe/ (14.11.2009).

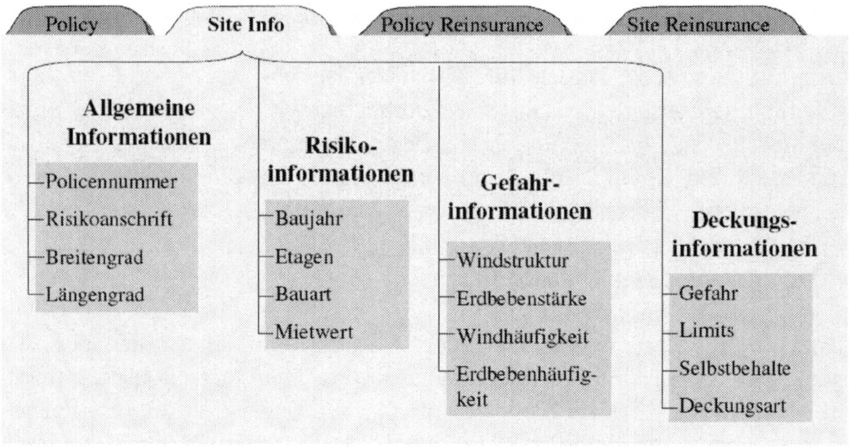

Abbildung 40: Eingabeparameter zur Risikomodellierung[40]

Die Modellierungstools der kommerziellen Anbieter fragen die erforderlichen Eingabeparameter benutzerfreundlich ab. Die eingegebenen Daten werden auf Grundlage hinterlegter Datenbanken geokodiert und dienen als Basisbestand für die jeweiligen Ereignisse.

Bei der Modellierung werden unzählige Varianten von Ereignissen modelliert, die real eintreten können. Der Anbieter erstellt hieraus eine Eventtabelle (Event Loss Table), eine Auflistung der geokodierten Ereignisse. Die Eventtabelle bildet die Wiederkehrperiode und das Exposure ab. Dabei gibt der Frequenzparameter die Eintrittswahrscheinlichkeit eines jeden Events an. Den Eventtabellen liegt in der Regel eine Poisson-Verteilung zugrunde. Der Frequenzparamenter ist in diesen Fällen der Posissonparameter λ und beschreibt die Wahrscheinlichkeit, dass ein Ereignis k-mal auftritt.

3.2.1.2.3 Beispiel und Modellierung einer Event Loss Table

Aufgrund der extremen Tail-Lastigkeit der Kumulschadenverteilung ist auf eine ausreichende Simulationsanzahl für stabile Ergebnisse zu achten. Je nach zugrunde liegendem Bestand können dabei 100.000 und mehr Simu-

[40] Eigene Darstellung in Anlehnung an: http://www.eqecat.com/worldcat.cfm (14.11.2009).

lationen notwendig sein. Insbesondere eine korrekte Ziehung der Zufallsgrößen kann dabei einen erheblichen Aufwand darstellen.

In diesem Abschnitt wird die Vorgehensweise zur Erstellung einer Eventtabelle an einem Beispiel illustriert, wobei zur Vereinfachung für den Eventeintritt eine Bernoulliverteilung angenommen wird. Ziel ist es dabei, die wesentlichen Funktionsmechanismen und Einflussgrößen der Modellierung kennen zu lernen.

1. Schritt: Eventeintritt

In dem vorliegenden Beispiel werden Event-Sets mit 2-Jahres- bis 1.000-Jahres-Ereignissen abgebildet. Bei der zur Vereinfachung angenommenen 0-1-Verteilung gibt es nur zwei mögliche Realisierungen:

- Ereigniseintritt,
- komplementärer Nichteintritt des Ereignisses.

Im Fall von Naturkatastrophen sind die Eintrittswahrscheinlichkeiten sehr klein, so dass nur extrem selten ein Ereignis zweimal hintereinander eintritt. Im Unterschied zur Poissonverteilung kann bei der hier zur Vereinfachung gewählten 0-1-Verteilung das Event höchstens einmal auftreten.

Über die Funktion „ZUFALLSZAHL" kann nun eine Zufallszahl zwischen 0 und 1 gezogen werden; übersteigt die Zufallszahl die Komplementärwahrscheinlichkeit 1 – p, dann ist das Ereignis eingetreten. Diese Programmlogik kann man in Excel mit der WENN Funktion abbilden.

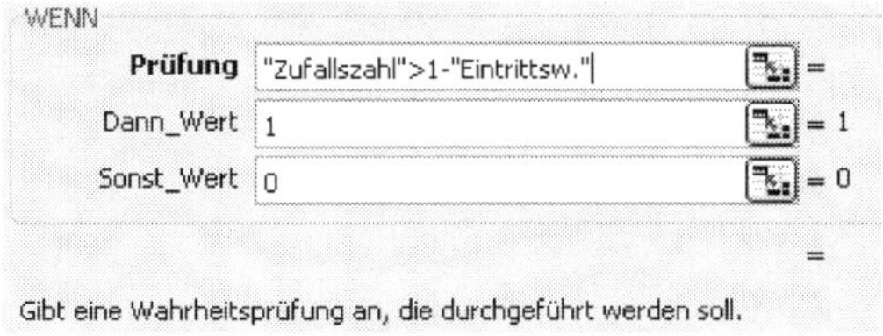

Abbildung 41: „WENN"-Funktion in Excel

Die Syntax lautet dabei WENN(Zufallszahl > (1 – Eintrittsw); 1; 0). In der nachfolgenden Tabelle sind die Ergebnisse dieser Abfragen für einige Zufallsziehungen illustriert.

Event-ID	Eintritts-wahrscheinlichkeit	Zufalls-ziehung	Event-eintritt
1	50,00 %	70,08 %	1
2	25,00 %	88,03 %	1
3	20,00 %	31,90 %	0
4	10,00 %	91,57 %	1
5	5,00 %	56,48 %	0
6	2,00 %	98,10 %	1
7	1,00 %	55,96 %	0
8	0,50 %	58,69 %	0
9	0,20 %	66,46 %	0
10	0,10 %	6,46 %	0

Abbildung 42: Eventtabelle (I)

Die Events 1, 2, 4, und 6 sind eingetreten, da die simulierten Wahrscheinlichkeitswerte größer sind als die Wahrscheinlichkeit, dass das Ereignis nicht eintritt.

2. Schritt: Exposure und Gesamtschaden

Im nächsten Schritt werden die Auswirkungen eines Ereigniseintritts bestimmt. Dazu wird zunächst das Exposure ermittelt. Dieses stellt den erwarteten Schadenaufwand dar. Grundsätzlich handelt es sich auch bei den Exposure-Daten um Schätzungen.

Es wird in diesem Beispielfall von einer Normalverteilung ausgegangen. Dabei ist der Exposure-Wert der erwartete Mittelwert. Es wird eine Zufallszahl gezogen und unter Zuhilfenahme der Funktion „NORMINV“ die Realisierung bei einem Variationskoeffizienten (CV) von 10 % ermittelt. Dies liefert den Brutto-Schaden für den Versicherer, abhängig vom individuellen Exposure in der physikalisch tangierten Region.

Der Gesamtschadenaufwand ergibt sich dadurch, dass für jedes eingetretene Ereignis der damit verbundene Schadenaufwand addiert wird.

Event-ID	Eintritts-wahrschein-lichkeit	Zufalls-ziehung	Event-eintritt	Exposure	Zufalls-ziehung	Exposure (CV =10%)	Schaden
1	50,00 %	70,08 %	1	100	81,95 %	109,1	109,13
2	25,00 %	88,03 %	1	250	28,88 %	236,1	236,08
3	20,00 %	31,90 %	0	500	48,52 %	498,1	0,00
4	10,00 %	91,57 %	1	200	53,69 %	201,9	201,85
5	5,00 %	56,48 %	0	300	11,75 %	264,4	0,00
6	2,00 %	98,10 %	1	400	41,03 %	390,9	390,93
7	1,00 %	55,96 %	0	200	89,88 %	225,5	0,00
8	0,50 %	58,69 %	0	300	88,96 %	336,7	0,00
9	0,20 %	66,46 %	0	100	56,06 %	101,5	0,00
10	0,10 %	6,46 %	0	400	25,46 %	373,6	0,00
Summe							**937,99**

Abbildung 43: Eventtabelle (II)

In der Summe ergibt sich ein modellierter Gesamtschaden in Höhe von 937,99. Um eine stabile Modellierung zu erhalten, sind allerdings wesentlich mehr Event-Sets nötig. Die Komplexität der Verteilung macht es unmöglich, die Verteilung über Formeln darzustellen. Daher ist die Zufallsziehung erforderlich, die den prognostizierten Gesamtschadenaufwand für die Brutto-Betrachtung errechnet.

Im Folgenden ist die Eventtabelle aufgelistet, die bei der hier durchgeführten Modellierung eines internen Modells für ein Beispielunternehmen zugrunde gelegt wurde.

Dabei ergibt sich das Exposure aus der für das jeweilige Jahr ausgewürfelten Prämie. Das Verhältnis aus dem realisierten Exposure (im Beispiel unten z. B. 1.080,72) und dem Basisexposure (= 1.000,00) nivelliert die erwartete Schadenhöhe je Ereignis, wobei je Ereignis noch eine individuelle Schwankung von 25 % angesetzt wird. Daraus ergibt sich dann beispielsweise folgende Realisierung der **Eventtabelle**.

Event-Nr.	Eintritts-wahrscheinlichkeit	Event-eintritt	Erwartete Schäden	Realisierte Schäden
1	0,100 %	0	2.500,00	0,00
2	0,100 %	0	1.250,00	0,00
3	0,100 %	0	625,00	0,00
4	0,100 %	0	312,50	0,00
5	0,200 %	0	156,25	0,00
6	0,200 %	0	100,00	0,00
7	0,200 %	0	100,00	0,00
8	0,200 %	0	95,00	0,00
9	0,500 %	0	90,00	0,00
10	0,500 %	0	85,00	0,00
11	0,500 %	0	80,00	0,00
12	0,500 %	0	125,00	0,00
13	0,500 %	0	70,00	0,00
14	0,500 %	0	69,00	0,00
15	0,500 %	0	68,00	0,00
16	0,500 %	0	67,00	0,00
17	1,000 %	0	85,00	0,00
18	1,000 %	0	84,00	0,00
19	1,000 %	0	83,00	0,00
20	1,000 %	0	100,00	0,00
21	1,000 %	0	50,00	0,00
22	2,000 %	0	49,50	0,00
23	2,000 %	0	49,00	0,00
24	2,000 %	0	75,00	0,00
25	5,000 %	0	74,50	0,00
26	5,000 %	1	74,00	87,90
Summe		1		87,90

Abbildung 44: Eventtabelle für das Beispielunternehmen

In der hier durchgeführten Zufallsziehung in Form einer Monte-Carlo-Simulation ist im modellierten Geschäftsjahr nur ein Schadenereignis aus dem Event-Set eingetreten. Weiterhin lassen sich der Eventtabelle folgende Informationen entnehmen:

- Es wurden 26 Events modelliert.
- Die Eintrittswahrscheinlichkeiten liegen zwischen 0,1 % und 5 %, d. h., es werden 1.000-Jahres-Ereignisse, 500-Jahres-Ereignisse, 200-Jahres-Ereignisse, 100-Jahres-Ereignisse, 50-Jahres-Ereignisse und 20-Jahres-Ereignisse betrachtet.

- Der Eventeintritt wird mittels Zufallsziehungen ermittelt. Der Wert 1 bedeutet ein Event ist eingetreten.
- Der kumulierte Brutto-Schaden für das Geschäftsjahr beträgt 87,90.

3.2.1.3 Großschäden

In den vorherigen Abschnitten wurde die Modellierung des Brutto-Aufwandes der Basis- und Kumulsschäden erläutert. In diesem Abschnitt wird abschließend die Modellierung des Brutto-Aufwandes der Großschäden näher beleuchtet.

Als Großschäden werden grundsätzlich solche Schäden bezeichnet, die in ihrer Schadenhöhe eine bestimmte Großschadengrenze überschreiten. Die Großschadengrenze wählt jedes Versicherungsunternehmen individuell. Diese kann im Verlauf der Modellierung von Großschäden mit Verfahren der statistischen Extremwerttheorie erforderlichenfalls auch modifiziert werden. Aus der Sicht einer Verteilungsschätzung wäre es gut, die Großschadengrenze so zu wählen, dass mindestens 50 bis 100 Großschäden aus den Schadenanalysen der letzten Jahre über dieser Grenze liegen. In der Praxis ergeben sich die Großschadengrenzen aus den Überlegungen der Versicherungsunternehmen zu ihrem Rückversicherungsbedarf.

Da die Großschäden einer starken Volatilität unterliegen, kommt der Modellierung der Großschäden in stochastischen Simulationsmodellen eine enorme Bedeutung zu. Wird die Verteilung der Großschäden nicht adäquat angepasst, so kann dies je nach Struktur des Unternehmens erhebliche Auswirkungen auf die Höhe des ermittelten Risikokapitalbedarfs haben. Aufgrund von Fehlern bei der Modellierung der Großschäden kann letztlich die Gesamtrisikosituation des Versicherungsunternehmens über- bzw. unterschätzt werden.

Bei der Modellierung der Großschäden muss also mit äußerster Genauigkeit vorgegangen werden, indem individuelle Großschadenverteilungen ausgewählt und angepasst werden.

3.2.1.3.1 Kollektives Modell

Im sogenannten kollektiven Modell werden bei der Großschadenmodellierung zunächst Schadenanzahl und Schadenhöhen separat modelliert und anschließend zu einer Gesamtschadenverteilung zusammengesetzt.

Dabei ist die Schadenanzahlverteilung eine diskrete Verteilung beginnend ab null, siehe dazu auch die folgende Abbildung:

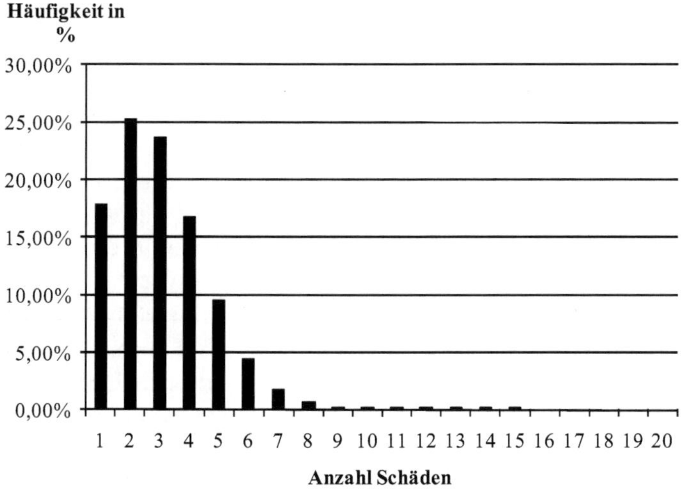

Abbildung 45: Verteilung der Schadenanzahl

Die Schadenhöhenverteilung ist in der Regel eine stetige Verteilung, die erst ab der Großschadengrenze einsetzt, siehe dazu die nachfolgende Abbildung.

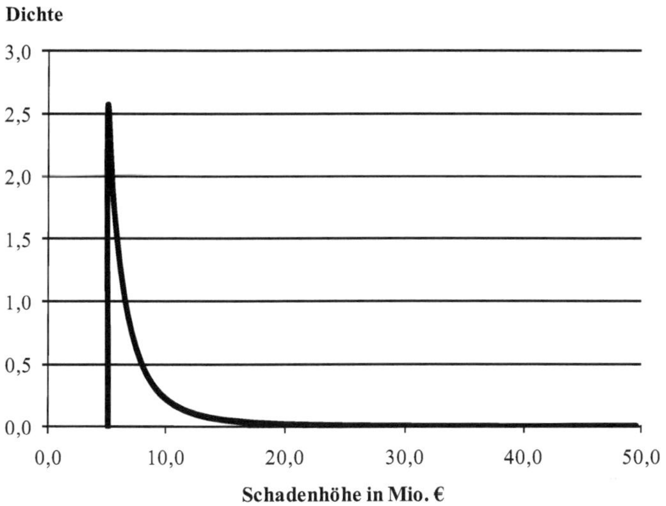

Abbildung 46: Dichtefunktion der Schadenhöhe

Diese beiden Verteilung werden anschließend kombiniert, um den gesamten Großschadenaufwand zu erhalten, siehe dazu die Abbildung 47.

Die Grundidee dieses kollektiven Modells besteht darin, „die Schäden, die von einem Versicherungsportefeuille verursacht werden, unabhängig von den konkreten Risiken zu betrachten, die diese Schäden hervorrufen“[41]. Die Großschäden liegen also pro Simulation als Einzelschadensätze vor.

Die Gesamtschadenlast der Großschäden im kollektiven Modell ergibt sich dabei aus N unabhängigen Ziehungen aus der Schadenhöhenverteilung, wobei die Schadenanzahl N eine Zufallsgröße ist, die über den Zeitverlauf als proportional zu einem geeigneten Exposuremaß angenommen werden kann (auf die Ermittlung eines geeigneten Exposuremaßes wird in einem späteren Abschnitt noch näher eingegangen). Die Schadenhöhe als Zufallsgröße kann über den Zeitverlauf als proportional zu einem Inflationsindex angenommen werden. Die Bestimmung eines derartigen Inflationsindexes wird im Folgenden ebenfalls noch näher beschrieben.

---

[41] DAV-Arbeitsgruppe Interne Risikomodelle (2008), S. 50.

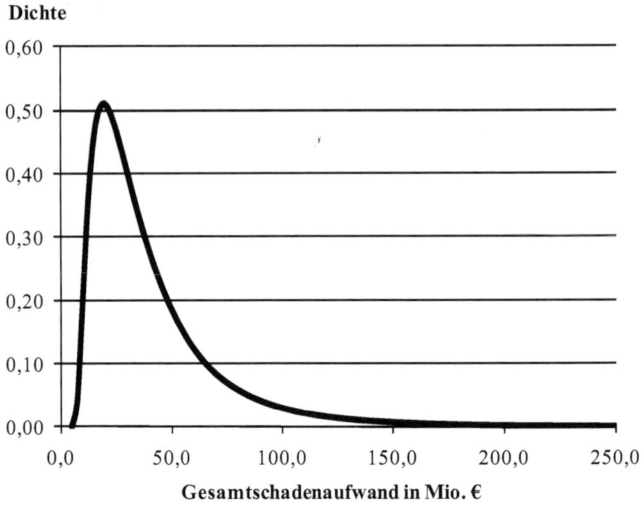

Abbildung 47: Dichtefunktion des Gesamtschadenaufwands

Zur Modellierung der **Schadenanzahl** als Bestandteil der Modellierung der Gesamtschadenlast der Großschäden wird im Rahmen dieser Ausarbeitung die Poissonverteilung gewählt. Bei der Poissonverteilung handelt es sich (wie bereits im entsprechenden Abschnitt erläutert) um eine diskrete und ganzzahlige Verteilung, die nur von einem Parameter Lambda abhängt. Sie ist nach oben offen, d. h., es sind beliebig hohe Zahlen möglich, was sie für die Beschreibung von Großschadenanzahlen geeignet macht.

Der Parameter Lambda beschreibt dabei die durchschnittliche erwartete Großschadenanzahl. Diese Größe ist in unserem Modell der Parameter, der auf Basis der vorhandenen Daten geschätzt werden muss, um die Großschadenanzahl zu modellieren.

Da a priori nicht nur eine, sondern eine Vielzahl von Verteilungstypen zur Modellierung in Frage kommt, sollten immer statistische Testverfahren Anwendung finden. Mit deren Hilfe kann überprüft werden, ob eine hinreichend große Wahrscheinlichkeit dafür besteht, dass die historischen Daten als Stichprobe aus der Poissonverteilung hervorgegangen sein könnten.

Als **Schadenhöhenverteilungen** können je nach Schadenverlauf in dem zu modellierenden Segment z. B. loglogistische, Lognormal-, Burr-, Gamma- oder verallgemeinerte Paretoverteilungen angemessen sein.

Auch hier sei darauf hingewiesen, dass geprüft werden muss, ob der vorliegende Datensatz eine Modellierung mittels des angestrebten Verteilungsansatzes rechtfertigt.

In unserer Ausarbeitung wählen wir für die Schadenhöhenmodellierung die Paretoverteilung, da diese sich gut zur Darstellung der bedingten Höhenverteilung von Schäden eignet, die einen Beobachtungspunkt K übersteigen und nach oben unbegrenzt sind.[42]

Das Definitionsgebiet der Schadenhöhen ist das Intervall $[K, \infty[$.

Für die Parameter der Paretoverteilung gilt $K > 0$ und $\alpha > 0$.

Der Parameter K stellt die von dem Versicherungsunternehmen individuell festgelegte Großschadengrenze dar. K steht in der Paretoverteilung für die minimale Großschadenhöhe, die aus den beobachteten Großschadenereignissen bestimmt wird, d. h., $K = \min\{X_1, \ldots X_N\}$.

Der Parameter α wird aus allen verfügbaren Großschäden des betrachteten Zeitraums geschätzt. Er ist abhängig von der individuellen Einschätzung des Großschadenpotentials. Je kleiner α, desto höher der Anteil der Großschäden im Verhältnis zu den gesamten Schäden.

Das zuvor beschriebene kollektive Modell zur Ermittlung des gesamten Großschadenaufwandes kann mathematisch wie folgt beschrieben werden:

$$S = \sum_{i=1}^{N} X_i \quad \text{mit}$$

S = Zufallsvariable für die Gesamtschadenverteilung,
N = Zufallsvariable für die Schadenanzahl,
X_i = Zufallsvariable für die Schadenhöhen,
$N, X_1, \ldots, X_N$ stochastisch unabhängig.

---

[42] Vgl. Einführung der Paretoverteilung in Kapitel 1.4 (Stochastische Grundlagen).

Es gilt ferner die Annahme, dass die einzelnen Schäden (X_i) alle der gleichen Verteilung unterliegen. Hier ist anzumerken, dass eine solche Hypothese lediglich für die Betrachtung der Großschadenverteilung als zutreffend erachtet werden kann, da je Anfalljahr nur eine geringe Anzahl an Großschäden auftritt, die man als identisch verteilt ansehen kann.

Es ist daher kritisch, die Annahme allgemein für die Untersuchung der Schäden einer gesamten Sparte zu verwenden, denn die Schäden über die gesamte Sparte unterscheiden sich in ihren Ausprägungen stark. Man würde durch eine solche Hypothese vermutlich die Variation des Gesamtaufwandes unterschätzen. Wie nämlich in der unten gezeigten Formel[43] veranschaulicht wird, führt eine hohe Anzahl von Schäden (N) dazu, dass der Variationskoeffizient des Gesamtschadenaufwandes (S) zu einem großen Teil durch die Variation der Schadenanzahl (N) bestimmt wird, d. h.:

$$\frac{Var(S)}{E(S)^2} = CV(S)^2 = \frac{E(N) * Var(X_1) + Var(N) * E(X_1)^2}{E(N)^2 * E(X_1)^2}$$

$$= \frac{CV(X)^2}{E(N)} + CV(N)^2 \xrightarrow[N->\infty]{} CV(N)^2$$

Die Variation der Schadenanzahl ist aber häufig bei einer hohen Anzahl von Schäden pro Sparte recht klein. Die Variation des Gesamtaufwandes wird aber auch dadurch beeinflusst, dass es unterschiedliche „Schadenkollektive“ gibt.

Mit Monte-Carlo-Simulationstechniken können pro Simulation eine Schadenanzahl und pro Schadenanzahl – unabhängig voneinander – die dazugehörigen Schadenhöhen erzeugt werden. Die Verteilung des Gesamtschadenaufwandes setzt sich demnach aus den Schadenanzahlen- und Schadenhöhenverteilungen zusammen, wobei jeder einzelne Großschaden in der Simulation separat betrachtet und ausgewertet wird. Dies ist in erster Linie sinnvoll, da die Daten für ein sinnvolles Rückversicherungsmodell in die-

43 Bzgl. Formeln zu dem Erwartungswert und der Varianz siehe Einführung der Paretoverteilung in Kapitel 1.4 (Stochastische Grundlagen).

ser Form vorliegen müssen. Darüber hinaus ist es zweckmäßig, um die zukünftige Schadenentwicklung genauer untersuchen zu können.

Da für die Schadenanzahl und die Schadenhöhe eine Unabhängigkeitshypothese gilt, lässt sich die Erwartung des gesamten Großschadenaufwandes multiplikativ bestimmen. Es gilt (wie bereits zuvor angewendet):

$$E(S) = E\left[\sum_{i=1}^{N} X_i\right] = E(N) \cdot E(X_i)$$

$$VAR(S) = \underbrace{E(N) \cdot VAR(X_i)} + \underbrace{VAR(N) \cdot E(X_i)^2}$$

Formel, falls die Schadenanzahl keine Zufallsvariable ist (bei Unabhängigkeit von $X_1, \ldots, X_N$).	Dieser Teil der Formel für die Varianz gibt den Zufallseinfluss der Schadenanzahlen wieder.

Das Kollektive Modell kombiniert im Ergebnis also die zunächst separaten Modellierungen von Schadenanzahlen und Schadenhöhen zum Großschadenaufwand.

3.2.1.3.2 Parameterschätzungen in der Praxis

Vorangehend wurde die Bedeutung dargestellt, die der Modellierung der Großschäden in stochastischen Simulationsmodellen zur Bestimmung des Risikokapitalbedarfs eines Versicherungsunternehmens zukommt. Ebenfalls wurde der allgemeine Ansatz der Großschadenmodellierung vorgestellt. In diesem Abschnitt unserer Ausarbeitung wird nun näher auf die Parameterschätzungen eingegangen.

Das Anpassen von Daten und die Schätzung von Parametern ist der wichtigste und problematischste Teil im Rahmen einer Großschadenmodellierung. Denn für eine stabile Verteilungsschätzung muss auf Daten verschiedener Anfalljahre zurückgegriffen werden. Um diese vergleichbar zu machen, müssen folgende zwei Schritte durchgeführt werden:

- Die Daten für die **Schadenhöhen** müssen zum einen inflationsbereinigt werden und zum anderen auf Einzelschadenebene auf den voraussichtlichen Abwicklungsendstand gebracht werden.
- Die Daten für die **Schadenanzahl** müssen in der Einzelschadenbetrachtung auf den voraussichtlichen Endstand abgewickelt werden und zusätzlich an das aktuelle Exposure angepasst werden.

Für die Großschadenmodellierung ist es erforderlich, dass die historischen Großschäden (z. B. der letzten 20 Jahre) pro Segment auf Einzelsatzebene zur Verfügung stehen, da nur anhand einer großen Datenmenge (also einer großen Anzahl von Schäden) später möglichst exakte Aussagen zum Großschadenrisiko und damit zum Risikokapitalbedarf eines Versicherungsunternehmens getroffen werden können.

Die **Schadenhöhen** alter Anfalljahre müssen durch eine **Inflationsanpassung** von Einflüssen der Preisniveauentwicklung bereinigt werden. Großschäden von vor beispielsweise 10 Jahren müssen also mithilfe eines Inflationsindexes so angepasst werden, dass sie heutigen Schadenzahlungen entsprechen, die bei gleichem Sachverhalt aufgrund von Preissteigerungen häufig höher ausfallen. Der Inflationsindex kann aus externen Quellen wie der jährlichen volkswirtschaftlichen Entwicklung abgeleitet oder aus den unternehmenseigenen Schadendaten erstellt werden.

Um die künftig noch zu erwartende Abwicklung noch offener Schäden zu prognostizieren, wird im Rahmen einer **Abwicklungsanpassung** betrachtet, wie sich die Schäden vergleichbarer Risiken in der Vergangenheit abgewickelt haben. Im Ergebnis müssen alle Schäden auf den gleichen Abwicklungsstand gebracht werden. Bei Haftpflichtschäden könnten beispielsweise die Reserven im Schnitt 10 % Abwicklungsverlust aufweisen, da durch die Long-Tail-Problematik nach längerer Zeit noch unerwartete Teuerungen hinzukommen können. Hingegen könnten sich bei der Feuerversicherung die Schäden aufgrund der schnellen Abwicklung auch günstiger als erwartet entwickeln (z. B. durch Prozesserfolge vor Gericht), so dass diese Schäden beispielsweise im Schnitt 10 % billiger werden könnten.

Im Zusammenhang mit der Abwicklungsanpassung ist vor allem die Spätschaden-Problematik genau zu analysieren. Der Spätschadenaufwand entsteht aus zwei Gründen:

- Schäden, die bereits angefallen, aber noch nicht gemeldet worden sind (Pure IBNR).
- Schäden, die bereits gemeldet, aber deren endgültige Höhe und somit die korrekte Reserve noch nicht bekannt sind (IBNER[44]).

Die Abkürzung IBNR[45] steht für alle noch unbekannten Schadenaufwendungen, die zu dem bereits erreichten Aufwand des Anfalljahres hinzukommen. Die IBNR setzt sich also zusammen aus dem prognostizierten abgewickelten Aufwand abzüglich des erreichten Aufwands.

Die IBNR unterteilt sich in die Pure IBNR und die IBNER. Die Pure IBNR gibt die „echten" Spätschäden an und ist das Produkt aus den noch ausstehenden Spätschäden und dem abgewickelten Schadendurchschnitt. Die noch ausstehenden Spätschäden können aus einem Abwicklungsdreieck für die Schadenanzahl abgelesen werden. Der abgewickelte Schadendurchschnitt ergibt sich aus dem Quotienten des abgewickelten Schadenaufwandes zur abgewickelten Schadenanzahl. Da die IBNER die Differenz aus IBNR und Pure IBNR darstellt, kann diese nun ebenfalls bestimmt werden.

Damit lässt sich im Ergebnis der mittlere Abwicklungssatz errechnen, der als Quotient der IBNER durch die Summe der Einzelschadenreserven (je Anfalljahr) definiert ist. Mit dem mittleren Abwicklungssatz werden dann die Reserven (nicht aber die bereits geleisteten Zahlungen) angepasst, so dass der abgewickelte Schadenaufwand auf dieses Art und Weise geschätzt werden kann.

Bei der Großschadenmodellierung betrachtet man nicht ein gesamtes Portfolio, sondern führt die Analyse immer in der Einzelschadenbetrachtung durch. Der bereinigte Einzelschadenaufwand wird zusammengefasst folgendermaßen berechnet:

---

44 „Incurred but not enough reported."

45 „Incurred but not reported."

$$\text{Bereinigter Einzelschadenaufwand} = \underbrace{(\text{Schadenzahlungen} + \text{Reserve} \cdot \text{Mittlerer Abwicklungssatz})}_{\text{Abwicklungsanpassung}} \cdot \underbrace{\text{Inflationsindex}}_{\text{Inflationsanpassung}}$$

Analog zu der Aufbereitung der Daten zu den Schadenhöhen müssen auch die vorliegenden Daten zu den **Schadenanzahlen** zur Modellierung zunächst bereinigt werden.

Vor der Schadenanzahlmodellierung müssen daher die Abwicklungsanpassung und zum anderen eine Exposurebereinigung durchgeführt werden.

Die **Abwicklungsanpassung** erfolgt hier analog der Vorgehensweise bei der Schadenhöhenmodellierung, indem beispielsweise ein Dreieck für die gemeldeten Großschadenanzahlen abgewickelt werden muss.

Die **Exposurebereinigung** bemisst, ob und wie sich das Portfolio verändert hat. In diesem Zusammenhang muss darauf geachtet werden, dass Großschäden von Risiken, die storniert wurden und somit nicht mehr im aktuellen Bestand vorliegen, nur dann betrachtet werden, wenn in den zu simulierenden Jahren noch ähnliche Risiken gezeichnet werden. Hat ein Unternehmen in der Vergangenheit beispielsweise Haftpflicht-Risiken von Uni-Kliniken gezeichnet, dieses Geschäft jedoch inzwischen vollständig aufgegeben, so sollten die Großschäden, die diese Risiken in der Vergangenheit hervorgebracht haben, an dieser Stelle nicht betrachtet werden.

Gleichermaßen sind neue Risiken in einem Portfolio zu berücksichtigen. Für neu abgeschlossene Verträge mit hohen PMLs, für die noch keine eigenen Schadenerfahrungen vorliegen, sollten anhand der Markterfahrung Annahmen hinsichtlich der Schadenhöhe getroffen werden. Andernfalls kann auch das Umgewichten von Schäden vergleichbarer Risiken aus der Vergangenheit helfen, neue Risiken adäquat zu bewerten.

Der Trend der Portfolioentwicklung sollte also bei der Ermittlung der durchschnittlichen Schadenanzahl mit berücksichtigt werden. Als Anhaltspunkt der Portfolioentwicklung können zum einen die Anzahl der Verträge dienen, zum anderen die Prämien. Wählt man jedoch die Prämie als Maß für das Exposure, so muss diese einer Preis- und Inflationsbereinigung unterzogen werden.

Die folgenden Beispiele beschreiben den Prozess der Exposurebereinigung, zum einen mit der Anzahl der Verträge als Exposuremaß und zum anderen mit der Prämie als entsprechendes Exposuremaß.

AJ	Anzahl Verträge	beob. GS	Noch erwartet	abgew. GS	Exposure-bereinigung
2008	10.000	19	4	23	23
2007	4.000	9	1	10	25
2006	2.000	5	0	5	25
2005	1.000	3	0	3	30
durchschnittliche Schadenanzahl				10,25	25,75
Standardabweichung				14,87	2,99

Abbildung 48: Exposurebereinigung (I)

Die Exposurebereinigung erfolgt hier jeweils auf der Basis der 10.000 Verträge im aktuellen Anfalljahr (2008), beispielsweise für 2005 durch den Faktor 10 = 10.000 / 1.000. Im Allgemeinen stellt sich die Berechnung des Exposurefaktors wie folgt dar:

$$\text{Exposurefaktor} = \frac{\text{Prognosejahrexposure}}{\text{Anfalljahrexposure}}$$

Die Standardabweichung nach der Exposurebereinigung berechnet sich aus den quadrierten Abweichungen zum Mittelwert 25,75 wie folgt:

$$\text{Standardabweichung} = \sqrt{\frac{2{,}75^2 + 0{,}75^2 + 0{,}75^2 + 4{,}25^2}{3}} = 2{,}99$$

Aufgrund der wenigen beobachteten Werte wurde die empirische Standardabweichung gewählt, d. h., es wird durch 3 = 4 – 1 statt durch 4 dividiert.

An diesem Beispiel wird deutlich, welchen Effekt die Exposurebereinigung im Rahmen der Schadenanzahlmodellierung hat. Die erwartete durchschnittliche Schadenanzahl springt hier von 10,25 auf 25,75 Großschäden pro Jahr; die Standardabweichung reduziert sich entsprechend.

Falls kein geeignetes gemeinsames Exposure vorliegt, kann alternativ mit der preisbereinigten Prämie gearbeitet werden, wie das folgende Beispiel zeigt:

AJ	Prämie	Preis Index	Preisber. Prämie	Inflations-index	Inflations- und preisber. Prämie	Exposure Faktor
2008	11.400,00	100%	11.400,00	108,00%	10.555,56	100,00%
2007	7.900,00	90%	8.777,78	106,20%	8.265,33	127,71%
2006	5.200,00	100%	5.200,00	105,00%	4.952,38	213,14%
2005	3.500,00	110%	3.181,82	100,00%	3.181,82	331,75%

Abbildung 49: Exposurebereinigung (II)

Wie diese Abbildung zeigt, muss die Prämie der einzelnen Jahre zunächst – wie bei der Basisschadenmodellierung – mit einem Preisindex bereinigt werden. Der Preisindex kann aus Daten des jeweiligen Marktzyklus kalkuliert werden und ermöglicht die Vergleichbarkeit der Prämien der verschiedenen Jahre. In dem vorliegenden Beispiel wird ein Preisindex für 2008 von 100 % unterstellt. Das heißt, dass die erhaltene Sollprämie ausreichend bemessen ist, um kostendeckend arbeiten zu können, bzw. es wird die Prämie erhoben, die zur Deckung des Risikos erforderlich ist. Weiterhin werden die Prämien der einzelnen Jahre um die Inflationsentwicklung bereinigt, um die Prämien auch hinsichtlich des Preisniveaus vergleichbar zu machen.

Als Basis zur Exposurebereinigung dient auch bei dieser Variante das Exposure des jüngsten Jahres. Hierzu betrachten wir für 2007 zunächst den Quotient der beiden Prämien, d. h. den Wert

$$\frac{11.400}{7.900} = 1{,}44$$

Der Exposurefaktor für dieses Jahr ergibt sich dann, indem man diesen Prämienfaktor um den Betrag 90 % · (106,2 % / 108,0 %) modifiziert.

Abschließend lässt sich festhalten, dass die Datenanpassung im Rahmen der Großschadenmodellierung von enormer Bedeutung ist und mit umfangreichen Prozessen verbunden ist. Erst wenn eine einheitliche Datenbasis geschaffen wurde, kann die Modellierung der Großschäden in stochastischen Simulationsmodellen erfolgen.

3.2.1.3.3 Parametrisierung der Schadenhöhe

Nachdem vorgehend die Parameterschätzung im kollektiven Modell anhand der theoretischen Grundlagen sowie einiger praktischer Aspekte erläutert wurde, wird nun deren Umsetzung in einem ausführlichen Parametrisierungsbeispiel gezeigt. Wie werden durch Abwicklungsanpassung und Inflationsanpassung aus den grundlegenden Werten zu den Schadenhöhen bzw. durch Abwicklungsanpassung und Exposurebereinigung aus den Werten zu der Schadenanzahl die bereinigten Werte errechnet? Wie werden im Ergebnis die Schadenhöhenverteilung und die Schadenanzahlverteilung ermittelt, aus denen später die Verteilung des gesamten Großschadenaufwandes erstellt wird? Im Folgenden werden die einzelnen Schritte anhand beispielhafter Datensätze nacheinander aufgezeigt und die entsprechenden Rechnungen erläutert.

Zuerst wird die Schadenhöhenverteilung erstellt. Hierzu müssen zunächst gewisse Parameter bestimmt und eingegeben werden, anhand derer die vorhandenen Schadendaten ausgewertet und bereinigt werden sollen. Dazu sind uns folgende Informationen bekannt:

Prognosejahr	2009
Inflation pro Jahr	3,25 %
Gewählte Großschadengrenze	5.000.000
Mittlere Abwicklung für das Anfalljahr 2008	-25,00 %
Mittlere Abwicklung für das Anfalljahr 2007	-12,50 %
Mittlere Abwicklung für das Anfalljahr 2006	-7,50 %
Mittlere Abwicklung für das Anfalljahr 2005	-5,00 %
Mittlere Abwicklung für das Anfalljahr 2004	-2,50 %

An erster Stelle muss festgelegt werden, für welches Jahr die Prognose der Schadenhöhen erfolgen soll. In diesem Beispiel soll das Prognosejahr 2009 sein. Des Weiteren werden Angaben über die in dem betrachteten Zeitraum herrschende jährliche Inflation benötigt.

Grundsätzlich können entsprechende Informationen intern ermittelt oder aus externen Indizes verwendet werden. In dem Beispiel wird auf die Angabe einer über die betrachteten Jahre variierenden Inflation verzichtet und zur Vereinfachung von einer gleich bleibenden Inflation von 3,25 % ausgegangen.

Als Großschadengrenze, die jedes Unternehmen spartenabhängig festlegt, wird ein Wert von 5 Millionen gesetzt. Es handelt sich um die Großschadengrenze des aktuellen Jahres, da die Bestimmung der aktuellen Rückversicherungsgrenze das Ziel ist.

Schließlich müssen noch die Parameter zur jeweiligen „Mittleren Abwicklung" der Jahre vor dem Prognosejahr ermittelt werden. In dem Beispiel geschieht dies für die vorausgegangenen fünf Jahre von 2008 bis 2004 mit abfallenden mittleren Abwicklungsfaktoren von -25,00 % bis -2,50 %.

Grundsätzlich sind in den aktuelleren Jahren größere Abwicklungseffekte zu beobachten als in weiter zurückliegenden Jahren, da dem Unternehmen die Abwicklungsergebnisse umso präziser bekannt sind, je länger das betroffene Jahr zurückliegt.

Im zweiten Schritt werden nun die auf die Schadenhöhen bezogenen Daten der verschiedenen vergangenen Anfalljahre betrachtet, bereinigt und ausgewertet. In diesem Beispiel werden hierzu die Anfalljahre 1988 bis 2008 herangezogen.

In der nachfolgenden Tabelle ist ein Auszug aus den Schadendaten aufgelistet, die den in dieser Ausarbeitung durchgeführten Großschadenparametrisierungen zugrunde gelegt wurden. Die vollständige Tabelle mit allen zugrunde gelegten Schadendaten befindet sich im Anhang.

Anf.-jahr	Zahlung (in Tsd.)	Reserve (in Tsd.)	Aufwand erreicht (in Tsd.)	mittl. Abw.	Aufwand abgewickl. (in Tsd.)	Inflation	Aufwand inflation. (in Tsd.)	Groß-schaden	Vert. (in Tsd.)
1988	1.000		1.000	0,00 %	1.000,0	195,75%	1.957,5	0	
1988	1.250		1.250	0,00 %	1.250,0	195,75%	2.446,8	0	
1988	1.500	1.000	2.500	0,00 %	2.500,0	195,75%	4.893,6	0	
1989	5.000		5.000	0,00 %	5.000,0	189,58%	9.479,2	1	9.479,2
1989	2.500	1.000	3.500	0,00 %	3.500,0	189,58%	6.635,4	1	6.635,4
1990	1.500		1.500	0,00 %	1.500,0	183,62%	2.754,2	0	
...	...	...	...	...	...	...	...	...	...
2003	5.250	1.100	6.350	0,00 %	6.350,0	121,15%	7.693,3	1	7.693,3
2004	5.500	1.200	6.700	-2,50 %	6.670,0	117,34%	7.826,7	1	7.826,7
2004	5.750	200	5.950	-2,50 %	5.945,0	117,34%	6.975,9	1	6.975,9
2004	6.000	300	6.300	-2,50 %	6.292,5	117,34%	7.383,7	1	7.383,7
2004	6.250	400	6.650	-2,50 %	6.640,0	117,34%	7.791,5	1	7.791,5
2004	6.500	500	7.000	-2,50 %	6.987,5	117,34%	8.199,2	1	8.199,2
2004	2.000	600	2.600	-2,50 %	2.585,0	117,34%	3.033,3	0	
2005	2.250	700	2.950	-5,00 %	2.915,0	113,65%	3.312,8	0	
2005	2.500	800	3.300	-5,00 %	3.260,0	113,65%	3.704,9	0	
...	...	...	...	...	...	...	...	...	...
2006	5.750	1.100	6.850	-7,50 %	6.767,5	110,07%	7.449,0	1	7.449,0
2006	6.000	1.200	7.200	-7,50 %	7.110,0	110,07%	7.826,0	1	7.826,0
2006	6.250	1.300	7.550	-7,50 %	7.452,5	110,07%	8.203,0	1	8.203,0
2006	6.500	1.400	7.900	-7,50 %	7.795,0	110,07%	8.580,0	1	8.580,0
2006	3.000	1.500	4.500	-7,50 %	4.387,5	110,07%	4.829,3	0	
2006	3.250	1.600	4.850	-7,50 %	4.730,0	110,07%	5.206,3	1	5.206,3
2006	3.500	1.700	5.200	-7,50 %	5.072,5	110,07%	5.583,3	1	5.583,3
2006	3.750	1.800	5.550	-7,50 %	5.415,0	110,07%	5.960,3	1	5.960,3
2006	4.000	1.900	5.900	-7,50 %	5.757,5	110,07%	6.337,3	1	6.337,3
2007	4.250	2.000	6.250	-12,50 %	6.000,0	106,61%	6.396,3	1	6.396,3
2007	4.500	2.100	6.600	-12,50 %	6.337,5	106,61%	6.756,1	1	6.756,1
2007	4.750	2.200	6.950	-12,50 %	6.675,0	106,61%	7.115,9	1	7.115,9
2007	5.000	2.300	7.300	-12,50 %	7.012,5	106,61%	7.475,7	1	7.475,7
2007	4.000	2.400	6.400	-12,50 %	6.100,0	106,61%	6.502,9	1	6.502,9
2007	4.250	2.500	6.750	-12,50 %	6.437,5	106,61%	6.862,7	1	6.862,7
2007	4.500	2.600	7.100	-12,50 %	6.775,0	106,61%	7.222,5	1	7.222,5
2007	4.750	2.000	6.750	-12,50 %	6.500,0	106,61%	6.929,4	1	6.929,4
2008	5.000	2.100	7.100	-25,00 %	6.575,0	103,25%	6.788,7	1	6.788,7
2008	5.250	2.200	7.450	-25,00 %	6.900,0	103,25%	7.124,3	1	7.124,3
2008	3.000	2.300	5.300	-25,00 %	4.725,0	103,25%	4.878,6	0	
2008	3.250	2.400	5.650	-25,00 %	5.050,0	103,25%	5.214,1	1	5.214,1
2008	3.500	2.500	6.000	-25,00 %	5.375,0	103,25%	5.549,7	1	5.549,7
Summe / MW							6.942,5	77	
STD							1.298,5		

Abbildung 50: Empirische Schadenhöhenverteilung

Betrachtet werden ausgehend für jeden Schaden jedes Anfalljahres die bereits geleisteten Schadenzahlungen sowie gegebenenfalls noch bestehende Schadenreserven. Schäden aktuellerer Anfalljahre weisen häufiger Reserven auf als Schäden weiter zurückliegender Anfalljahre, die in größeren Teilen bereits abschließend reguliert wurden. Die geleisteten Schadenzahlungen ergeben zusammen mit den Reserven den erreichten Aufwand des jeweiligen Schadens.

Für die Abwicklungsanpassung wird der je Schaden erreichte Aufwand um den Faktor der mittleren Abwicklung bereinigt, der für das jeweilige Anfalljahr im ersten Schritt ermittelt wurde. Die mittlere Abwicklung bezieht sich ausschließlich auf die bestehenden Reserven (bereits geleistete Zahlungen sind endgültiger Aufwand). Der abgewickelte Aufwand jedes Schadens berechnet sich aus den geleisteten Zahlungen und den um die mittlere Abwicklung bereinigten Wert der bestehenden Reserve. In dem Beispiel werden vom Anfalljahr 2004 an die Reserven um die im ersten Schritt festgelegten Faktoren der mittleren Abweichung korrigiert, so dass der abgewickelte Aufwand – wie es beispielsweise für die Feuersparte typisch ist – für die Schäden in diesen Jahren unter dem zuvor ermittelten Werten des erreichten Aufwands liegt.

Für die Inflationsanpassung werden beispielsweise die Werte aus dem Anfalljahr 1988 auf das Preisniveau des aktuellen Jahres 2009 umgerechnet, indem der abgewickelte Aufwand aus 1988 mit dem Inflationsfaktor (mit der Differenz von 1988 und 2009 als Exponent) multipliziert wird, d. h., für 1988 ergibt sich ein inflationsbereinigter Aufwand von $1.000.000 * 1{,}0325^{21} = 1.957.453$.

Dieser inflationsbereinigte Aufwand steigt aufgrund des grundsätzlich über die Jahre steigenden Preisniveaus im Vergleich zu dem abgewickelten Aufwand umso mehr, je länger das jeweilige Anfalljahr zurückliegt, d. h. je größer die Differenz zwischen dem aktuellen Prognosejahr und dem Anfalljahr ist.

Abschließend wird der inflationsbereinigte Aufwand jedes Schadens darauf überprüft, ob er die definierte Großschadengrenze übersteigt. Die hieraus hervorgehende Schadenhöhenverteilung setzt sich im Ergebnis aus den Schäden zusammen, deren Aufwand nach Abwicklungs- und Inflationsanpassung auf das aktuelle Prognosejahr 2009 die festgesetzte Großschadengrenze von fünf Millionen erreicht oder übersteigt. In die Schadenhöhenverteilung können auch Schäden einfließen, deren Aufwand vor den Anpassungen die aktuelle Großschadengrenze nicht überstieg. Ebenso können auch Schäden unter die Großschadengrenze fallen, deren unbereinigter Aufwand oberhalb der Grenze liegt.

Zusammengefasst ergibt die Umrechnung der Ausgangswerte der Schadenhöhen die folgenden Ausgabeparameter:

Anzahl der Großschäden	77
Mittelwert	6.942,5
Empirische Standardabweichung	1.298,5
Variationskoeffizient	18,70 %
Paretoparameter K	5.000,0
Paretoparemeter α	3,5740
Standardabweichung der Paretoverteilung	2.927,0
in Prozent der empirischen Standardabweichung	225,41 %

In den Beispieldaten treten in der bereinigten Schadenhöhenverteilung 77 Großschäden auf. Der Mittelwert bzw. Erwartungswert der bereinigten Großschäden beträgt 6.942,5 und wird berechnet als Summe der in die Verteilung einfließenden Schadenhöhen geteilt durch die Großschadenanzahl (77). Der Variationskoeffizient berechnet sich aus der empirischen Standardabweichung dividiert durch den Mittelwert.

Nachdem die empirischen Ausgabeparameter berechnet wurden, werden die Parameter der Paretoverteilung geschätzt. Der Paretoparameter K entspricht der Großschadengrenze. Der Paretoparameter Alpha kann als Mittelwert dividiert durch die Differenz von Mittelwert und Großschadengrenze geschätzt werden, da gilt:

$$EW = K * \frac{\alpha}{\alpha - 1} \Rightarrow \frac{EW}{K} * (\alpha - 1) = \alpha \Rightarrow \left[\frac{EW}{K} - 1\right] * \alpha = \frac{EW}{K}$$

$$\Rightarrow \alpha = \frac{\frac{EW}{K}}{\frac{EW}{K} - 1}$$

Somit ergibt sich für das Beispiel:

$$\alpha = \frac{\frac{6.942.474}{5.000.000}}{\frac{6.942.474}{5.000.000} - 1} = 3,574037027$$

Die Standardabweichung der Paretoverteilung berechnet sich nach der Formel

$$STD = K * \sqrt{\frac{\alpha}{(\alpha - 2) * (\alpha - 1)^2}}$$

und beträgt für das Beispiel:

$$STD = 5.000.000 * \sqrt{\frac{3,574037027}{(3,574037027 - 2) * (3,574037027 - 1)^2}}$$
$$= 2.927.030$$

Auffällig ist, dass die aus der Paretoverteilung errechnete Standardabweichung etwa dem 2,25-fachen der empirischen Standardabweichung entspricht. Die hohe Standardabweichung bedeutet, dass mittels der Paretoverteilung wesentlich volatilere Großschadenhöhen prognostiziert werden als mit der empirischen Verteilung. Dies ergibt auf der einen Seite einen hohen Sicherheitspuffer, auf der anderen Seite aber auch hohe Kapitalkosten.

In dem vorliegenden Beispiel ermittelt die Paretoverteilung also sehr konservative Werte, d. h., die Paretoverteilung entspricht in diesem Beispiel einer vorsichtigen Prognose der Schadenhöhen. Es müsste daher überlegt werden, ob die Paretoverteilung zu den vorliegenden Beispieldaten passt oder ob eine andere Verteilung gewählt werden kann, welche eine den empirischen Ergebnissen näher liegende Standardabweichung hervorbringt. Für das Beispiel wird im Weiteren aber die Paretoverteilung verwendet.

3.2.1.3.4 Parametrisierung der Schadenanzahl

Nachdem die Verteilung der Schadenhöhen bestimmt wurde, wird nun die Verteilung der Schadenanzahl ermittelt, damit abschließend aus der Schadenhöhenverteilung und der Schadenanzahlverteilung die Großschadenaufwandsverteilung gebildet werden kann. Dabei liegen folgende Informationen vor:

Prognosejahr	2009
Prognostizierte Anzahl von Verträgen	2.000.000
Jahreseinheiten in % der Verträge	90 %
Prognostizierte Jahreseinheiten	1.800.000
Abwicklung für das Anfalljahr 2008	25,00 %
Abwicklung für das Anfalljahr 2007	12,50 %
Abwicklung für das Anfalljahr 2006	7,50 %
Abwicklung für das Anfalljahr 2005	5,00 %
Abwicklung für das Anfalljahr 2004	2,50 %

Ebenso wie bei den Eingabeparametern zur Prognostizierung der Schadenhöhen werden die Werte für das Prognosejahr 2009 gesucht. Als Grundwerte für die Berechnung wird die für 2009 prognostizierte Vertragsanzahl benutzt. Da aber nicht alle Verträge auch das Prognosejahr über bestehen bleiben, wird die prognostizierte Vertragsanzahl auf den Anteil der Jahreseinheiten von 90 % verringert. Für 2009 werden 1.800.000 Jahreseinheiten prognostiziert.

Analog der mittleren Abwicklung bei den Eingabeparametern zu der Bestimmung der Schadenhöhenverteilung ist der Abwicklungsfaktor hier um so höher, je näher das jeweilige analysierte Jahr an dem Prognosejahr liegt. Begründet ist dies mit der oben erläuterten Spätschadenproblematik, die abnimmt, je weiter das Anfalljahr zurückliegt.

In der folgenden Tabelle werden ausgehend von den bekannten historischen Daten aus 1988 bis 2008 über die Anzahl der Verträge und die jeweiligen Großschäden diese zunächst mit dem Abwicklungsfaktor und dem Exposurefaktor angepasst und so eine bereinigte Großschadenanzahlverteilung für die Prognose der Großschadenanzahl in 2009 errechnet.

AJ	Verträge in Tsd.	JE in Tsd.	GS gemeld.	Ab-wickl.	GS abgew.	Exposure Faktor	GS ab 1988	GS ab 2000
1988	1.350	1.215	0,00	0,00%	0,00	148,15%	0,00	
1989	1.380	1.242	2,00	0,00%	2,00	144,93%	2,90	
1990	1.410	1.300	0,00	0,00%	0,00	138,46%	0,00	
1991	1.440	1.296	0,00	0,00%	0,00	138,89%	0,00	
1992	1.470	1.323	1,00	0,00%	1,00	136,05%	1,36	
1993	1.500	1.350	1,00	0,00%	1,00	133,33%	1,33	
1994	1.530	1.377	0,00	0,00%	0,00	130,72%	0,00	
1995	1.560	1.404	3,00	0,00%	3,00	128,21%	3,85	
1996	1.590	1.431	4,00	0,00%	4,00	125,79%	5,03	
1997	1.620	1.500	4,00	0,00%	4,00	120,00%	4,80	
1998	1.650	1.485	3,00	0,00%	3,00	121,21%	3,64	
1999	1.680	1.512	4,00	0,00%	4,00	119,05%	4,76	
2000	1.710	1.539	6,00	0,00%	6,00	116,96%	7,02	7,02
2001	1.740	1.566	6,00	0,00%	6,00	114,94%	6,90	6,90
2002	1.770	1.640	8,00	0,00%	8,00	109,76%	8,78	8,78
2003	1.800	1.620	6,00	0,00%	6,00	111,11%	6,67	6,67
2004	1.830	1.647	5,00	2,50%	5,13	109,29%	5,60	5,60
2005	1.860	1.700	4,00	5,00%	4,20	105,88%	4,45	4,45
2006	1.890	1.701	8,00	7,50%	8,60	105,82%	9,10	9,10
2007	1.920	1.728	8,00	12,50%	9,00	104,17%	9,38	9,38
2008	1.950	1.755	4,00	25,00%	5,00	102,56%	5,13	5,13
Total			77,00		79,93		90,68	63,01
MW			3,67		3,81		4,32	7,00
STD			2,71		2,86		3,05	1,78
STD (Poisson)			1,91		1,95		2,08	2,65

Abbildung 51: Empirische Großschadenanzahlverteilung

Die Berechnung der Schadenanzahlverteilung beginnt mit der Anzahl der Verträge und den entsprechenden niedrigeren Jahreseinheiten für die vergangenen Anfalljahre. Für jedes Anfalljahr wurden die gemeldeten Großschäden erhoben (bezogen auf die modifizierten Schadenhöhen!).

Jedes Anfalljahr wird dann darauf überprüft, ob zusätzlich zu den gemeldeten Großschäden noch Spätschäden erwartet werden. Mithilfe des Abwicklungsfaktors wird aus der Anzahl der gemeldeten Großschäden die abgewickelte Großschadenanzahl ermittelt. Die Spätschadenproblematik ist in länger zurückliegenden Anfalljahren nicht mehr gegeben, spielt jedoch ab 2004 mit zunehmender Intensität bis 2008 eine starke Rolle, denn in diesen vergleichsweise aktuellen Anfalljahren werden wahrscheinlich noch weitere Großschäden gemeldet. So steigt die Anzahl der Großschäden aus diesen Anfalljahren durch die Korrektur an. Da es sich bei diesen Zahlen um Durchschnittswerte handelt, treten hier auch Dezimalzahlen auf. Die Anzahl 8,6 für das Anfalljahr 2006 kann man so interpretieren, dass acht Großschäden eingetreten sind und mit einer Wahrscheinlichkeit von 60 % ein neunter Großschaden noch gemeldet wird und dies mit der Gegenwahrscheinlichkeit von 40 % nicht geschieht.

Im nächsten Schritt wird die Anzahl der abgewickelten Großschäden um den Exposurefaktor bereinigt. Als Exposuremaß wurden in diesem Beispiel die Jahreseinheiten im jeweiligen Anfalljahr gewählt. Der Exposurefaktor berechnet sich aus dem Exposure des Prognosejahres dividiert durch das Exposure des jeweiligen Anfalljahres. So ergibt sich beispielsweise der Exposurefaktor für 2006 als Quotient 1.800.000 / 1.701.000 = 105,82 %.

Mit der Umrechnung der abgewickelten Großschadenanzahl mittels des Exposurefaktores auf die exposurebereinigte Großschadenanzahl je Anfalljahr wird dem Umstand Rechnung getragen, dass der Bestand im Verlauf des betrachteten Zeitraums stark gewachsen ist. Um die Entwicklung der Großschadenanzahl über die Anfalljahre richtig einschätzen zu können und somit eine valide Prognose für 2009 zu erstellen, müssen die die Großschadenanzahlen der vergangenen Anfalljahre auf die Jahreseinheiten des Prognosejahres 2009 als gemeinsame Basis bezogen werden.

Im Ergebnis wird so nach der entsprechenden Aufbereitung der Datenbasis die Großschadenanzahlverteilung ermittelt. Die nachfolgende Grafik (Abbildung 52) illustriert die Verteilung der gemeldeten Großschäden, die Verteilung der abgewickelten Großschäden und die Verteilung der exposurebereinigten Großschäden über den Zeitverlauf.

Ziel ist es dabei, eine trendfreie Verteilung zu erreichen. Deren Graph würde mit Schwankungen gleichermaßen nach oben und unten (d. h. im Durchschnitt horizontal ohne Niveaueffekte) verlaufen. Schon auf den ersten Blick wird deutlich, dass trotz der Bereinigung der Ausgangsdaten um Abwicklung und Exposure dennoch in dem betrachteten Zeitraum ein Trend vorliegt, denn der Graph springt um das Jahr 2000 auf eine deutlich höhere Großschadenanzahl pro Anfalljahr. Diese verstärkte Großschadenbelastung könnte beispielsweise aus einer veränderten Geschäftsstruktur ab dem Jahr 2000 resultieren.

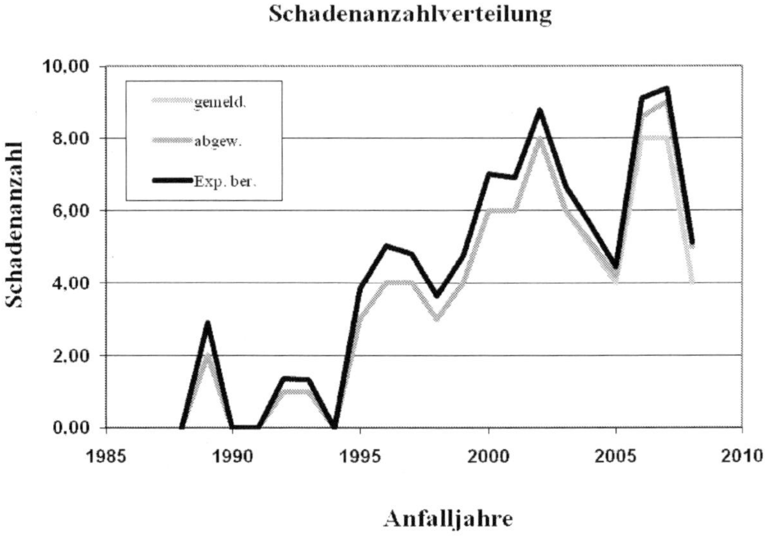

Abbildung 52: Großschadenanzahl für die Jahre 1988–2008

Hier ist deutlich zu erkennen, dass neben der kalkulatorischen Bereinigung der Ausgangswerte auch die Betrachtung der grafischen Verläufe wichtige Erkenntnisse über zusätzliche Effekte erbringt.

Aus diesem Grund betrachten wir noch eine zweite Grafik (Abbildung 53) über die drei Großschadenanzahlverteilungen über den eingeschränkten Zeitraum von 2000 bis 2008. Zwei Dinge werden deutlich: Zum einen kann nun eine in etwa horizontale Regressionsgerade zu der Verteilung erstellt werden, d. h., es liegt kein nennenswerter Trend mehr in den Daten vor. Zum anderen wird der Effekt der vorgenommenen Wertebereinigung daran deutlich, dass die Verteilung der exposurebereinigten Großschadenanzahl offensichtlich einen noch geringeren Trendfaktor enthält als die anderen beiden Verteilungen.

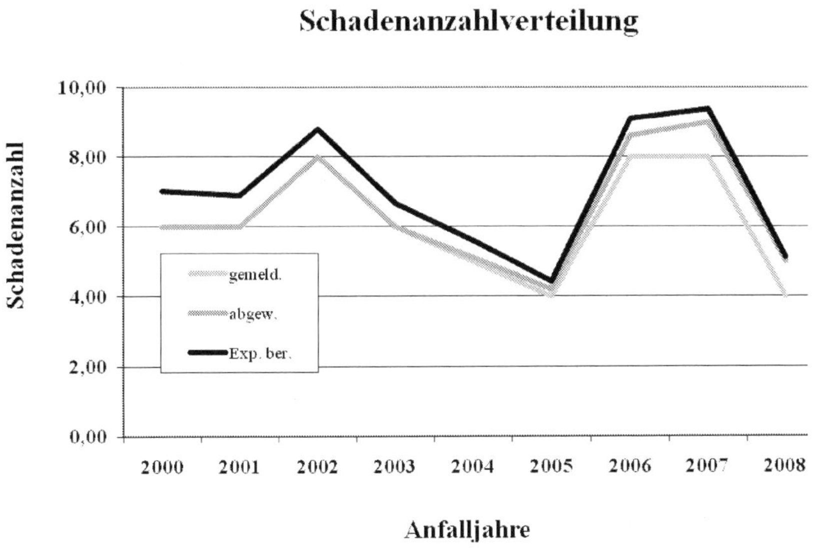

Abbildung 53: Großschadenanzahl für die Jahre 2000–2008

Die Parameter für Großschäden ab 1988 (Variante 1) und Großschäden ab 2000 (Variante 2) werden in der nachfolgenden Tabelle zusammengefasst und mit den Ergebnissen für die Poissonverteilung verglichen. Dabei ergeben sich folgende Resultate:

	Variante 1	Variante 2
Mittelwert	4,32	7,00
Empirische Standardabweichung	3,05	1,78
Variationskoeffizient	70,62 %	25,43 %
Poissonparameter Lambda	4,32	7,00
Standardabweichung der Poissonverteilung	2,08	2,65
in Prozent der empirischen Standardabweichung	68,14 %	148,88 %

Es liegen 77 gemeldete Großschäden vor; durch die Abwicklungsschätzung liegen ungefähr weitere drei Schäden oberhalb der Großschadengrenze und aufgrund der Exposurebereinigung erhöht sich die Großschadenanzahl um ca. 11 weitere Schäden auf 90,68. Entsprechend ergeben sich als Mittelwert und Erwartungswert in der ersten Variante (gesamter Zeithorizont von 1988 bis 2008) 4,32 erwartete Großschäden für 2009. Wären im Vergleich die unbereinigten Werte betrachtet worden, wäre die Großschadenerwartung um 17,7 % unterschätzt worden. Nach der zweiten Variante werden für 2009 sogar 7,00 Großschäden erwartet; im Vergleich dazu hätte der Mittelwert aus den unbereinigten Daten die erwartete Anzahl doch deutlich unterschätzt.

Die empirische Standardabweichung steigt durch die Bereinigung der Daten von 2,71 (gemeldete Großschäden) auf 2,86 (abgewickelte Großschäden) und 3,05 (exposurebereinigte Großschäden). Aufgrund der nach der Analyse der Grafik vorgenommen Zeitraumverkürzung (Variante 2) sinkt die empirische Standardabweichung auf 1,78.

Der Poissonparameter Lambda entspricht dem Erwartungswert der Verteilung, also dem Mittelwert aus den empirischen Daten (4,32 Großschäden gemäß Variante 1 bzw. 7,00 Schäden nach Variante 2) und gibt zugleich die Varianz an.

Im Gegensatz zu der empirischen Standardabweichung steigt die Varianz der Poissonverteilung von Variante 1 zu Variante 2 noch an, so dass Variante 2 eine konservative Prognose darstellt. Denn die Standardabweichung der Poissonverteilung beträgt in der ersten Variante 68,16 % der empirischen Standardabweichung, in der zweiten Variante aber 148,88 % der empirischen Standardabweichung. Da die Volatilität der Großschadenanzahl aber in den zeitnahen Anfalljahren ab dem Jahr 2000 deutlich geringer ist, als über den gesamten Zeitraum betrachtet, scheint die Auswahl der Poissonverteilung als Prognosemodell auch für die Variante 2 gerechtfertigt.

Als Argument für die Wahl der Poissonverteilung kommt hinzu, dass es wesentlich leichter ist, mit einer geeigneten stetigen Verteilung vorgegebene Erwartungswerte und Standardabweichungen zu reproduzieren als mit einer diskreten ganzzahligen Verteilung. Daher kann die Poissonverteilung, wenn diese keine zu abwegigen Ergebnisse liefert, als Prognosemodell in Erwägung gezogen werden.

3.2.2 Rückmodell

Dieses Kapitel beschreibt den letzten Baustein der Versicherungstechnik und ist ein weiterer Schritt in Richtung Gesamtmodell.

In den vorhergehenden Kapiteln wurde bereits der Brutto-Aufwand des Neugeschäftsjahres modelliert. Den Brutto-Aufwand haben wir dabei in Basisschaden, Nat-Cat Schaden und Großschadenaufwand aufgeteilt, um darauf die Rückversicherungsstrukturen anwenden zu können und so den Netto-Aufwand zu erhalten. Zerlegt man jetzt noch den Brutto- sowie den Rückaufwand in Zahlungen und Zuführungen zu den Reserven, ergeben sich hieraus die entsprechenden Positionen in der GuV des modellierten Jahres.

Neben der Prüfung der Effizienz von bestehenden Rückversicherungsstrukturen, bieten die bisher dargestellten Instrumentarien, wie die Monte-Carlo-Simulationen, auch die Möglichkeit, die Rückversicherungsstruktur zu optimieren.

Vor Anwendung der Rückversicherungsstrukturen in unserem Modell, werden im nachfolgenden Exkurs noch einmal die wichtigsten Vertragsformen der Rückversicherung dargestellt.

3.2.2.1 Exkurs: Rückversicherungsvertragsformen

Die wichtigsten Rückversicherungsvertragsformen sind in der nachfolgenden Grafik veranschaulicht und werden im Anschluss daran kurz erläutert.

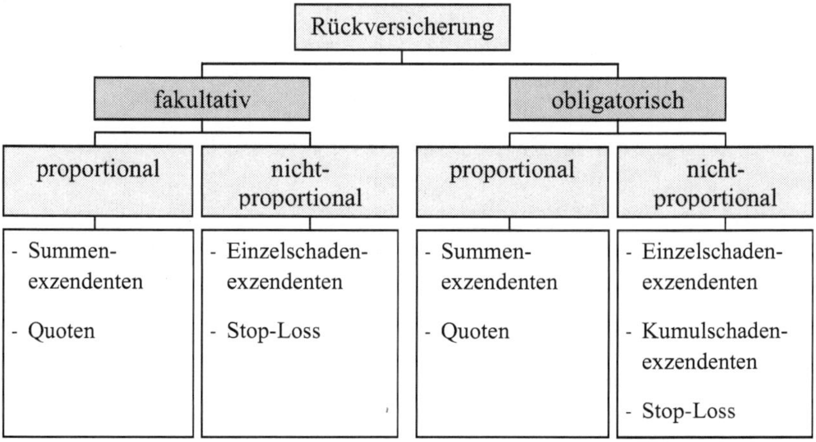

Abbildung 54: Rückversicherungsvertragsformen

Bei der **fakultativen Rückversicherung** gibt der Erstversicherer ein einzelnes Risiko ab, d. h. einen einzelnen Erstversicherungsvertrag oder einen Teil davon. Natürlich stehen für große Einzelrisiken nicht unbeschränkt Rückversicherungskapazitäten bereit; es erfolgt eine ganz risikoindividuelle Prüfung durch den Rückversicherer, ob oder wie er das Risiko in Rückdeckung nehmen kann. Die ausgehandelten Konditionen gelten dann nur für dieses eine übernommene Risiko.

Im Gegensatz zur fakultativen Rückversicherung gibt der Erstversicherer bei der **obligatorischen Rückversicherung** ein ganzes Portefeuille an den Rückversicherer ab. Der Erstversicherer gibt alle im Rückversicherungsvertrag festgelegten Risiken an den Rückversicherer ab. Der Rückversicherer verpflichtet sich, diese Risiken zu übernehmen, ohne dass er in jedem Einzelfall das Risiko separat beurteilt. Da Erstversicherer „näher" an den Risiken sind, kommt es häufig zur Informationsasymmetrie bezüglich der Risikosituation.

Wenn sich ein Erstversicherer entschließt, Rückversicherungsschutz zu kaufen, dann stellt er sich zunächst die Frage, in welcher Form er seine Risiken in Rückdeckung geben will. Grundsätzlich stehen ihm zwei Möglichkeiten offen:

- proportionale Rückversicherung,
- nicht-proportionale Rückversicherung.

Bei der **proportionalen Rückversicherung** wird der Rückversicherer an den ursprünglichen Beiträgen und Schäden des Erstversicherungs-Vertrages beteiligt. Diese Form heißt proportional, weil der Erstversicherer den Rückversicherer sowohl an den Prämien als auch an der Haftung im gleichen und vertraglich bestimmten Verhältnis beteiligt. Proportionale Rückversicherungsverträge sind:

- Summenexzedenten-Rückversicherung,
- Quoten-Rückversicherung.

Bei der **Summenexzedenten-Rückversicherung** werden Haftungen, Beiträge und Leistungsverpflichtungen pro Risiko in gleichem Verhältnis zwischen Erst- und Rückversicherer aufgeteilt. Der Erstversicherer wählt zunächst einen Selbstbehalt. Das ist der Anteil am Risiko, für den er Haftung und Beitragseinnahmen voll selbst übernimmt. Für den verbleibenden Teil sucht er dann Rückdeckung. Die Festlegung der über den Selbstbehalt hinausgehenden Haftung führt bei heterogenen Portefeuilles zu unterschiedlichen Wirkungen.

Bei der **Quoten-Rückversicherung** wird von einem Risikobestand eine bestimmte Quote an den Rückversicherer abgegeben. Die Berechnung dieser Quote erfolgt über den Anteil des Rückversicherers an den Beitragseinnahmen des Erstversicherers. Die Quote legt gleichzeitig den Anteil des Rückversicherers an den Schäden fest. Die Höhe der Versicherungssumme ist dabei nicht relevant! Wichtig ist, dass die Quoten-Rückversicherung alle Haftungen proportional über den gesamten rückversicherten Bestand reduziert, unabhängig davon, ob es sich um große oder kleine Risiken handelt. Aufgrund der einfachen Wirkung ist diese Vertragsart besonders bei Basisschäden angebracht.

Im Gegensatz zur proportionalen Rückversicherung ist die **nicht-proportionale Rückversicherung** von der Erstversicherung völlig entkoppelt, d. h., Originalbeiträge und Haftungen des Erstversicherers spielen keine Rolle. Bei der nicht-proportionalen Rückversicherung kann der Erstversicherer ganz gezielt Schadensegmente an den Rückversicherer abgeben. Dies verfolgt insbesondere das Ziel, besonders schadenträchtige Teilbereiche des Bestandes kalkulierbarer zu machen.

Da der Erstversicherer gerade bei Risiken mit extrem großem Schadenpotential den Rückversicherungsschutz sucht, aber der Rückversicherer mehr an klar kalkulierbaren Risiken interessiert ist, ist hier der wichtigste Aspekt, dass der Preis für den Rückversicherungsschutz individuell ausgehandelt werden muss. Das heißt, der Rückversicherer kann einen Preis verlangen, der seiner Meinung nach dem Risiko, das er übernimmt, entspricht. Gemäß dem Schadenverlauf während der Vertragsbeziehung können und werden dann im Lauf der Vertragsbeziehung Änderungen vorgenommen. Aus Gründen der Risikodiversifikation und beschränkter Kapazitäten bzw. zur besseren Platzierbarkeit am Markt werden Risiken oft in mehrere Haftstrecken (sogenannte Layer) unterteilt.

Nicht-proportionale Rückversicherungsverträge bringen besonders den Nachteil mit sich, nur sehr schwer kalkulierbar zu sein. Da die Kalkulation auf Vergangenheitswerten basiert, können Änderungen der Risikorahmenbedingungen unter Umständen nicht rechtzeitig erkannt werden. Dies macht es gerade bei nicht-proportionalen Rückversicherungsverträgen erforderlich, verstärkt die Instrumentarien der internen Risikomodelle (wie z. B. Monte-Carlo-Simulation, siehe Kapitel 2.2.2) einzusetzen.

Die **nicht-proportionale Rückversicherung** lässt sich im Wesentlichen in folgende Vertragsformen aufteilen:

- Einzelschadenexzedenten-Rückversicherung,
- Kumulschadenexzedenten-Rückversicherung,
- Stop-Loss-Rückversicherung.

Bei der **Einzelschadenexzedenten-Rückversicherung** wird jeder Schadenfall einzeln betrachtet. Übersteigt der Schaden die Untergrenze, beteiligt sich der Rückversicherer daran. Die Leistungsverpflichtung des Rückversicherers endet an der vereinbarten Obergrenze. Eventuell darüber hinausgehende Schäden muss der Zedent wieder selbst tragen.

Die **Kumulschadenexzedenten-Rückversicherung** ist vom Aufbau her ähnlich wie die Einzelschaden-Rückversicherung, nur mit dem Unterschied, dass keine Einzelschäden, sondern die Summe der Schäden aus einem Schadenereignis betrachtet wird. Dementsprechend eignet sich dieser Vertragstyp speziell bei Schäden aus Naturkatastrophen.

Die **Stop-Loss-Rückversicherung** deckt im Gegensatz zur Einzelschaden- und Kumulschadenexzedenten-Rückversicherung nicht einzelne Schäden oder Schadenereignisse, sondern zu einem vereinbarten Teil alle Schäden. Die beiden Vertragspartner vereinbaren eine Ober- und eine Untergrenze für die Leistungspflicht des Rückversicherers. Die Leistung des Rückversicherers beginnt, wenn die Schadenquote die Untergrenze überschreitet, und endet an der Obergrenze. Beispielsweise wird eine Haftung bei einer Schadenquote von 110 % bis 150 % vereinbart. Gleichzeitig kann die absolute Haftung des Rückversicherers noch der Höhe nach begrenzt werden.

3.2.2.2 Anwendung der Rückversicherung im Gesamtmodell

In den nachfolgenden Modellierungen kommen folgende Rückversicherungsformen zur Anwendung:

- Quoten-Rückversicherung,
- Schadenexzedenten-Rückversicherung,
- Kumulschadenexzedenten-Rückversicherung.

Konkret werden dabei folgende Rückversicherungsverträge auf den modellierten Brutto-Schadenaufwand angewendet:

Basisschäden: Anwendung einer RV-Quote, d. h., das Rückmodell ergibt sich als Prozentsatz aus dem Brutto-Modell für die Zahlungen und Reserven. Dies betrifft insbesondere auch die bereits erläuterten Modellierungsansätze für die Einperioden-Volatilität.

Nat-Cat und Großschäden: Für das Brutto-Modell wurde zur Vereinfachung angenommen, dass der Gesamtaufwand innerhalb der ersten Periode ausgezahlt wird, so dass hier keine Modellierung der Einperioden-Volatilität vorgenommen werden muss. Bei den Großschäden wird ein Einzelschadenexzedent modelliert; bei den Naturkatastrophenschäden ein Summenschadenexzedent. Wir gehen bei den Modellierungen nur auf die Wirkung von obligatorischen Rückversicherungsverträgen ein.

Die Rückversicherungsmodellierung stellt in unserem Fall einen weiteren Schritt in Richtung stochastischer GuV dar. In der stochastischen GuV wird die zuvor festgelegte Rückversicherungsstruktur unabhängig von ihrer Effizienz angewendet, d. h., Rückversicherungsverträge sollen in unserem Modell zunächst einmal nur möglichst genau abgebildet werden, um daraufhin die Wirkung der im Voraus festgelegten Rückversicherungsstruktur auf die stochastische GuV darzustellen. Durch diese Analysen gelangt man zu einem Modell, welches die momentane Situation des Unternehmens und einzelner Geschäftssegmente widerspiegelt.

Zusätzlich zu einer reinen Anwendung der bestehenden Rückversicherungsstrukturen auf den modellierten Brutto-Schadenaufwand werden wir an dieser Stelle aber auch auf die Beurteilung der Effizienz einer Rückversicherungslösung eingehen, d. h., jedes Ausgangsmodell sollte auch ausgiebig mittels Risiko- und Ertragskennzahlen dahingehend analysiert werden.

3.2.2.3 Effizienzkriterien für eine RV-Struktur

Bei der Beurteilung der Effizienz/Effektivität einer Rückversicherungslösung kann man sich an folgenden Kriterien orientieren:

- Eigenkapitalentlastung,
- Verbesserung des Netto-Kapitalkostensatzes.

Bei der Bemessung der Effektivität einer Rückversicherungslösung ist das versicherungstechnische Ergebnis auf die Dauer gesehen allerdings wenig aussagekräftig. Rückversicherer übernehmen zwar in schlechten Jahren Verluste des Erstversicherers, wollen aber in guten Jahren und über die Zeit gesehen Gewinne erwirtschaften. Aufgrund der vom Rückversicherer veranschlagten Zuschläge kostet der Rückversicherungsschutz somit auf Dauer Geld.

Nach der klassischen Versicherungstechnik erhält man anhand der unterhalb beschriebenen Berechnung das Netto-Ergebnis (siehe Kapitel 3), wobei es sich bei dieser Darstellung um eine vereinfachte Form handelt, da z. B. keine Beitragsüberträge betrachtet werden.

Netto-Ergebnis
= Netto-Prämien
– Netto-Kosten
– Netto-Schadenzahlungen
– Veränderung der Netto-Schadenreserven

Bei dieser traditionellen Form der Ergebnisbeurteilung ist es kaum vorstellbar, dass das Netto-Ergebnis langfristig besser sein sollte als das Brutto-Ergebnis, da der Zessionär nicht langfristig bereit sein wird, Verluste zu übernehmen.

In der moderneren Form der Ergebnisbeurteilung erfolgt eine Miteinbeziehung der Kapitalkosten. Die Betrachtung sieht dann wie folgt aus:

Fair Value des Netto-Ergebnisses
= Netto-Prämienbarwert
– Barwert der Netto-Kosten
– Barwert der Netto-Schadenzahlungen
– Veränderung des Fair Value der Netto-Schadenreserven

Bei dieser modernen Fair Value-Betrachtungsweise ist es möglich, dass das Netto-Ergebnis des Erstversicherers auch langfristig besser ist als das Brutto-Ergebnis. Dies ist dadurch zu erklären, dass der Rückversicherer die Risiken mehrerer Erstversicherer poolt und es so zu einem Synergieeffekt beim Rückversicherer kommt.

Bei der Kalkulation wird das Rückversicherungsunternehmen seinen Kapitalbedarf sowie seine individuellen Zinsansprüche einrechnen. Die zusätzliche Risikodiversifikation kann es dem Rückversicherer aber ermöglichen, insgesamt niedrigere Kapitalkosten zu fordern. Durch diesen Effekt kann sich beim Erstversicherer ggf. die Kapitalkostenstruktur des Netto-Ergebnisses verbessern.

Die konsequenteste Form, Effizienz nach der modernen Sichtweise zu definieren, ist daher die Forderung, dass in der Netto-Betrachtung Kapitalkosten eingespart wurden. Wenn Kapitalkosten gespart wurden, weist das Fair Value-Ergebnis in der Netto-Betrachtung eine höhere Eigenkapitalverzinsung aus als bei der Brutto-Betrachtungsweise. Bei dieser Konstellation ist es auch trotzdem möglich, dass der Rückversicherer alle seine Ziele erfüllt hat, was somit für beide Parteien eine Win-win-Strategie darstellt. Das bedeutet, dass sich die Eigenkapitalverzinsung netto gegenüber brutto verbessert, obwohl der Rückversicherer seine kompletten Anforderungen in die Prämie eingerechnet hat.

In der modernen Form der Ergebnisinterpretation unter Berücksichtigung von Kapitalkosten ist es für den Erstversicherer auch über einen langen Zeithorizont möglich, einen Gewinn nach Rückversicherung zu erzielen.

Für die Effizienz einer Rückversicherungsstruktur ist es somit immer wichtig zu überprüfen, wie der Kapitalkostensatz vor und nach Anwendung der Rückversicherung aussieht. Wurde der Kostensatz verbessert, so wurden Kapitalkosten gespart!

Zur Beurteilung der Effizienz einer Rückversicherungsstruktur betrachten wir an dieser Stelle noch einmal die Definition des Fair Value (siehe Kapitel 2.1):

Fair Value = Barwert des Erwartungswertes + Kapitalkosten

Kapitalkosten = Barwert der Zusatzdividenden

Zusatzdividende = Allokiertes Eigenkapital · Kapitalkostensatz

Für die Beurteilung der Effizienz der Rückversicherung betrachtet man zunächst den aktuariellen Deckungsbeitrag, bei dem auf der Ebene des Anfalljahres alle Cash Flows gegenübergestellt werden, d. h., man erhält:

Aktuarieller Deckungsbeitrag
= Barwert der Prämien
– Barwert der Kosten
– Barwert der Schäden (Zahlungen inklusive Reserven)

Der aktuarielle Deckungsbeitrag sollte zumindest so hoch sein, dass die Kapitalkostenanforderungen an das Eigenkapital bedeckt werden. Aus dem aktuariellen Deckungsbeitrag ergeben sich die konkret erzielten Kapitalkosten, wobei

Kapitalkosten Netto = Kapitalkosten Brutto – Kapitalkosten Rück

gilt. Für die Effizienzuntersuchungen in den anschließenden Abschnitten wollen wir zur Vereinfachung davon ausgehen, dass alle Zahlungen (Brutto, Netto und Rück) nach genau D Jahren erfolgen, D die jeweilige Duration. In diesem Fall muss das Eigenkapital D – 1 Jahre lang in unveränderter Höhe gehalten werden und ein Jahr später mit Kapitalkosten bedient werden. In diesem Fall erhält man folgende Näherungsformel in Abhängigkeit von der Duration D und dem risikofreien Zins r:

erzielte Kapitalkosten Netto
= erzielter Kapitalkostensatz Netto · EK-Bedarf Netto · $(1-(1-r)^{-D}) / r$

Insofern kein reines „Geldwechselgeschäft“ durchgeführt wurde, ist der Eigenkapitalbedarf netto in der Regel deutlich kleiner als der Eigenkapitalbedarf brutto. Dies führt dazu, dass der Kapitalkostensatz – zumindest bei effizienter Rückversicherung – netto höher ausfällt.

An dieser Stelle wollen wir darauf hinweisen, dass Rückversicherung auch bei einer Fair Value-Betrachtung nicht nur notwendigerweise zu einer Kapitalkostenentlastung, sondern auch zu einer Kapitalkostenbelastung führen kann, beispielsweise bei einer mangelhaften Bonität des Rückversicherers. Dieser Aspekt bleibt in den nachfolgenden Berechnungen unberücksichtigt, d. h., wir gehen implizit nur von Rückversicherern bester Bonität aus. Die Aussagen könnten durch eine Einbeziehung der Bonität ggf. noch modifiziert werden. In einem späteren Abschnitt wird auf diesen Aspekt noch einmal gesondert eingegangen.

3.2.2.4 Basisschäden

Aufgrund der guten Kalkulationsbasis für Basisschäden stellt die Quoten-Rückversicherung eine für Basisschäden in der Praxis häufig angewendete Vertragsart dar. Daher soll in unserem Gesamtmodell die Rückversicherungsstruktur für Basisschäden anhand einer Quoten-Rückversicherung von 30 % approximiert werden.

Das folgende Anwendungsbeispiel veranschaulicht die Wirkung einer quotalen Rückversicherung:

Brutto-Prämie	931,82
Basis-Schadenquote	69,60 %
Kostenquote	20,00 %
RV-Quote (BS)	30,00 %
Prämienfaktor (BS)	103,00 %

Zedierte Schäden	177,66
Zedierte Prämie	287,93
Zedierte Kosten	55,91

Nach Anwendung der Quoten-Rückversicherung ergibt sich eine Netto-Prämie von 643,89. Die Netto-Schadenquote verschlechtert sich bei dieser Anwendung auf 73,13 %. Dies ergibt sich daraus, dass sich die Rückversicherungsprämie nicht aus exakt 30 % der Brutto-Prämie ergibt, sondern aus 103 % der Brutto-Prämie. Bei Basisschäden werden grundsätzlich zedierte Schäden, zedierte Prämie und die zedierten Kosten als Quote von 30 % auf die Brutto-Werte ausgerechnet.

3.2.2.5 Großschäden

Aufgrund der starken Volatilität bei Großschäden nimmt die Rückversicherungs-Modellierung der Großschäden in stochastischen Simulationsmodellen eine wichtige Funktion ein. Durch die stärkeren Schwankungen und der damit verbundenen Unsicherheit, ergibt sich ein viel größerer Rückversicherungsbedarf als bei den Basisschäden. Bei der Rückversicherungsstruktur stellt sich also die Frage, ob auch ausreichend Risiko an den Rückversicherer zediert wurde.

In dem folgenden Anwendungsbeispiel wird aufgrund höherer Prämieneinnahmen ein höheres Exposure von 1.014,71 ausgewiesen. Hieraus ergibt sich auch ein höheres Lambda als der geschätzte Wert bezogen auf das Basisexposure von 1.000,00 und somit eine höhere erwartete Schadenanzahl. Bei den Parametern der Paretoverteilung hat sich hingegen nichts geändert.

In zwei Anwendungsbeispielen soll nun die Effizienz einer Rückversicherungslösung konkret untersucht werden. Der Modellierung des ersten Beispiels liegen folgende Eingabeparameter zugrunde.

Exposure für die Schadenanzahl	1014,71
Schadenanzahlverteilung Poisson:	
Lambda	4,32
EW der Schadensummenverteilung	29,99
Schadenhöhenverteilung Pareto:	
Lambda	3,57
K	5,00
EW	6,94
Layer mit Kapazitätsbegrenzungen:	
Excess Point	5,00
Excess	50,00
Limitierung der Schadenanzahl	8,00

In der nachfolgenden Berechnungstabelle wird durch eine Simulation der Schadenereignisse ermittelt, wie hoch der Anteil im Layer ist. Dieser ergibt sich durch Abzug des Selbstbehaltes vom Brutto-Schaden. Zu beachten ist hierbei die Wirkung der Limitierung auf acht Schadenereignisse, so dass, wie in der Abbildung 55 dargestellt, ab dem neunten Schaden keine weitere Entschädigung durch den Rückversicherer erfolgt.

Poissonverteilung (bezogen auf das akt. Exp.)				**Pareto - verteilung**		**Rückversicherung**		
N	P(X≤N)	Zieh-ung?	Anz.	Zufalls-zahl	Aufw. Brutto	Anteil Layer	Aufw. Rück	Aufw. Netto
0	1,25%							
1	6,72%	ja	1	48,27%	6,01	1,01	1,01	5,00
2	18,71%	ja	1	95,04%	11,83	6,83	6,83	5,00
3	36,23%	ja	1	95,54%	11,94	6,94	6,94	5,00
4	55,43%	ja	1	44,25%	5,89	0,89	0,89	5,00
5	72,27%	ja	1	31,67%	5,56	0,56	0,56	5,00
6	84,57%	ja	1	52,73%	6,17	1,17	1,17	5,00
7	92,27%	ja	1	28,00%	5,48	0,48	0,48	5,00
8	96,49%	ja	1	72,79%	7,20	2,20	2,20	5,00
9	98,55%	ja	1	63,83%	6,65	1,65	0,00	6,65
10	99,45%	ja	1	53,84%	6,21	1,21	0,00	6,21
Summe			**10**		**72,94**	**22,94**	**20,08**	**52,86**

Abbildung 55: Beispiel für einen Schadenexzedenten (I)

Die in der vorherigen Tabelle dargestellte Simulation kann man jetzt mehrfach hintereinander durchführen und erhält auf diese Art und Weise eine empirische Verteilung, welche für eine genügend hohe Anzahl von Simulationen die Verteilungen des Brutto-, Rück- und Netto-Schadenaufwandes approximiert.

In Abbildung 56 sind für 1.000 Simulationen die wichtigsten Quantile des Brutto-, Rück- und Netto-Schadenaufwandes zusammen mit den dazugehörenden Mittelwerten aufgelistet.

Schadenanzahl		Schaden-aufwand Brutto	Anteil Layer	Schadenaufwand	
				Rück	Netto
Mittel-werte	**4,42**	**30,65**	**8,53**	**8,40**	**22,25**
Quantile					
0,10 %	0,00	0,00	0,00	0,00	0,00
0,25 %	0,00	0,00	0,00	0,00	0,00
0,50 %	0,00	0,00	0,00	0,00	0,00
1,00 %	1,00	5,13	0,13	0,13	5,00
2,50 %	1,00	5,68	0,47	0,47	5,00
5,00 %	1,00	9,16	0,87	0,87	5,00
10,00 %	2,00	11,97	1,60	1,60	10,00
25,00 %	3,00	18,62	3,52	3,52	15,00
50,00 %	4,00	29,02	6,67	6,64	20,00
75,00 %	6,00	39,93	11,70	11,49	30,00
90,00 %	7,00	49,85	17,96	17,38	35,00
95,00 %	8,00	58,65	22,75	22,23	40,00
97,50 %	9,00	66,81	25,62	25,01	46,40
99,00 %	10,00	75,38	30,13	29,55	55,07
99,50 %	11,00	78,51	39,30	39,30	60,72
99,75 %	11,50	84,63	44,29	44,29	63,35
99,90 %	12,00	101,80	51,33	51,33	65,91

Abbildung 56: Beispiel für einen Schadenexzedenten (II)

Um die Effizienz dieser Rückversicherungslösung zu testen, müssen wir für Brutto, Rück und Netto eine Fair Value-Betrachtung vornehmen. Hierbei wurde ein Zins von 4 % zugrunde gelegt. Die Mittelwerte wurden dabei aus der Verteilung genommen. Für die Brutto-Werte wurde eine Duration von 2,0 und für die Rückwerte eine Duration von 2,5 angenommen. Die angesetzten Kapitalkostenmodelle sowie die Rückversicherungssynergien können der Tabelle entnommen werden.

In der unten dargestellten Tabelle kann man erkennen, dass die RV-Struktur effizient ist, da sich der netto erzielte Zusatzdividendensatz von 10,00 % auf 11,60 % verbessert hat. Darüber hinaus führt der verringerte Eigenkapitalbedarf zu einer zusätzlichen Eigenkapitalentlastung, die mithilfe unserer Rückversicherungsstruktur gewonnen wurde.

Position	**Brutto**	**Rück**	**Netto**
Mittelwert	30,65	8,40	25,58
Duration	2,00	2,50	1,93
Barwert	28,33	7,61	20,72
Quantilswert	90,00%	75,00%	90,00%
Quantil	49,85	11,49	35,00
Eigenkapitalbedarf für eine Periode	19,21	3,10	12,75
Zusatzdividendensatz	10,00%	15,00%	11,60%
Zusatzdividende	1,92	0,46	1,48
Kapitalkosten	3,62	1,08	2,54

Abbildung 57: Beispiel für einen Schadenexzedenten (III)

Für dieses Beispiel soll noch eine zweite Alternative gerechnet werden. Dazu gehen wir (bei gleichbleibenden sonstigen Eingabeparametern) von folgender geänderter RV-Struktur aus:

Layer mit Kapazitätsbegrenzungen:

Excess Point	5,00
Excess	10,00
Limitierung der Schadenanzahl	2,00

Im Vergleich zum vorhergehenden Anwendungsbeispiel hat sich die Haftungsstrecke von 50 auf 10 verkürzt und die Limitierung der Schadenanzahl wurde von 8 auf 2 reduziert, d. h., in diesem Fall wird vom Rückversicherer deutlich weniger Risiko übernommen als im ersten Fall. Hieraus ergibt sich nun folgende empirische Verteilung:

Schadenanzahl		Schaden-aufw. Brutto	Anteil Layer	Schadenaufwand	
				Rück	Netto
Mittel-werte	**4,19**	**29,08**	**7,71**	**3,49**	**25,58**
Quantile					
0,10 %	0,00	0,00	0,00	0,00	0,00
0,25 %	0,00	0,00	0,00	0,00	0,00
0,50 %	0,00	0,00	0,00	0,00	0,00
1,00 %	0,00	0,00	0,00	0,00	5,00
2,50 %	1,00	5,19	0,16	0,13	5,00
5,00 %	1,00	6,00	0,70	0,31	5,00
10,00 %	2,00	11,50	1,45	0,66	10,00
25,00 %	3,00	18,61	3,39	1,37	15,58
50,00 %	4,00	27,41	6,35	2,64	23,44
75,00 %	5,00	37,38	10,82	4,67	33,83
90,00 %	7,00	49,53	15,65	7,73	44,76
95,00 %	8,00	56,34	19,45	10,17	50,51
97,50 %	9,00	63,32	22,50	11,06	57,98
99,00 %	10,00	71,80	26,68	13,61	66,22
99,50 %	10,00	79,79	28,46	14,91	69,95
99,75 %	11,00	87,41	29,20	16,95	79,46
99,90 %	11,00	93,88	32,54	20,00	91,48

Abbildung 58: Beispiel für einen Schadenexzedenten (IV)

In diesem Beispiel wurden aufgrund der Limitierung der Schadenanzahl nur zwei Schäden (mit verringerter Haftungsstrecke) durch den Rückversicherer übernommen, so dass die Entlastung im Netto gegenüber Brutto deutlich geringer ausfällt als zuvor. (Man erkennt übrigens deutlich, dass bei 1.000 Simulationen die Verteilung noch nicht stabil ist, d. h., für gesicherte Erkenntnisse müsste man mehr Simulationen durchführen.)

Im Hinblick auf die Überprüfung der Effizienz dieser RV-Alternative ergibt sich nun folgende Berechnung:

Position	Brutto	Rück	Netto
Mittelwert	29,08	3,49	22,25
Duration	2,00	2,50	1,82
Barwert	26,88	3,17	23,71
Quantilswert	90,00%	75,00%	90,00%
Quantil	49,53	4,67	44,76
Eigenkapitalbedarf für eine Periode	20,46	1,17	19,17
Zusatzdividendensatz	10,00%	15,00%	9,85%
Zusatzdividende	2,05	0,18	1,89
Kapitalkosten	3,86	0,41	3,45

Abbildung 59: Beispiel für einen Schadenexzedenten (V)

Im Gegensatz zum vorhergehenden Beispiel ist der Zusatzdividendensatz Brutto größer als der Zusatzdividendensatz Netto. Des Weiteren kann man auch beobachten, dass es zwischen Brutto und Netto kaum eine Eigenkapitalentlastung gibt. Dies lässt darauf schließen, dass diese Rückversicherungsstruktur nicht effizient ist. Es wurde ein reines „Geldwechselgeschäft“ durchgeführt.

3.2.2.6 Naturkatastrophenschäden

Wie bereits in Kapitel 3.2.1.2 beschrieben geht von Naturkatastrophenschäden ein erhebliches Schadenpotential aus, d. h., ein einzelnes Schadenereignis kann zu einer erheblichen Schadenhöhe führen. Um die Folgen einer Katastrophe abzudecken, ist ein Kumulschadenexzedent heranzuziehen. Bei dieser Rückversicherungsstruktur soll lediglich ein Selbstbehalt von 5,00 Mio. € vereinbart werden.

Das Ergebnis einer einzelnen Monte-Carlo-Simulation ist in der Abbildung 60 dargestellt. Die Resultate der empirischen Verteilung ergeben sich wieder aus 1000 Simulationen.

Event	Eintritts-wahrsch.	Event-eintritt?	Schaden-höhe Brutto	Anteil im Layer	Limit. des Aufwands	
					Rück	Netto
1	0,100 %	0	0,00	0,00	0,00	0,00
2	0,100 %	0	0,00	0,00	0,00	0,00
3	0,100 %	0	0,00	0,00	0,00	0,00
4	0,100 %	0	0,00	0,00	0,00	0,00
5	0,200 %	0	0,00	0,00	0,00	0,00
6	0,200 %	0	0,00	0,00	0,00	0,00
7	0,200 %	0	0,00	0,00	0,00	0,00
8	0,200 %	0	0,00	0,00	0,00	0,00
9	0,500 %	0	0,00	0,00	0,00	0,00
10	0,500 %	0	0,00	0,00	0,00	0,00
11	0,500 %	0	0,00	0,00	0,00	0,00
12	0,500 %	0	0,00	0,00	0,00	0,00
13	0,500 %	0	0,00	0,00	0,00	0,00
14	0,500 %	0	0,00	0,00	0,00	0,00
15	0,500 %	0	0,00	0,00	0,00	0,00
16	0,500 %	0	0,00	0,00	0,00	0,00
17	1,000 %	0	0,00	0,00	0,00	0,00
18	1,000 %	0	0,00	0,00	0,00	0,00
19	1,000 %	0	0,00	0,00	0,00	0,00
20	1,000 %	0	0,00	0,00	0,00	0,00
21	1,000 %	0	0,00	0,00	0,00	0,00
22	2,000 %	1	43,88	38,88	38,88	5,00
23	2,000 %	0	0,00	0,00	0,00	0,00
24	2,000 %	0	0,00	0,00	0,00	0,00
25	5,000 %	0	0,00	0,00	0,00	0,00
26	5,000 %	0	0,00	0,00	0,00	0,00
Summe		**1**	**43,88**	**38,88**	**38,88**	**5,00**

Abbildung 60: Beispiel für einen Kumulschadenexzedenten (I)

Für die Untersuchung der Effizienz wurden die Mittelwerte und Quantile wieder der empirischen Verteilung entnommen. Der Eigenkapitalbedarf Brutto für eine Periode beträgt nun 112,75, die Zusatzdividende 10 % und die Kapitalkosten 21,27.

Position	Brutto	Rück	Netto
Mittelwert	23,71	18,95	4,76
Duration	2,00	2,20	1,22
Barwert	21,92	17,38	4,53
Quantilswert	97,50%	80,00%	97,50%
Quantil	136,45	42,44	10,00
Eigenkapitalbedarf für eine Periode	112,75	23,49	5,24
Zusatzdividendensatz	10,00%	15,00%	228,58%
Zusatzdividende	11,27	3,52	11,99
Kapitalkosten	21,27	7,28	13,98

Abbildung 61: Beispiel für einen Kumulschadenexzedenten (II)

Sehr auffällig in diesem Beispiel ist, dass der Zusatzdividendensatz extrem im Netto gestiegen ist. Zudem kann beobachtet werden, dass sich der Eigenkapitalbedarf signifikant von 112,75 auf 5,24 reduziert. Dadurch kann konstatiert werden, dass diese RV-Struktur sehr effizient ist.

3.2.2.7 Rückversicherungs-Optimierung

In Kapitel 3.2.2.2 wurden bereits Verfahren dargestellt, mit denen eine Rückversicherungsstruktur auf ihre Effizienz überprüft werden kann. Die gleichen Verfahren eignen sich natürlich auch um den Rückversicherungsschutz zu optimieren und zu planen.

Es geht darum, effiziente Rückversicherungsstrukturen zu finden, für die sich der Kapitalkostensatz Netto gegenüber dem Kapitalkostensatz Brutto vergrößert. Als zweites Kriterium ist die Höhe der Eigenkapitalentlastung heranzuziehen. Wenn diese beiden Kriterien gegeben sind, handelt es sich um eine effiziente Rückversicherung.

Bei der RV-Optimierung wird nicht die bestehende RV-Struktur betrachtet, sondern die, die das Unternehmen haben sollte. Es muss also fiktiv überlegt werden, welche Prämie der Rückversicherer verlangen und wie die Tarifierung im Einzelnen aussehen würde.

Hierzu bieten die internen Modelle durch ihre Instrumentarien – wie der Monte-Carlo-Simulation – sehr gute Möglichkeiten verschiedene Rückversicherungsstrategien miteinander zu vergleichen.

Durch den Einbau alternativer Rückversicherungsstrukturen und der anschließenden Analyse der Ergebnisse der Modellierung können Rückschlüsse gezogen werden, welche der Rückversicherungsstrukturen effizienter sind als andere.

Bei dieser Betrachtung ist es wichtig, den Vergleich nicht nur anhand von Effektivitätskennzahlen wie z. B. dem Kapitalkostensatz oder dem Eigenkapitalbedarf zu treffen, sondern auch weitere Faktoren wie z. B. das Rating des Rückversicherers zu berücksichtigen (siehe Kapitel 5.1). Auch andere Zahlungsmuster können zu unterschiedlichen Ergebnissen führen.

Die folgende Aufzählung soll veranschaulichen, welche Modifikationen bei der Optimierung von Rückversicherungsstrukturen unter anderem berücksichtigt werden können:

- andere Selbstbehaltsstrukturen
- andere Layerstrukturen
- andere Provisionsstrukturen
- andere Kostenstrukturen
- alternative Modellierungen einzelner RV-Verträge

Neben der Veränderung bestehender Verträge können natürlich auch neue Verträge modelliert werden. Dafür ist es allerdings erforderlich, auf der Basis realistischer Annahmen die Rückversicherungsprämie eines Vertrags zu schätzen. Ohne Kenntnis dieser Prämie kann durch die Schadensimulation nur der auf den Vertrag entfallende Aufwand geschätzt werden.

Da es beim Vermischen von unterschiedlichen Rückversicherungsprogrammen schnell zur Vermischung von Effekten kommen kann, ist es für eine bessere Nachvollziehbarkeit sinnvoll, die Modifikationen Schritt für Schritt durchzuführen.

Bei allen Modifikationen und Analysen zur Rückversicherungs-Optimierung muss dringend der Aspekt beachtet werden, dass die Rückversicherungskapazitäten am Markt nicht unbeschränkt zur Verfügung stehen. Es muss also darauf geachtet werden, dass die modellierten Strukturen überhaupt am Markt erhältlich sind, bevor die Resultate für mögliche Projektionen verwendet werden.

4 Nicht-Versicherungstechnik / Kapitalanlagerisiken

Die stochastische GuV setzt sich, wie bereits in den vorherigen Kapiteln beschrieben, aus der Versicherungstechnik, der Nicht-Versicherungstechnik und den sonstigen GuV-Beiträgen zusammen (vgl. Abbildung 21 in Kapitel 2.2.1). Nachdem die Modellierung der Versicherungstechnik bereits ausführlich dargestellt wurde, wird in diesem Kapitel die Modellierung der Nicht-Versicherungstechnik betrachtet. Während das Ergebnis der Versicherungstechnik sowohl positiv als auch negativ sein kann, sollte das Kapitalanlageergebnis meistens positiv sein. So könnte auch ein eventuelles negatives versicherungstechnisches Ergebnis durch die Erträge aus der Kapitalanlage ausgeglichen werden. Des Weiteren können auch die Ergebnisse aus sonstigen Risiken kompensiert werden, die aufgrund mangelnder Ertragskomponenten bestenfalls neutral, in der Regel aber negativ sind.

Die Ausführungen beginnen zunächst mit der Darstellung der verschiedenen Risikoeinflüsse auf die Kapitalanlage. Im Anschluss wird der Vorgang der Modellierung beschrieben und anhand von drei Beispielen illustriert. Außerdem wird gezeigt, dass das Modell neben der Simulation der Risiken auch für andere Bereiche, wie z. B. die Strategische Asset-Allokation, hilfreich sein kann.

4.1 Risikoeinflüsse auf die Kapitalanlage

Das Risiko der Nicht-Versicherungstechnik äußert sich in einer eventuellen negativen Abweichung von der Erwartung, d. h., dass das Kapitalanlageergebnis kleiner ist als erwartet. In diesem Kapitel werden die nachstehend aufgeführten klassischen vier Risikoeinflüsse auf die Kapitalanlage besprochen:

- Marktrisiko
- Zinsrisiko
- Währungsrisiko
- Bonitätsrisiko

Das einzige originäre Risiko ist allerdings das **Marktrisiko**. Sowohl das **Zins-** als auch das **Währungsrisiko** betreffen auch die Passivseite (und lassen sich zumindest teilweise in einer ökonomischen Sichtweise entsprechend hedgen) und stellen somit keine reinen Asset-Risiken im klassischen Sinne dar. Das **Bonitätsrisiko** tritt auch bei zedierten Reserven auf. Sofern man aber konsequent die IFRS-Sichtweise beibehält und Rückversicherung als Asset betrachtet, kann man auch das Bonitätsrisiko als reines Asset-Risiko betrachten.

Nichtsdestotrotz sollen in den folgenden Abschnitten die zuvor genannten Risikoeinflüsse auf die Kapitalanlagen beschrieben werden (vgl. hierzu auch Kapitel 1.2.1).

4.1.1 Marktrisiko

Das **Marktrisiko** lässt sich noch weiter aufteilen, z. B. in das Aktien- und Immobilienrisiko:

Aktienrisiko

Hierbei handelt es sich um Marktwertverlustrisiken der Aktienanlagen, die nicht durch Diversifikation eliminiert werden können.

Immobilienrisiko

Dieses Risiko wird durch Preisvolatilitäten am Immobilienmarkt verursacht.

4.1.2 Zinsrisiko

Das **Zinsrisiko** äußert sich in Kursschwankungen festverzinslicher Wertpapiere, die durch fallende oder steigende Marktzinsen verursacht werden. Sofern die Durationen von Aktiv- und Passivseite übereinstimmen, besteht in einem stochastischen Modell einer ökonomischen Gewinn- und Verlustrechnung kein (größeres) ökonomisches Risiko an dieser Stelle.

Bei Versicherern ergibt sich aber ggf. durch unterschiedliche Bilanzierungsvorschriften der Aktiv- und Passivseite noch folgende Problematik beim **Zinsrisiko**:

Hat ein Versicherungsunternehmen bspw. auf der Aktivseite Bonds, die mit der Duration perfekt zur Passivseite passen, so werden die Wertpapiere in der Marktwertbetrachtung fällig, wenn die Liquidität auf der Passivseite benötigt wird. In IFRS dagegen hat sich auf der Passivseite der Fair Value noch nicht etabliert, so dass sich ein Zinseffekt auf die Reserve ergeben kann. Sollten also der Ansatz der Kapitalanlage zum Zeitwert nach IAS 39 und die Bilanzierung der Verpflichtungen aus dem Versicherungsgeschäft mit einem (aufsichtsrechtlich) festgelegten Zinssatz erfolgen, so führt die Änderung des Marktzinses zum sogenannten „Mismatch" zwischen der Aktiv- und Passivseite. Damit die Bonds nach IFRS nicht jeder Zinsänderung ausgeliefert sind, können sie bspw. von *available-for-sale* in *held-to-maturity* umgebucht werden. Dies ermöglicht eine Bilanzierung zu den fortgesetzten Anschaffungskosten und eine Berücksichtigung des rechnungsmäßigen Zinses.

Diese Risiken, die eher der Bilanzierungsvorschrift als dem ökonomischen Sachverhalt geschuldet sind, treten natürlich auch in jedem stochastischen GuV-Modell auf, das nicht konsequent ökonomisch ausgerichtet ist.

4.1.3 Währungsrisiko

Das **Währungsrisiko** entsteht durch Volatilitäten am Devisenmarkt, die zu Änderungen der Wechselkurse führen. Davon sind alle Assets, die in Fremdwährungen gehalten werden, betroffen (sowie die entsprechenden Liabilities). Ob eher ein Anstieg des Kurses oder ein Fallen des Kurses ein Risiko darstellt, hängt von der Asset/Liability-Zusammensetzung in der betreffenden Währung ab.

4.1.4 Bonitätsrisiko

Insbesondere bei festverzinslichen Wertpapieren besteht die Gefahr, dass der Emittent zahlungsunfähig wird und den Nennbetrag des Bonds bei Fälligkeit nicht oder nicht vollständig zurückzahlen kann. Sollte sich ein solches Szenario bereits während der Laufzeit des Bonds abzeichnen, so führt dies zu Kursverlusten.

4.1.5 Korrelation zwischen Aktiv- und Passivseite

Ein weiteres Risiko kann sich bei einer Korrelation von Aktiva und Passiva ergeben. Bei Schadenversicherungsunternehmen kommen solche Zusammenhänge zwar eher im geringen Umfang vor, es können sich aber gewisse Konstellationen ergeben, bei denen sich dieses Risiko realisiert. Dies könnte bspw. wie folgt aussehen:

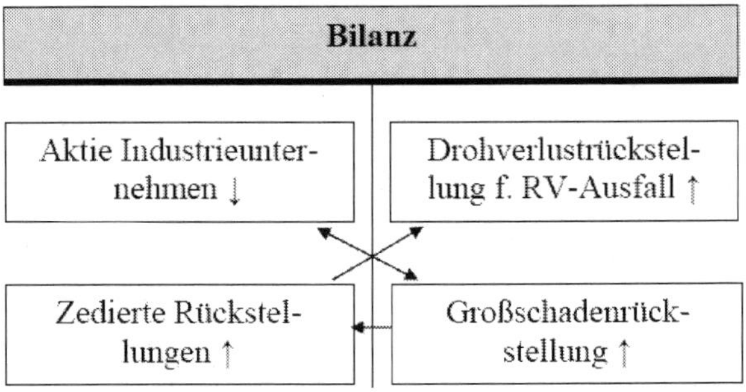

Abbildung 62: Korrelation zwischen Aktiv- und Passivseite

In diesem Beispiel hält ein Versicherungsunternehmen Aktien eines Industrieunternehmens in größerem Umfang in seinem Portfolio. Gleichzeitig besteht ein umfangreicher Haftpflichtversicherungsvertrag mit dem Unternehmen. Sollte in dieser Konstellation ein großer Haftpflichtschaden bei dem Industrieunternehmen eintreten, müsste das Versicherungsunternehmen nicht nur die Schadenrückstellungen erhöhen, sondern auch mit einer Verringerung des Aktienkurses rechnen. Somit werden sowohl Aktiv- als auch Passivseite belastet.

Sofern das Risiko des Haftpflichtversicherungsvertrags zediert wurde, ergeben sich durch die Bildung der Großschadenrückstellung Forderungen gegenüber dem Rückversicherer. Sollte es in einem Extremfall zu einem Rückversicherungsausfall kommen, so wird die GuV zusätzlich zum oben genannten Effekt durch die Bildung einer Drohverlustrückstellung im Sinne eines Bonitätsabschlages belastet.

4.2 Modellierung

Das Ziel der Modellierung ist hier die Erzeugung von ökonomischen und bilanziellen Ergebnissen für die Kapitalanlagen. So kann die gesamte mögliche Spannbreite der Entwicklung verschiedener Kapitalanlage-Kennziffern, wie z. B. Netto-Verzinsung oder Abschreibungen, dargestellt werden. Die oben genannten ökonomischen und bilanziellen Ergebnisse sowie das Risikokapital sollen sowohl für die Kapitalanlagen als auch in der Gesamtunternehmenssicht abgebildet werden können. Hierzu ist es notwendig, die Marktwerte für alle Kapitalanlagen für das Folgejahr zu projizieren. Die Modellierung der Kapitalanlagen erfolgt im Aktivmodell, das sich aus dem Bestandsmodell Kapitalanlagen, dem Economic Scenario Generator (ESG) und dem Asset-Modell zusammensetzt. Die Abbildung 63 zeigt den Aufbau des Aktivmodells sowie die daran angrenzenden Modelle.

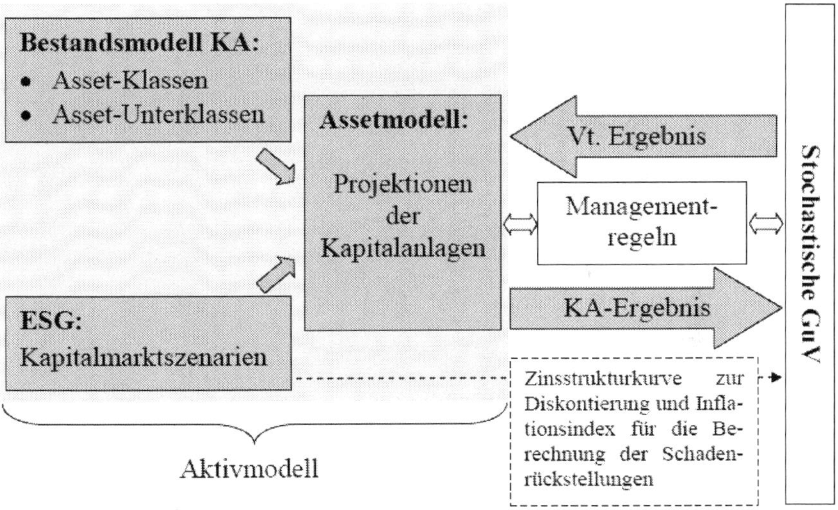

Abbildung 63: Aufbau des Aktivmodells[46]

Die einzelnen Bestandteile des Aktivmodells werden in den nachstehenden Abschnitten erläutert.

[46] Vgl. Diers (2007), S. 172.

4.2.1 Bestandsmodell Kapitalanlagen

Um eine Modellierung durchführen zu können, muss der Kapitalanlagebestand des Versicherungsunternehmens sinnvoll abgebildet werden. Hierzu bietet sich eine Kategorisierung der verschiedenen, sich im Portfolio befindlichen Assets an.

Eine traditionelle Einteilung von **Asset-Klassen** lässt sich wie folgt vornehmen:

- Bonds
- Aktien
- Fonds
- Immobilien
- Hypotheken
- Cash

Allerdings ist es für eine Asset-Modellierung zielführender eine Einteilung gemäß der modellierten ökonomischen Parameter anstelle formaler oder juristischer Kriterien vorzunehmen. Eine optimierte Kategorisierung würde sich bei Bonds beispielsweise nach der Laufzeit und den Ratingklassen richten. Bei Aktien bietet sich eine geographische Einteilung an, um Indizes wie z. B. den Euro Stoxx oder den Dow Jones für die Modellierung nutzen zu können.

Daher sollten die **Asset-Klassen** auf einer zweiten Ebene in **Asset-Unterklassen** unterteilt werden. Für diese weitere Untergliederung sind insbesondere nachfolgende Aspekte relevant:

- Laufzeiten (kurzfristig, mittelfristig, langfristig)
- Regionen (EU, USA, Asien etc.)
- Bonität (erstklassig, zweitklassig etc.)
- Währung (Euro, US-Dollar etc.)

Bei der Kategorisierung sollte allerdings darauf geachtet werden, dass es sich um sinnvolle Einteilungen handelt. Je höher die Anzahl der einzelnen **Asset-Unterklassen**, desto höher wird auch der Zeitaufwand der Modellierung, was zu steigenden Kosten führen kann.

4.2.2 Asset-Modell

Das Asset-Modell bedient sich der Kapitalmarktszenarien, die mit dem Economic Scenario Generator generiert werden (vgl. Kapitel 2.2.4). Hier werden nun die Auswirkungen auf jede der einzelnen **Asset-Unterklassen** betrachtet. Daraus lässt sich die Entwicklung der Kapitalanlagen, je nach wirtschaftlicher Gesamtsituation, ableiten. Durch Aggregation der einzelnen Werte lassen sich dann Kenngrößen wie Bilanz- und GuV-Ergebnisse ermitteln. Bei einer ausreichend großen Anzahl von Szenarien ist es zusätzlich möglich, den Kenngrößen auch Wahrscheinlichkeiten zuzuordnen.

Neben den bestehenden Kapitalanlagen generiert ein Versicherungsunternehmen durch den Prämienzufluss im Laufe eines Geschäftsjahres freie liquide Mittel, die abzüglich der Schadenzahlungen investiert werden. Die Aufteilung dieses liquiden Saldos auf die zur Verfügung stehenden **Asset-Unterklassen** wird durch die Managementregeln bestimmt. Hier ist ebenso festgelegt, welche Kapitalanlagen im Falle eines Liquiditätsengpasses zuerst aufgelöst werden. Somit ergibt sich regelmäßig am Ende des Geschäftsjahres eine andere Portfoliozusammensetzung, die im Asset-Modell mithilfe des ESG bewertet wird. Um die Höhe des liquiden Saldos berechnen zu können, wird auf Daten aus der Versicherungstechnik zurückgegriffen.

Die Marktszenarien aus dem ESG werden also auf das unternehmensindividuelle Portfolio angewendet. Dieser Vorgang soll in der nachstehenden Abbildung dargestellt werden:

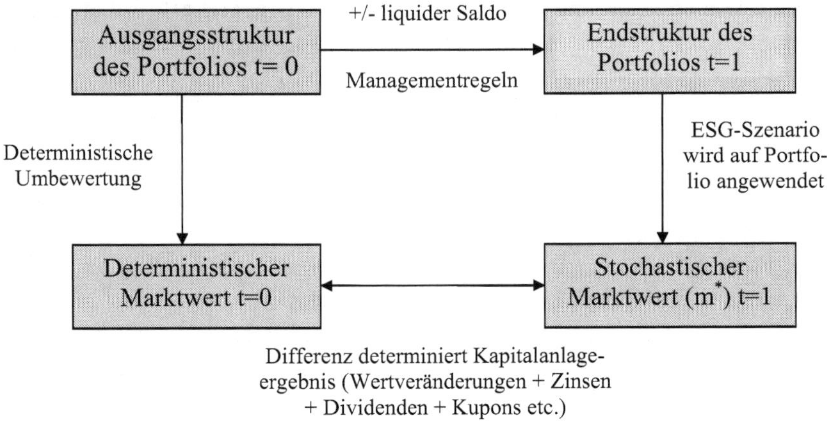

* m ist die Realisierung eines Marktszenarios

Abbildung 64: Ablauf des Aktivmodells

Im Zeitpunkt t=0 wird die Ausgangsstruktur des unternehmensindividuellen Portfolios bestimmt. Der Marktwert zu diesem Zeitpunkt ist deterministisch. Während des Geschäftsjahres kommt der liquide Saldo hinzu, der sowohl positiv als auch negativ sein kann. Um diesen zu berechnen, sind, wie bereits oben erwähnt, u. a. Daten aus der Versicherungstechnik notwendig. Sofern der liquide Saldo positiv ist, bestimmen die Managementregeln, welche Anteile in welche Assets neu investiert werden. Bei einem negativen liquiden Saldo müssen Kapitalanlagen aufgelöst werden, um die von der Versicherungstechnik benötigte Liquidität zu beschaffen. Auch hier gibt es Managementregeln die festlegen, welche Assets in welcher Reihenfolge aufgelöst werden.

Nachdem der liquide Saldo unter Anwendung der Managementregeln berücksichtigt wurde, erhält man die Endstruktur des Portfolios zum Zeitpunkt t=1. Auf dieses Portfolio wird nun ein Szenario aus dem ESG angewendet, was uns einen stochastischen Marktwert zum Zeitpunkt t=1 liefert. Die Differenz zwischen diesem stochastischen Marktwert in t=1 und dem deterministischen Marktwert des Ausgangsportfolios stellt das Kapitalanlageergebnis vor Steuern dar, das in der GuV erfolgswirksam berücksichtigt wird.

4.3 ESG Anwendungsbeispiele

Um das oben beschriebene Verfahren der Modellierung zu illustrieren, werden hierzu im Folgenden drei Beispiele angeführt. Die Werte, die diesen Beispielen zugrunde liegen, wurden aus einem vom ESG generierten Szenario entnommen (vgl. Kapitel 2.2.4). Die Modellierung der Kapitalanlage beschränkt sich in unserem internen Risikomodell auf Aktien und Bonds, für die jeweils ein Beispiel angeführt wird. Im dritten Beispiel wird zusätzlich die Problematik des Währungsrisikos skizziert.

4.3.1 Zinsänderungsrisiko bei Bonds

Das erste Berechnungsbeispiel bezieht sich auf ein festverzinsliches Wertpapier in Form eines Zerobonds (vgl. hierzu das Beispiel in Kapitel 2.2.4). Hierbei handelt es sich um einen Bond mittlerer Laufzeit, der ein gewisses Bonitätsrisiko in sich birgt. Dies lässt sich daran erkennen, dass dem Investor zusätzlich zum risikofreien Zins ein Risikospread in Höhe von 3 % gezahlt wird. Da das Wertpapier in Euro emittiert wurde, besteht in diesem Fall kein Währungsrisiko.

Berechnungsbeispiel risikobehafteter Zerobond		
Deterministischer Fair Value t = 0	Nominalwert	800,00
	Risikofreier Zins	4 %
	Risikospread	3 %
	Duration	4,0
	$FV = 800 / (1 + 0{,}040 + 0{,}030)^4 =$	610,32
Stochastischer Fair Value t = 1, Szenario i	Nominalwert	800,00
	Risikofreier Zins (lt. ESG)	3,6 %
	Risikospread (lt. ESG)	2,9 %
	Duration	3,0
	$FV = 800 / (1 + 0{,}036 + 0{,}029)^3 =$	662,28
Veränderung des Fair Value t = 1, Szenario i	Fair Value, t = 0	610,32
	Fair Value, t = 1, Szenario i	662,28
	Veränderung (GuV-Effekt)	51,96

Abbildung 65: FV eines riskanten Zerobonds

Zu Beginn des Geschäftsjahres (t = 0) liegt der deterministische Fair Value eines Zerobonds mit einem Nominalwert von 800,00 und einer Duration von 4,0 bei 610,32. Dieser Fair Value errechnet sich durch die Diskontierung mit dem internen Zins über die Restlaufzeit von 4 Jahren. Der interne Zins setzt sich aus dem risikofreien Zins und dem Risikospread zusammen.

Auf diesen Zerobond wird nun das Szenario i angewendet, das eines von Tausenden im ESG ist. Bei einer geeigneten Verteilungsannahme inklusive einer geeigneten Korrelationsannahme für das Ende der Periode liefert der ESG einen risikofreien Zins von 3,6 % und einen Risikospread von 2,9 % für dieses Szenario. Eine Veränderung des Risikospreads könnte sich z. B. durch eine Verbesserung bzw. Verschlechterung des Ratings ergeben. Die Duration hat sich durch den Ablauf des einen Jahres auf 3 verringert, so dass der Nominalwert von 800,00 mit einem Gesamtzins von 6,5 % über

3 Jahre abgezinst wird. Somit errechnet sich für das Ende des Geschäftsjahres zum Zeitpunkt t=1 ein stochastischer Fair Value von 662,28. Es ergibt sich somit eine Differenz von 51,96 vor Steuern, die erfolgswirksam in die GuV des Versicherungsunternehmens eingeht.

4.3.2 Marktrisiko bei Aktien

Im zweiten Beispiel wird die Wertentwicklung eines Aktienportfolios unter den nachstehenden Annahmen modelliert:

- Im hier erläuterten GuV-Ansatz werden (im Sinne einer Managementregel!) Dividenden nur thesauriert betrachtet, d. h., es findet keine Ausschüttung statt.
- Der stochastische GuV-Effekt vor Steuern ist gleich; die Steuerbehandlung kann jedoch unterschiedlich sein!

Das Portfolio enthält ausschließlich Aktien aus dem Euroraum (und könnte bspw. dem Euro Stoxx nachgebildet sein). Da diese Aktien alle in Euro notieren, besteht auch in diesem Fall kein Währungsrisiko.

Berechnungsbeispiel Aktien		
Deterministischer Fair Value t = 0	Kurs	500,00
	Fair Value	500,00
Stochastischer Fair Value t = 1, Szenario i	Marktindex (lt. ESG)	1,1081
	Inklusive thesaurierter Dividende	*7,0 %*
	FV (thesauriert) = 500,00 · 1,1081 =	554,05
Veränderung des Fair Value t = 1, Szenario i	Fair Value, t = 0	500,00
	Fair Value, t = 1, Szenario i	554,05
	Veränderung (GuV-Effekt)	54,05

Abbildung 66: FV eines Aktienportfolios

Für den Zeitpunkt t = 0 betragen der Kurswert und somit auch der Fair Value der Aktie 500,00. Im Szenario i liefert der ESG einen thesaurierten Marktindex (d. h. einen Index inklusive einer mittleren Dividende von 7 %) von 1,1081. Daraus ergibt sich im konkreten Szenario ein (thesaurierter) FV von 554,05 und somit ein GuV-Effekt von 54,05 vor Steuern.

Hinweis: In einem guten Szenariomodell sollten Daten zu verschiedenen Aktienindizes hinterlegt sein, wie beispielsweise:

- Euro Stoxx
- Dow Jones
- Nikkei etc.

4.3.3 Währungsrisiko bei Immobilien

Schließlich soll nachstehend noch die Simulation des Währungsrisikos anhand einer US-Immobilie dargestellt werden.

Berechnungsbeispiel Währungsrisiko bei Immobilien		
Deterministischer Fair Value t = 0	Marktwert der Immobilie	USD 1.000,00
	EUR/USD	1,48
	Kurs in EUR	EUR 675,60
Stochastischer Fair Value t = 1, Szenario i	Immobilienindex (lt. ESG)	0,9700
	EUR/USD (lt. ESG)	1,55
	Marktwert = USD 970 / 1,55=	EUR 625,81
Veränderung des Fair Value t = 1, Szenario i	Marktwert, t = 0	EUR 675,60
	Marktwert, t = 1, Szenario i	EUR 625,81
	Veränderung (GuV-Effekt)	(EUR 49,79)

Abbildung 67: FV einer Immobilie

Zum Zeitpunkt t = 0 beträgt der Marktwert der Immobilie 1.000,00 USD. Bei einem Währungskurs von 1,48 errechnet sich ein deterministischer Fair Value von 675,60 EUR.

Der ESG modelliert für den Zeitpunkt t = 1 und bei einem Währungskurs von 1,55 einen Kurswert von 970,00. Daraus errechnet sich ein stochastischer Fair Value von 625,81 EUR für das Marktszenario i.

Der Verlust in Höhe von 49,79 EUR geht erfolgswirksam in die GuV des Versicherungsunternehmens ein.

Hinweis: Ein gutes ökonomisches Szenariomodell enthält die Währungen der wichtigsten Wirtschaftsräume, wie beispielsweise:

- US-Dollar
- Euro
- Britisches Pfund
- Schweizer Franken
- Japanischer Yen

4.4 Strategische Asset-Allokation

Die Erstellung eines eigenen internen Modells stellt für ein Versicherungsunternehmen einen hohen Aufwand dar und ist somit auch mit enormen Kosten verbunden. Sofern dieses Modell dann lediglich zur Erfüllung der neuen aufsichtsrechtlichen Vorschriften nach Solvency II verwendet wird, stellt sich die Frage, ob der hohe Aufwand dem Nutzen gerecht wird. Um den Nutzen eines solchen Modells zu erhöhen, bietet es sich an, die gesamte Unternehmensstruktur daran auszurichten. Hier ist neben Aspekten wie z. B. Rückversicherungsoptimierung vor allem die Strategische Asset-Allokation (SAA) zu nennen.

Das Ziel ist hier eine optimale Portfoliostruktur aus den verschiedenen Asset-Klassen, um einen maximalen Anlageerfolg bei entsprechendem Kapitalbedarf zu generieren. Allerdings ist ein Versicherungsunternehmen nicht völlig frei bei seinen Entscheidungen bezüglich der Kapitalanlage. Neben aufsichtsrechtlichen Vorschriften muss hier vor allem die Verpflichtungsstruktur beachtet werden, d. h., die Optimierung kann sich nicht allein nur auf die Asset-Struktur beschränken. In der Regel wird man daher ein gesamtes Modell mit verschiedenen Portfoliovarianten laufen lassen.

Für eine effektive Anwendung ist es notwendig, eine Zielfunktion festzulegen, an der der unternehmerische Erfolg gemessen werden soll. Die beiden wichtigsten Zielfunktionen in diesem Zusammenhang sind:

Return on Risk Adjusted Capital (RORAC)

RORAC = erwartete Rendite / Eigenkapitalbedarf

Unter Annahme der Normalverteilung gilt für den Eigenkapitalbedarf zum Ende der Periode:

$$\text{RORAC} = \mu / t_\alpha \cdot \sigma$$

Interpretation: Das RORAC liefert als Ergebnis einen Prozentsatz, der eine Rendite darstellt. Das Ziel ist eine langfristige Optimierung dieses Wertes.

Economic Value Added (EVA)

EVA = erwartete Rendite - (Eigenkapitalbedarf · Kapitalkostensatz)

= erwartete Rendite - Kapitalkosten

Unter Annahme der Normalverteilung gilt für den Eigenkapitalbedarf zum Ende der Periode:

$$\text{EVA} = \mu - k \cdot t_\alpha \cdot \sigma$$

Interpretation: Der EVA wird in einem Euro-Betrag ausgedrückt. Hier wird somit darauf abgestellt, um wie viel der Wert des Eigenkapitals, unter Berücksichtigung eines definierten Kapitalkostensatzes, absolut erhöht werden konnte. Da der vorgegebene Kapitalkostensatz einen großen Einfluss auf die Größe hat, sollte dieser für die Aussagekraft des EVA unbedingt mit betrachtet werden. Sofern z. B. bei einem Kapitalkostensatz von

25 % lediglich 20 % erwirtschaftet wurden, würde der EVA dies als Eigenkapitalvernichtung interpretieren, was zu paradoxen Reaktionen führen kann. Insofern sollte das Steuerungskonzept des EVA ggf. auch kritisch hinterfragt werden.

4.4.1 Traditionelle Optimierungsansätze

Um nun einen vorgegebenen Wert in einer festgelegten Zielfunktion zu erreichen, wird häufig eine Optimierungstechnik wie z. B. die Portfoliotheorie von Markowitz zur Hilfe genommen. Die Theorie macht sich die Korrelationen von Wertpapieren zu Nutze und optimiert so das Rendite-Risiko-Verhältnis im Portfolio. Der Anleger kann entscheiden wie viel Risiko er in Kauf nehmen möchte und erhält dann ein Portfolio, das nicht nur seinen Risikovorstellungen entspricht, sondern auch die maximale Rendite für das vorgegebene Risiko liefert.

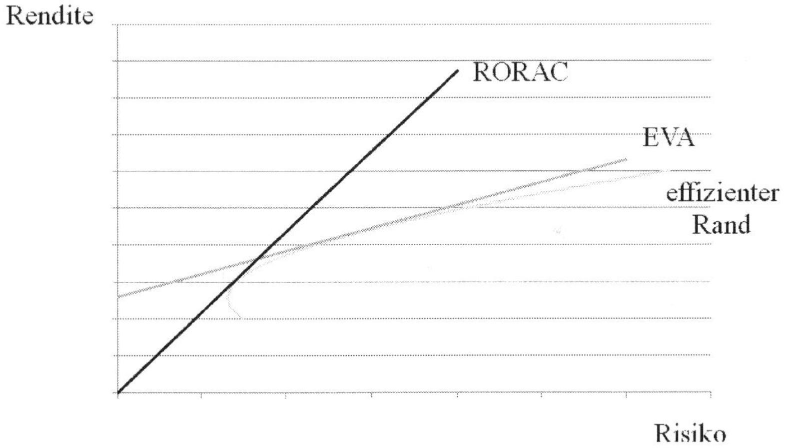

Abbildung 68: Markowitz-Optimierung

Die optimalen Werte der Zielfunktionen EVA und RORAC werden in der Abbildung 68 durch den jeweiligen Tangentialpunkt mit dem effizienten Rand bestimmt.

Hinweis: Im Gegensatz zum RORAC gibt es für den EVA nicht immer eine Lösung. Dies ist der Fall, wenn die Steigung der EVA-Geraden, die dem Kapitalkostensatz entspricht, immer kleiner ist als die minimale Steigung des effizienten Rands. In dieser Konstellation gibt es keinen Tangentialpunkt, sondern nur Schnittpunkte.

Demnach sollte der Kapitalkostensatz nicht zu niedrig, allerdings, wie bereits oben erläutert, auch nicht zu hoch gewählt werden.

4.4.2 Optimierungsansatz via internes Modell

Bei der Anwendung des internen Modells zur Bestimmung der Strategischen Asset-Allokation ist es im Gegensatz zum vorher skizzierten traditionellen Markowitz Ansatz kaum möglich, eine geschlossene Formel für ein universelles Optimum aufzustellen; dafür gibt es zu viele Einflussgrößen. Man kann bestenfalls einige wenige Alternativen auf ihre Auswirkungen im Hinblick auf den RORAC oder den EVA testen. Die Ausgangssituationen können sich z. B. in der Höhe der Aktienquote unterscheiden. Aus den Modellierungsergebnissen wird dann anschließend die für das Versicherungsunternehmen ökonomisch sinnvollste Alternative gewählt. Da diese Alternative, wie bereits oben erwähnt, jedoch nicht durch einen mathematischen Optimierungsansatz bestimmt wurde, muss es sich nicht um die absolut optimale Asset-Allokation handeln.

5 Außerplanmäßige GuV-Effekte / Sonstige Risiken

Neben den Ergebnissen aus der Versicherungstechnik und den Kapitalanlagen gibt es noch weitere stochastische Einflüsse, welche Auswirkungen auf die stochastische GuV haben und daher im internen Modell berücksichtigt werden müssen. Die drei wichtigsten Einflüsse sollen in diesem Kapitel behandelt werden, um die stochastische GuV zu vervollständigen:

- Rückversicherungsausfallrisiko,
- operationelle Risiken und
- außerplanmäßige Steuereffekte.

Während das Rückversicherungsausfallrisiko und die operationellen Risiken sich zusätzlich zu den Risiken aus Versicherungstechnik und Kapitalanlage aus den Solvency II-Anforderungen ergeben, stellen die außerplanmäßigen Steuerabschreibungen kein separates, eigenständiges Risiko dar. Sie bilden bei einer ökonomischen Gesamtbetrachtung den steuerlichen Gesamteffekt über alle im Unternehmen vorhandenen Risiken ab. Alle drei Einflüsse stellen einen Aufwand dar und mindern dadurch das Eigenkapital in der stochastischen GuV.

5.1 Rückversicherungsausfall

Berücksichtigt man alle Komponenten, die in den FV einer zedierten Schadenreserve eingehen, so erhält man folgende Beziehung:

Fair Value der zedierten Schadenreserven
= Barwert der erwarteten zedierten Schadenzahlungen
+ Barwert der zedierten Kapitalkosten
- Bonitätsabschlag

Die zedierten Kapitalkosten bedeuten dabei eine Kapitalkostenentlastung (siehe dazu auch Kapitel 3.2.2), der Bonitätsabschlag eine Kapitalkostenbelastung, die von der Bonität bzw. dem Rating des RVU abhängt. Der Bonitätsabschlag stellt einen Preis für den potentiellen zukünftigen Rückversicherungsausfall dar; nur bei erstklassiger Bonität kann der Zuschlag ggf. entfallen.

In einem Simulationsmodell für die aktuelle GuV ergeben sich daher ausgehend von dem deterministischen Fair Value der zedierten Reserven zum Zeitpunkt t=0 folgende prinzipielle Fälle:

- Realisierter RV-Ausfall in der simulierten Bilanzperiode: Es entsteht ein Minderertrag bei den zedierten Schadenzahlungen in der Periode sowie eine zusätzliche Drohverlustrückstellung bei den zedierten Schadenreserven am Ende der Periode.

- Kein realisierter RV-Ausfall in der simulierten Bilanzperiode: Es entsteht kein GuV-Effekt bei den zedierten Schadenzahlungen in der Periode, jedoch verändert sich der Bonitätsabschlag auf die zedierten Schadenreserven am Ende der Periode entsprechend der Bonitätsverbesserung/-verschlechterung des Rückversicherers am Ende der Periode.

Folgende Grafik veranschaulicht den Gesamtzusammenhang:

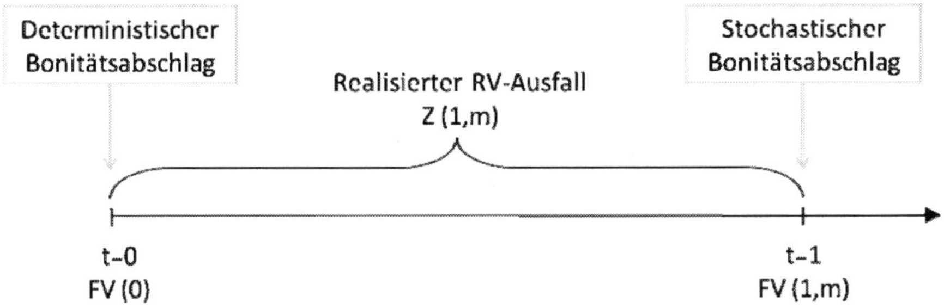

Abbildung 69: Deterministischer und stochastischer Bonitätsabschlag

Es gibt also zwei Bonitätsabschläge auf den Fair Value der Reserven: einen zum Zeitpunkt t=0 (deterministischer Bonitätsabschlag) und einen zum Zeitpunkt t=1 (stochastischer Bonitätsabschlag). Bei den Zahlungen Z (1, m) bezieht sich der realisierte RV-Ausfall auf die Zahlungen des Neugeschäfts und des Altgeschäfts. Man kann auch einen Ertrag beobachten, wenn sich die Bonität vom Zeitpunkt t=0 zum Zeitpunkt t=1 deutlich gebessert hat. Um all diese Aspekte korrekt abzubilden, wird im Gesamtmodell mit dem Gesamtexposure aus den Zahlungen in der Periode und den Reserven zum

Ende der Periode gearbeitet; in den nachfolgenden Beispielen werden allerdings nur die Bonitätsveränderungen auf die Reserven betrachtet.

Um die zuvor erläuterten Effekte adäquat stochastisch zu modellieren, benötigt man also die folgenden beiden „Komponenten“:

- Modell für die Ausfallwahrscheinlichkeit,
- Modell für die Ausfallhöhe.

In der folgenden Abbildung sind die erwarteten RV-Ausfälle in Abhängigkeit von der Ratingklasse illustriert:

Ratingklasse	Ausfallwahrsch.	Anteil
AAA	0,05%	20,00%
AA	0,10%	20,00%
A	0,20%	20,00%
BBB	0,50%	20,00%
BB	1,00%	10,00%
B	5,00%	7,50%
>B	15,00%	2,50%
Total	1,02%	100,00%

Abbildung 70: RV-Struktur eines Erstversicherers

Die Mehrheit der RV-Verträge besteht hier mit Rückversicherern, die Ratings von AAA bis BBB aufweisen. Insgesamt ergibt sich eine Ausfallwahrscheinlichkeit von 1,02 %. Dies entspricht einer etwas problematischen RV-Struktur eines Erstversicherers, da die Gesamtausfallwahrscheinlichkeit mit > 1 % recht hoch ausfällt.

Zur Vereinfachung nehmen wir im Folgenden bei unseren Modellen stets an, dass im Falle eines Ausfalls die Ausfallhöhe immer 100 % beträgt, so dass sich die Modellierung des erwarteten Ausfalls aus der Modellierung der Ausfallwahrscheinlichkeit ergibt. Somit reduziert sich das Modellierungsproblem darauf, geeignete Verteilungen im Intervall [0, 1] zu finden.

Würde man nur mit einem deterministischen Modell für die Ausfallwahrscheinlichkeit arbeiten, könnte man eine mögliche Ruingefahr ggf. nicht richtig identifizieren. Konkret heißt dies, dass man zwar im Durchschnitt von einer Ausfallwahrscheinlichkeit entsprechend des Erwartungswertes (hier 1,02 %) ausgehen kann, es jedoch viele Jahre mit keinem oder wenig Ausfall und im Gegenzug auch Jahre mit einem Ausfall von z. B. über 50 % geben kann.

Ein stochastisches Modell zur Bestimmung der Ausfallwahrscheinlichkeit sollte folgende wichtige Anforderungen erfüllen:

- Einfache [0,1] Verteilung zur Modellierung des Ausfallrisikos mit weder zu kleiner, noch zu großer Varianz.
- Eher eine stetige als eine diskrete Verteilung, die den gesamten Wertebereich annehmen kann (d. h., es kann auch mal im Extremfall sehr viel ausfallen).
- Unterscheidung zwischen einem Bereich mit geringem bzw. keinem Ausfall und einem Bereich mit hohem bzw. Totalausfall.

Hierbei ist natürlich zu berücksichtigen, dass die Wahrscheinlichkeiten für Nichtausfall oder geringen Ausfall sehr hoch sind, wohingegen die Wahrscheinlichkeiten für die kritischen Szenarien mit sehr hohem Ausfall sehr gering sind.

In Kapitel 1.3 wurden die Einpunktverteilung, die Binomialverteilung und das Zwei-Klassen-Histogramm als einfache stochastische Ausfallmodelle vorgestellt. Aufgrund der dort genannten Eigenschaften wird an dieser Stelle das Zwei-Klassen-Histogramm zur Modellierung des RV-Ausfalls gewählt.

Um jetzt alle zuvor erläuterten Fälle zumindest prinzipiell korrekt zu behandeln, haben wir zunächst einmal das gesamte während des Modellierungszeitraums unter Risiko stehende RV-Exposure bestehend aus

- zedierten Schadenzahlungen in der aktuellen Periode,
- zedierten Kosten in der Periode sowie
- zedierten Reserven am Ende der Periode

betrachtet und auf die Fair Values dieser Positionen zum Ende der Periode einen realisierten „Ausfall"-Prozentsatz gemäß der von uns gewählten Verteilung angewendet, welcher folgende Positionen abbilden soll:

- Mindererträge bei zedierten Zahlungen und Kosten (realisierter Ausfall),
- Drohverlustrückstellungen zusätzlich zu den zedierten Reserven (realisierter Ausfall),
- Bonitätsabschläge auf zedierte Reserven (nicht realisierter Ausfall).

Der daraus resultierende Wert wird als „Fair Value des RV-Ausfalls" bezeichnet und aus Gründen der besseren Risikotransparenz als Position der Passivseite **separat ausgewiesen**. Generell gibt es zwei Möglichkeiten der bilanziellen Abbildung:

- Die erste Möglichkeit ist, den Fair Value der Rückversicherung zu berechnen und entsprechend um den (potentiellen) Rückversicherungsausfall zu kürzen. Diese **direkte Saldierung** hat den Vorteil, dass eine komplexere Modellierungsstruktur ermöglicht wird.
- Bei der zweiten Methode erfolgt ein **separater Ausweis** des Wertes der Rückversicherung und des (potentiellen) RV-Ausfalls durch Bildung einer Drohverlustrückstellung in Höhe des Rückversicherungsausfalls. Damit wird eine höhere Transparenz als bei der ersten Methode gewährleistet. Dies ist ein entscheidender Vorteil aus Risikosteuerungsgesichtspunkten. Der Risikobeitrag der Rückversicherung hängt nämlich stark von den Ratingstrukturen

der Rückversicherer ab, mit denen das Versicherungsunternehmen zusammenarbeitet. Um die Rückversicherungsauswahl zur Risikoreduktion zu optimieren, ist es somit wichtig, den Beitrag der einzelnen RV-Positionen zum Gesamtrisiko zu erkennen.

Allerdings resultiert der überwiegende Anteil am EK-Bedarf eines Schadenversicherungsunternehmens aus der Versicherungstechnik, so dass der RV-Ausfall hier im Vergleich eine deutlich geringere Rolle spielt. Will ein Unternehmen nun den EK-Bedarf verringern, wird es üblicherweise zunächst bei der Versicherungstechnik ansetzen. Dies ist auch der Grund, weshalb trotz des gewichtigeren Transparenzvorteils der zweiten Methode viele Unternehmen die erste Methode anwenden.

Diese Vorgehensweise soll in dem nachfolgenden **Beispiel** erläutert werden. Dabei bezeichnet der „FV der RV“ die Fair Values der im Modellierungszeitraum ausfallexponierten RV-Exposures, d. h.:

- die Fair Values der zedierten Reserven bezogen auf den Zeitpunkt t=0 bzw.
- die Fair Values der zedierten Schadenzahlungen und Kosten sowie der zedierten Reserven zum Zeitpunkt t=1.

Die Ausfallmodellierung erfolgt mit dem Zwei-Klassen-Histogramm. Wie bereits erläutert erfolgt ein separater Ausweis des RV-Ausfalls in der Bilanz durch Bildung einer Drohverlustrückstellung. Folgende Ausgangswerte seien vorgegeben:

Beispiel Rückversicherungsausfall	
Zeitpunkt t=0	RV-Exposure: 1.000 GE Ausfallswahrscheinlichkeit: 1,02 %
Zeitpunkt t=1	RV-Exposure: 1.150 GE

Der deterministische Fair Value des RV-Ausfalls zum Zeitpunkt t=0 ergibt sich aus dem RV-Exposure von 1.000 GE multipliziert mit der Ausfallmarge von 1,02 %. Die nachstehende Bilanz verdeutlicht diesen Zusammenhang:

Aktivseite		Passivseite	
		10,20	FV des RV-Ausfalls
FV der RV	1.000,00		

Abbildung 71: FV des RV-Ausfalls in t=0

Im Zeitpunkt t=1 beträgt das RV-Exposure 1.150 GE. Ein Grund für diese Erhöhung gegenüber dem Vorjahr könnte z. B. zusätzliches Wachstum im Neugeschäft sein. Auf Basis der mittleren Ausfallmarge von 1,02 % wird nun aus der gewählten Verteilung eine Ausfallmarge für den stochastischen Fair Value von 0,80 % gezogen. Daraus ergibt sich ein Fair Value des RV-Ausfalls von 9,20 GE (1.150 GE · 0,80 %). Der Bilanzeffekt stellt sich in diesem Fall wie folgt dar:

Aktivseite		Passivseite	
		9,20	FV des RV-Ausfalls
FV der RV	1.150,00		

Abbildung 72: FV des RV-Ausfalls in t=1

Ein Vergleich der beiden Bilanzen zeigt nochmals deutlich, dass sich im Vergleich zum Vorjahr der Fair Value der Rückversicherung, also das reine RV-Exposure, um 150,00 GE erhöht hat. Dagegen hat sich der FV des RV-Ausfalls um 1,00 GE verringert. Der Grund hierfür kann eine bessere Ratingstruktur der RV-Verträge sein. Hierdurch entsteht ein GuV-Effekt von -1,00 GE in Bezug auf den RV-Ausfall. Das gesamte RV-Ergebnis berechnet sich aus der Differenz der zedierten Reserven (FV der RV) abzüglich dem jeweiligen Bonitätsabschlag (FV des RV-Ausfalls) in t=1 und t=0. In diesem Beispiel ergibt sich somit ein Saldo von 151,00 GE.

5.2 Operationelle Risiken

Die zweite Gruppe von Risiken, die das Ergebnis der GuV zusätzlich belasten kann, umfasst die operationellen Risiken. Diese können wie folgt beschrieben werden:

> Operationelle Risiken sind die Gefahr von Verlusten, die infolge von Unzulänglichkeiten oder des Versagens von internen Verfahren, Menschen und Systemen oder infolge externer Ergebnisse eintreten. Diese Definition schließt Rechtsrisiken ein, nicht jedoch strategische Risiken oder Reputationsrisiken (vgl. Basel II).

Operationelle Risiken sind somit allein durch den Betrieb des Unternehmens begründet und entstehen damit unabhängig von der Branche. Beispiele für operationelle Risiken sind u. a. ein IT-Ausfall, Fehler des Managements oder auch eine falsche Prozessorganisation. Dass operationelle Risiken keineswegs zu unterschätzen sind und unter Umständen zu erheblichen Schäden führen können, zeigen viele Beispiele aus der Vergangenheit.

Gemäß den Solvency II-Anforderungen müssen operationelle Risiken in die Modellierung des Eigenkapitalbedarfs einbezogen werden. Dafür gibt es prinzipiell zwei Ansätze:

- Modell **ohne** operationelle Risiken und entsprechendem Zuschlag auf das Soll Kapital.
- Modell **mit** direkter Einbeziehung von operationellen Risiken als GuV-Aufwand.

Einige Unternehmen wählen den ersten Ansatz, wobei sich die Höhe des Zuschlages z. B. an Standardansätzen (siehe dazu die einzelnen QIS) orientiert. Eine genauere Bewertung liefert dagegen der zweite Ansatz. Bei der Modellierung der Risiken können die Unternehmen jedoch mangels statistischer Erfassung auf keine Datenquellen zurückgreifen. Lediglich bei IT-Risiken existieren externe Schadendatenbanken. Daher müssen die Unternehmen auf alternative Ansätze zur Modellierung zurückgreifen.

Bereits seit 1998 verlangt das KonTraG eine Darstellung der operationellen Risiken im Anhang des Geschäftsberichtes. In diesem Zusammenhang wurde von führenden Wirtschaftsprüfungsgesellschaften die sogenannte Risk Map (Risikolandkarte) entwickelt. Unter Risk Map versteht man die systematisierte Erfassung der Informationen bzw. Vorstellungen des Gesamtunternehmens zum eigenen Risiko. Die Unternehmen schätzen dabei ihre Risiken gemäß Bewertungsleitlinien selbstständig ein, so dass potentielle Risiken aufgezeigt werden. Im Gegensatz zu Schadendatenbanken beruht die Risk Map infolgedessen nur auf den Einschätzungen der Unternehmen. Es werden dementsprechend keine tatsächlichen Schäden berücksichtigt. Die Aufstellung einer Risk Map gleicht letztendlich einem Self-Assessment. Im Ergebnis erfüllt die Risk Map die Anforderungen des KonTraG und kann zudem als alternativer Modellinput neben Datenbanken herangezogen werden.

Die Risk Map wird i. d. R. in Form eines Diagramms dargestellt. Auf der Horizontalen wird die Eintrittswahrscheinlichkeit und auf der Vertikalen die Eintrittshöhe abgetragen. Dabei werden die Achsen jeweils in die Kategorien „niedrig“, „mittel“ und „hoch“ aufgeteilt. Den drei Kategorien der horizontalen Achse sind dabei Wahrscheinlichkeiten hinterlegt. Bevor das Unternehmen die Risiken gemäß ihrer Eintrittswahrscheinlichkeit bzw. ihrer Eintrittshöhe in das Diagramm eintragen kann, muss es die operationellen Risiken erfassen. Dabei sollte das Unternehmen eine Schwelle bestimmen, ab der Risiken in das Modell einfließen. Folgende Grafik veranschaulicht die Risk Map in ihrer qualitativen Darstellung:

Eintritts-höhe			
hoch	4	8	
mittel	3 2	7 6	10
niedrig	1	5	9
Wahr-scheinl.	niedrig	mittel	hoch

Abbildung 73: Struktur der Risk Map

Ziel eines jeden Unternehmens sollte es sein, dass sich möglichst wenige Risiken im oberen Dreiecksbereich der Risk Map wiederfinden. Gemäß Abbildung 73 stellt Risiko 1 ein geringes Gefährdungspotential und Risiko 10 ein hohes Gefährdungspotential dar. Die Risk Map ermöglicht somit eine umfassende qualitative Darstellung aller operationellen Risiken.

Wie oben beschrieben sind den drei Eintrittswahrscheinlichkeitskategorien „niedrig", „mittel" und „hoch" in der Regel entsprechende Wahrscheinlichkeiten hinterlegt. Diese sind erforderlich, um aus den Einzelrisiken das gesamte operationelle Risiko zu modellieren. In der Praxis bedient man sich einer sogenannten Risikoliste, wobei den meisten Versicherungsunternehmen weitaus umfassenderes Datenmaterial bezüglich operationeller Risiken zur Verfügung steht:

Risiko Nr.	Eintritts-höhe	Eintritts-wahrsch.	Erwart.-wert	STD mit Korr 0%
1	10,00	0,10%	0,01	0,32
2	50,00	0,10%	0,05	1,58
3	100,00	0,10%	0,10	3,16
4	500,00	0,10%	0,50	15,80
5	10,00	1,00%	0,10	0,99
6	50,00	1,00%	0,50	4,97
7	100,00	1,00%	1,00	9,95
8	500,00	1,00%	5,00	49,75
9	10,00	10,00%	1,00	3,00
10	50,00	10,00%	5,00	15,00
Total			13,26	55,64

Abbildung 74: Risikoliste zur Risk Map

In der Risikoliste sind die einzelnen operationellen Risiken, die in Abbildung 73 in der Risk Map abgetragen wurden, erfasst. Wichtig hierbei ist, dass lediglich operationelle Risiken erfasst werden, da andere Risiken, die bereits vorher im Gesamtmodell erfasst wurden, das Gesamtergebnis des internen Modells verfälschen würden.

Dieser Modellansatz setzt implizit voraus, dass die aufgelisteten Risiken binomial verteilt sind. Dies hat zur Folge, dass der Erwartungswert (EW) und die Standardabweichung (STD) leicht berechnet werden können. Dies soll anhand von Risiko 5 veranschaulicht werden:

Dieses Risiko ist charakterisiert durch eine Eintrittswahrscheinlichkeit von 1,0 % und einer Eintrittshöhe von 10,00 GE. Hieraus ergeben sich der Erwartungswert und die Standardabweichung wie folgt:

$$EW = 10{,}00 \cdot 0{,}01 = 0{,}10 \text{ GE} \qquad \text{sowie}$$

$$STD = 10{,}00 \cdot (0{,}01 \cdot (1 - 0{,}01))^{0{,}5} = 0{,}99 \text{ GE}$$

Hat man in einem ersten Schritt den Erwartungswert und die Standardabweichung für jedes operationelle Risiko einzeln berechnet, müssen diese in einem zweiten Schritt zu einem gemeinsamen Erwartungswert und Standardabweichung zusammengefasst werden. Der gemeinsame Erwartungswert verhält sich dabei stets linear, so dass er sich aus Addition der einzelnen Erwartungswerte ergibt:

$$E(X_1 + \ldots + X_n) = E(X_1) + \ldots + E(X_n)$$

Zur Berechnung der gemeinsamen Standardabweichung muss zunächst die gemeinsame Varianz ausgerechnet werden. Sie ergibt sich wie folgt:

$$VAR(X_1 + \ldots + X_n) = \sum_i VAR(X_i) + 2 \cdot \sum_{i \neq j} \rho_{i,j} \cdot STD(X_i) \cdot STD(X_j)$$

Da bei den einzelnen Verteilungen mit der Binomialverteilung die „schärfste" Annahme getroffen wurde, kann an dieser Stelle als „Kompromiss" unterstellt werden, dass die operationellen Risiken unkorreliert sind. Dementsprechend ergibt sich aus obiger Formel folgende vereinfachte Darstellung:

$$VAR(X_1 + \ldots + X_n) = \sum_i VAR(X_i)$$

Die gemeinsame Standardabweichung ergibt sich demnach aus folgender Formel:

$$STD(X_1 + \ldots + X_n) = (VAR(X_1 + \ldots + X_n))^{0,5}$$

Sowohl das Ergebnis des gemeinsamen Erwartungswertes als auch das der gemeinsamen Standardabweichung aller operationellen Risiken lässt sich in Abbildung 74 ablesen. Anstatt jedes Einzelrisiko per Zufallszahl zu generieren, kann eine Approximation mit einer geeigneten Verteilung (z. B. der Lognormalverteilung) vorgenommen werden. Da der oben beschriebene Ansatz zur Quantifizierung von operationellen Risiken nur auf groben Schätzungen beruht, verliert der Modellansatz durch die Approximation nicht zusätzlich an Qualität.

Bei der Bewertung der Verteilung fällt auf, dass der Erwartungswert in Höhe von 13,26 und der Wert der Standardabweichung in Höhe von 55,64 sehr weit auseinanderliegen. Bei normalen GuV-Risiken sind Variationskoeffizienten (= Standardabweichung dividiert durch den Erwartungswert) deutlich unter 100 % typisch. Im vorliegenden Fall ergibt sich jedoch ein Variationskoeffizient von ca. 420 %. Aus den genannten Gründen ist die Dichtefunktion auch äußerst rechtsschief; sie beschreibt die Verluste durch operationelle Risiken. Im Folgenden wird sie als Lognormalverteilung approximiert:

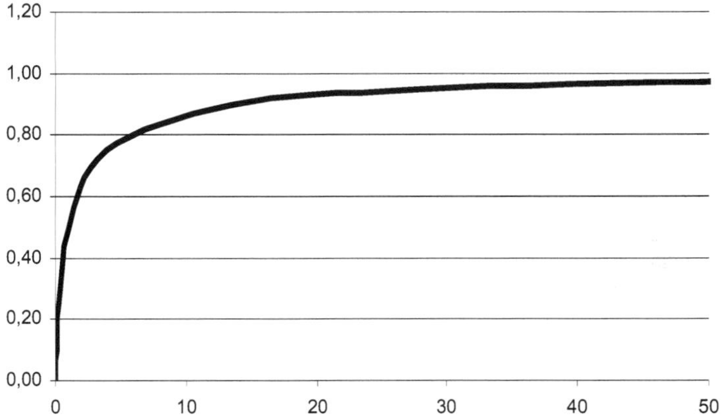

Abbildung 75: Verteilungsfunktion des operationellen Risikos

Auffällig ist, dass die Verteilungsfunktion nur langsam gegen Eins konvergiert, was aus dem hohen Variationskoeffizienten für das operationelle Risiko folgt.

Im Ergebnis spiegelt die Verteilung das operationelle Risiko sehr gut wider, da es sich zwar auf der einen Seite durch einen geringen Erwartungswert auszeichnet, auf der anderen Seite es aber auch Fälle gibt, in denen die Ruinwahrscheinlichkeit des Unternehmens stark beeinflusst wird. Bei der Integration des operationellen Risikos in die stochastische GuV gibt es zwei Möglichkeiten: Zum einen kann die Verlustfunktion als liquider Abfluss in der aktuellen Periode abgebildet werden, andererseits kann sie als Drohverlustrückstellung am Ende der Periode dargestellt werden.

Im folgenden Beispiel wird eine Bilanz einmal ohne und einmal mit dem Ansatz von operationellen Risiken simuliert, wobei die operationellen Risiken als Drohverlustrückstellung abgebildet sind. Für die einzelnen Bilanzpositionen werden folgende Verteilungen unterstellt:

- Approximativ normal verteilte Aktiva mit einem Erwartungswert von 1.000 und einer Standardabweichung von 100.
- Approximativ lognormal verteilte Passiva mit einem Erwartungswert von 650 und einer Standardabweichung von 81,25.
- Approximativ lognormal verteilte operationelle Risiken mit den zuvor ermittelten Parametern, d. h. mit einem Erwartungswert von 13,26 und einer Standardabweichung von 55,64.

Ohne Einschluss von operationellen Risiken erhält man folgende erwartete Bilanz:

Aktivseite		**Passivseite**	
Aktiva	1.000,00	350,00	Eigenkapital
		650,00	Passiva
Gesamt	1.000,00	1.000,00	Gesamt

Abbildung 76: Bilanz ohne Ansatz von operationellen Risiken

Mit Einschluss operationeller Risiken erhält man folgendes Bild:

Aktivseite		**Passivseite**	
Aktiva	1.000,00	336,74	Eigenkapital
		650,00	Passiva
		13,26	Drohverlust
Gesamt	1.000,00	1.000,00	Gesamt

Abbildung 77: Bilanz mit Ansatz von operationellen Risiken

Auf den ersten Blick ist zu erkennen, dass der Ansatz von operationellen Risiken als Drohverlustrückstellung sofort zu einem geringeren Ist-Eigenkapital von 336,74 im Vergleich zu 350,00 führt. Der Ansatz als liquider Abfluss würde an dieser Stelle die Bilanz entsprechend auf beiden Seiten um 13,26 verkürzen.

Diese Bilanzen stellen jedoch zunächst nur die Erwartungswerte der entsprechenden Verteilungen gegenüber. Folgende Übersicht ergibt sich, wenn man die verschiedenen Verteilungen 5000-mal simuliert:

Quantilswert	Eigenkapitalverteilung ohne OR	Eigenkapitalverteilung mit OR
0,10%	-83,83	-228,19
0,25%	-48,15	-128,14
0,50%	-17,25	-83,98
1,00%	29,89	-19,72
2,50%	82,92	58,47
5,00%	129,79	109,79
10,00%	185,64	169,48
25,00%	268,38	254,23
50,00%	354,24	343,91
75,00%	439,45	429,93
90,00%	519,28	511,56
95,00%	562,50	552,59
97,50%	599,58	591,93
99,00%	641,24	635,33
99,50%	666,54	662,37
99,75%	690,51	679,91
99,90%	708,79	702,55

Abbildung 78: Simulation der Eigenkapitalverteilung

Dabei ergibt sich das Eigenkapital als resultierende Größe, indem man von den Aktiva die Passiva sowie in der Spalte „mit OR“ noch zusätzlich die Drohverlustrückstellung abzieht. Das simulierte Unternehmen ist dann ruiniert, wenn das Eigenkapital negativ wird. Der Quantilswert beim Wert

Null liefert somit die Ruinwahrscheinlichkeit; das Ruinniveau ist also genau am Übergang von den negativen zu den positiven Werten. Beim Ansatz von operationellen Risiken steigt in unserem Beispiel die Ruinwahrscheinlichkeit von 0,67 % auf 1,29 %. Den allgemeinen Zusammenhang verdeutlicht dabei die folgende Aufstellung:

	Eigenkapitalverteilung		**in %**
	ohne OR	**mit OR**	
Mittelwerte	351,97	339,24	96,4
Ruin Wahrscheinl.	0,67%	1,29%	192,4
Benötigtes EK	369,22	423,22	114,6

Abbildung 79: Simulation der Ruinwahrscheinlichkeit

Die Mittelwerte der simulierten Eigenkapitalverteilungen entsprechen in etwa den Erwartungswerten aus den Ausgangsverteilungen; Abweichungen ergeben sich daraus, dass wir beispielsweise nur 5.000 Simulationen betrachtet haben.

Durch den Ansatz des operationellen Risikos steigt die Ruinwahrscheinlichkeit überproportional um 92 % von 0,67 % auf 1,29 % an, obwohl das Eigenkapital lediglich um 3,6 % gefallen ist. Des Weiteren ist das benötigte Eigenkapital im Sinne von Solvency II um 14,6 % von 369,22 auf 423,22 gestiegen. Das benötigte Eigenkapital entspricht dabei dem erwarteten Eigenkapital minus dem 0,5 %-Quantil im Sinne der Solvenzvorschriften (bei 5000 Simulationen der 25-schlechteste Wert).

In Abbildung 78 ist zu erkennen, dass sich bei diesem Quantil ohne Ein beziehung operationeller Risiken ein Wert von -17,25 und mit ihrer Einbeziehung ein Wert von -83,98 ergibt. Dies führt zu der Schlussfolgerung, dass der Ansatz von operationellen Risiken nicht nur zu einem geringeren Ist-Eigenkapital, sondern auch zu einem höheren Soll-Eigenkapital sowie einer höheren Ruinwahrscheinlichkeit führt. Die nicht unerheblichen Auswirkungen des Ansatzes von operationellen Risiken auf das benötigte Eigenkapital (Soll-Eigenkapital) sollten also nicht unterschätzt werden.

Abschließend kann man im Hinblick auf die Einbeziehung operationeller Risiken Folgendes zusammenfassen:

- Operationelle Risiken sind tendenziell nicht sehr symmetrisch um den Mittelwert verteilt, sondern eher rechtsschief. Daher hat der Ansatz operationeller Risiken bei der Ermittlung des gesamten Eigenkapitalbedarfs u. U. nicht unerhebliche Auswirkungen, was an dem gezeigten Simulationsbeispiel verdeutlich wurde.
- Die Datenlage ist bei den operationellen Risiken i. d. R. schlechter als bei anderen Risiken wie z. B. den versicherungstechnischen Risiken.
- Der Einstieg über die Risk Map ist dahingehend sinnvoll, dass auf der Basis des KonTraG viele Unternehmen mindestens die Risk Map im Sinne eines Self-Assessments aller relevanten Risiken erstellen müssen und diese Art der Risikomessung demnach sehr weit verbreitet und bekannt ist, auch wenn sie nicht das Optimum der adäquaten Risikomessung darstellt. Jedoch bietet die Abbildung der operationellen Risiken in der Risk Map eine erste Basis für die Modellierung dieser Risiken in Solvency II-Modellen.
- Für interne Modelle gilt schlussendlich, dass zumindest im Sinne des Solvency II-„Use Tests" langfristig keine unterschiedlichen Sichten auf das operationelle Risiko möglich sind. Gerade in den „Use Tests" wird geprüft, ob alle in ein internes Modell eingehende Aspekte auch in der konkreten Unternehmenssteuerung angewendet werden.

5.3 Außerplanmäßige Steuerabschreibungen

Abschließend wird in diesem Teil der Effekt der außerplanmäßigen Steuerabschreibungen behandelt. Damit ist der Punkt „Außerplanmäßige GuV-Effekte" abgeschlossen. Bei der normalen Anwendung der Unternehmenssteuer ergibt sich die zu zahlende Steuer, indem man das Jahresergebnis vor Steuern, welches sich aus sämtlichen Ergebnissen des Unternehmens innerhalb des Geschäftsjahres zusammensetzt, mit dem Unternehmenssteuersatz, beispielsweise 35 %, multipliziert. Befindet sich das Unternehmen in einem Verlustjahr, wird der Steuersatz auf den Verlust angewendet, es ergibt sich somit eine „negative“ Steuerbelastung. Diese Steuer kann das Unternehmen im Rahmen des Verlustvortrages auf die nächsten Jahre übertragen und damit die Steuerbelastung bei zukünftigen Gewinnen mindern. Bei gutem Ergebnis wird die Steuerbelastung dadurch kleiner, bei schlechtem Ergebnis wird nichts mehr abgezogen, und der Verlustvortrag kann in zukünftigen Jahren genutzt werden. In einem Marktwertmodell können die Steuern auf die Verlustvorträge als aktive latente Steuer in der Marktwertbilanz behandelt werden.

Zu beachten ist hierbei jedoch, dass in HGB-Bilanzen eine solche Vorgehensweise nicht vorgesehen ist. Latente Steuern, sowohl aktiv als auch passiv, werden dort nicht angesetzt. Weiterhin wichtig ist auch, dass diese fiktiven Steuerforderungen nur dann valide sind, wenn das Unternehmen zukünftig Gewinne erwartet. Dies ist nur logisch, da Verluste nur dann mit Gewinnen in der Zukunft verrechnet werden können, wenn diese Gewinne auch tatsächlich entstehen.

Innerhalb eines internen Modells muss daher festgelegt werden, wann die aktiven latenten Steuern abgeschrieben werden müssen. Abgeschrieben werden müssten sie theoretisch dann, wenn sie in Zukunft nicht mehr zur Verlustverrechnung geeignet und somit gegenstandslos sind. Doch zu welchem Zeitpunkt weiß man, wann dies der Fall ist? Dazu muss das interne Modell in **Managementregeln** festlegen, wann diese außerplanmäßigen Steuerabschreibungen durchgeführt werden müssen.

In unserem Modell ist lediglich eine Mindestregel implementiert, die in der Realität eine „Untergrenze“ von alternativen Managementregeln darstellt. Abgeschrieben werden muss der Regel zu Folge dann, wenn das Eigenkapital nur noch durch die aktivischen Steuereffekte bedeckt ist, d. h., ohne Steuereffekte bereits ein Ruin des Unternehmens vorliegen würde. Eine alternative Regel könnte beispielsweise lauten, dass die aktiven latenten Steuern bereits dann abgeschrieben werden sollten, wenn das Eigenkapital zur Hälfte von den aktiven latenten Steuern bedeckt ist. An dieser Stelle zu erwähnen ist, dass selbst die Mindestmanagement-Regel bereits zu einem erheblichen stochastischem Effekt innerhalb der stochastischen GuV führt.

Der Effekt der außerplanmäßigen Steuerabschreibungen soll in folgendem Beispiel näher erläutert werden, welches den Gesamtzusammenhang für die außerplanmäßigen Steuerabschreibungen illustriert:

Beispieldaten für eine außerplanmäßige Steuerabschreibung

Fair Value der Steuerforderungen in der Ausgangsbilanz	150,00
Fair Value der Steuerrückstellungen in der Ausgangsbilanz	-100,00
Steuereffekte aus der GuV des neuen Geschäftsjahres	250,00
Eigenkapital zum Ende des neuen Geschäftsjahres	250,00

Die Steuereffekte in Höhe von 250,00 aus dem neuen Geschäftsjahr resultieren beispielsweise aus einem hohen Verlust für das Unternehmen.

Zunächst muss dargestellt werden, ob das Unternehmen überhaupt aktive latente Steuern besitzt, da nur dann die Frage nach außerplanmäßigen Steuerabschreibungen relevant ist. Dies ist der Fall, wenn der folgende Saldo aus allen Steuereffekten positiv ist:

Saldo aller Steuereffekte
= Fair Value der Steuerforderungen in der Ausgangsbilanz
- Fair Value der Steuerrückstellungen in der Ausgangsbilanz
+/- Steuereffekte aus der GuV des neuen Geschäftsjahres

Laut dieser Formel ergibt sich in unserem Beispiel ein Saldo aus allen Steuereffekten von 150,00 – 100,00 + 250,00 = 300,00; es liegen also aktivische latente Steuern vor. Da der Saldo aller Steuereffekte positiv ist, muss nun überprüft werden, ob die aktiven latenten Steuern valide sind oder nicht. Dazu wird überprüft, ob das Eigenkapital ohne Steuereffekte noch positiv ist, d. h.,

EK-Saldo ohne Steuereffekte
= EK zum Ende des neuen Geschäftsjahres
- Saldo aller Steuereffekte

In unserem Beispiel ergibt sich ein Eigenkapitalsaldo ohne Steuereffekte von 250,00 – 300,00 = -50,00; er ist also bereits negativ. Die aktiven latenten Steuern sind also nicht mehr dazu geeignet, mit kommenden Gewinnen verrechnet zu werden. Falls eine Abschreibung nicht schon längst erfolgt ist, muss diese nun erfolgen. Die Zusammenhänge werden in folgender Bilanz noch einmal verdeutlicht:

Aktivseite		Passivseite	
		250	Eigenkapital
Latente Steuer	300		

Abbildung 80: Außerplanmäßige Steuerabschreibung

Die latente Steuer ist also nicht mehr valide und muss abgeschrieben werden. Das Eigenkapital hat nach der Abschreibung den Wert -50, das Unternehmen befindet sich also im Ruin. Unternehmen, die ohne Steuereffekte einen Ruin erleiden, können dies also nicht durch Steuereffekte abwenden. Das Finanzamt rettet folglich nicht vor dem Ruin und verringert auch nicht die Ruinhöhe. Letztendlich lassen sich Steuereffekte nur zur Ergebnisglättung nutzen.

Daneben ist der hochgradig nicht-lineare Effekt der außerplanmäßigen Steuerabschreibungen zu erwähnen. Ist das 0,5 %-Quantil negativ, muss gemäß Solvency II Kapital zugeführt werden. Es ist jedoch nicht offensichtlich, wie viel Kapital dem Unternehmen zur Verfügung gestellt werden muss. Grund hierfür ist der Abschreibungseffekt. Durch diesen Effekt reduziert sich der Betrag, der dem Unternehmen zugeführt werden muss, damit das 0,5 %-Quantil nach der Kapitalzufuhr nicht mehr negativ ist. Die Nichtlinearität drückt sich darin aus, dass weniger Kapital zugeführt werden muss, als der Betrag des negativen Wertes.

Veranschaulicht werden kann dies durch die Tatsache, dass ein durch scheinbar ausreichendes Eigenkapital abgesichertes Unternehmen mehr oder weniger schlagartig ruiniert sein kann, wenn das Eigenkapital nur noch durch Steuereffekte gedeckt ist und diese plötzlich nicht mehr valide sind.

Abschließend ist zu sagen, dass außerplanmäßige Steuerabschreibungen kein originäres Risiko darstellen, sondern sich aus allen anderen Risikoeinflüssen simultan ergeben. Dabei binden sie unternehmensübergreifend durchaus erheblich Teile des Eigenkapitalbedarfs, wobei diese Anteile aber „umgelegt" werden sollten. Dies wird jedoch näher im nächsten Kapitel erläutert.

6 Gesamtmodell

In den vorhergehenden Kapiteln wurden alle mathematischen und wirtschaftlichen Grundlagen für ein internes Risikomodell gelegt. Alle diese Komponenten werden nun zu einem **Gesamtmodell** zusammengefügt. Um das Modell interpretieren und auswerten zu können, werden zunächst die dem Modell zugrunde liegenden Grundannahmen betrachtet.

6.1 Modellaufbau

Zunächst folgen eine Ausführung zu **Ergebnisbeiträgen zur GuV** sowie eine **Übersicht** über die dem Modell zugrunde liegende Basisgleichung. Danach wird ein **Berechnungsschema** erläutert, dessen einzelne Positionen in den vorhergehenden Kapiteln vollständig hergeleitet wurden. Am Ende werden die relevanten **Eingabeparameter** betrachtet.

6.1.1 Ergebnisbeiträge zur GuV

Die stochastische GuV setzt sich aus mehreren GuV-Komponenten zusammen. Diese liefern die einzelnen Ergebnisbeiträge zur Gesamt-GuV. Die einzelnen Ergebnisbeiträge werden im Folgenden kurz beleuchtet, um eine angemessene Interpretation der Modellergebnisse zu ermöglichen. Das Gesamtergebnis der stochastischen GuV setzt sich aus den folgenden Ergebnisbeiträgen zusammen:

Ergebnis der Versicherungstechnik

Das Ergebnis der Versicherungstechnik berechnet sich wie folgt:

Ergebnis VT = Netto-Prämien
./. Netto-Kosten
./. Netto-Schadenzahlungen im Bilanzjahr
./. Veränderung der Netto-Schadenreserven

Hierbei ist Netto jeweils definiert als Brutto-Wert minus Rückversicherung. Alle Steuereffekte sind in der Berechnung bereits enthalten. Es ist zu beachten, dass die hier verwendete Betrachtungsweise eine Fair Value-Betrachtungsweise abbildet und damit über die klassische Sichtweise (z. B.

des HGB) hinausgeht. So ist beispielsweise die Veränderung der Netto-Schadenreserven als Veränderung des Fair Value der Netto-Schadenreserve zu interpretieren. Allerdings erfolgen in dem vorliegenden Modell die Auf- und Abzinsungen nur mit dem risikofreien Zins; die Berücksichtigung der Risikoexponiertheit erfolgt wie schon in einem früheren Kapitel erläutert über die Kapitalkosten.

Ergebnis der Nicht-Versicherungstechnik

Das Ergebnis der Nicht-Versicherungstechnik setzt sich zusammen aus den Wertänderungen der festverzinslichen Wertpapiere und den Wertänderungen der Aktien. Auch hier erfolgt die Betrachtung inklusive aller Steuereffekte. Bei den Aktien wird mit der Thesaurierungsannahme gearbeitet, sämtliche Dividenden werden also reinvestiert und sind damit bereits in den Wertänderungen der Aktien enthalten.

Ergebnis des Rückversicherungsausfalls

Das Ergebnis aus Rückversicherungsausfall wird abgebildet durch die Veränderung des Ausfallrisikos für den oder die Rückversicherer. Hier wird die Veränderung des Ausfallrisikos betrachtet; das Ergebnis kann also sowohl positive als auch negative Werte annehmen, je nachdem, wie sich die Einschätzung des Ausfallrisikos der Rückversicherungspartner (z. B. aufgrund eines geänderten Ratings) ändert.

Ergebnis der operationellen Risiken

Das Ergebnis der operationellen Risiken entspricht der Höhe der Rückstellung für die operationellen Risiken. Es kann deshalb nur negativ sein, da es für jede Periode neu berechnet werden muss. Ein Ergebnis von null wäre theoretisch denkbar, stellt jedoch in der Praxis keine realitätsnahe Annahme dar.

Ergebnis der außerplanmäßigen Steuerabschreibungen

In das Ergebnis aus außerplanmäßigen Steuerabschreibungen können die Steuereffekte aller Einzelergebnisse simultan einwirken. Es wird deshalb dargestellt als GuV-Gesamtergebnis minus aller anderen Ergebnisbeiträge und kann einen sehr großen Ergebnisbeitrag ausmachen.

Alle diese Ergebnisbeiträge werden wir später für die EK-Allokation benötigen.

Für die stochastische Gewinn- und Verlustrechnung gilt also folgende Basisgleichung[47]:

$$EK_1 = EK_0 + \sum GuV_i$$

EK_1 = **stochastisches Eigenkapital** am Ende der betrachteten Periode

EK_0 = **deterministisches Eigenkapital** zu Beginn der Periode

$\sum GuV_i$ = Summe aller **Komponenten der Gewinn- und Verlustrechnung** (inklusive Steuereffekte); diese Komponenten können sein:

- Versicherungstechnik
- Kapitalanlage
- Rückversicherungsausfall
- operationelle Risiken
- außerplanmäßige Steuerabschreibungen

6.1.2 Berechnungsschema

Zur vereinfachten Handhabung der GuV wird mit einem vorgegebenen Berechnungsschema gearbeitet. Es lässt sich jeweils in der Startbilanz und in der Gewinn- und Verlustrechnung in die drei Teile **Versicherungstechnik**, **Nicht-Versicherungstechnik** und **Sonstige** unterteilen.

[47] Vgl. Kapitel 2.2.1.

		Aktiva / Erträge / Einzahlungen				Passiva / Aufwände / Auszahlungen			
		Position	**Fair Value**	**Steuer**	**FV nach Steuer**	**Fair Value**	**Steuer**	**FV nach Steuer**	**Position**
Startbilanz	1. VT	Zedierte Reserven	385,57	0,00	385,57	1.285,22	0,00	1.285,22	Brutto-Reserven
						3,93	0,00	3,93	RV-Ausfall
	2. NVT	Festverzinsl. Wertpapiere	610,32	0,00	610,32				
		Aktien	500,00	0,00	500,00				
	3. Sonst.	Steuerforderungen	150,00	0,00	150,00	50,00	0,00	50,00	Steuerrückstellungen
Total Startbilanz			**1.645,88**	**0,00**	**1.645,88**	**1.339,16**	**0,00**	**1.339,16**	
Ökon. Kapital Start						**306,73**	**0,00**	**306,73**	
GuV	1. VT	Brutto-Prämien	1.103,56	-386,25	717,31	341,00	-119,35	221,65	Zed. Prämien m. K. (BS)
						32,45	-11,36	21,09	Zed. Prämien o. K. (Nat Cat)
		Zed. Schadenzahlungen (BS)				15,21	-5,32	9,89	Zed. Prämien o. K. (GS)
		Zed. Schadenzahl. (Nat Cat)	170,78	-59,77	111,01	569,27	-199,25	370,03	Brutto-Schadenzahl. (BS)
		Zed. Schadenzahlungen (GS)	0,00	0,00	0,00	0,00	0,00	0,00	Brutto-Schadenzahl. (Nat Cat)
		Veränd. zedierte Reserv. (BS)	23,23	-8,13	15,10	38,83	-13,59	25,24	Brutto-Schadenzahl. (GS)
		Zedierte Kosten (BS)	-24,36	8,53	-15,83	-81,20	28,42	-52,78	Veränd. Brutto-Reserv. (BS)
			66,21	-23,17	43,04	232,79	-81,48	151,31	Brutto-Kosten
						2,74	-0,96	1,78	Veränderung RV-Ausfall
	2. NVT	Veränd. festverz. Wertpapiere	60,41	-21,14	39,27				
		Veränd. Aktien	-65,07	22,77	-42,29				
	3. Sonst.					4,01	-1,40	2,60	Operationelle Risiken
Total GuV vor St.A.			**1.334,77**	**-467,17**	**867,60**	**1.155,11**	**-404,29**	**750,82**	
Saldo o. Steuereff.								**386,39**	
Saldo der Steuereff.								**37,12**	
						0,00	0,00	0,00	Steuerabschreibungen
Total			**2.980,66**	**-467,17**	**867,60**	**1.155,11**	**-404,29**	**2.089,98**	
Ökon. Kapital Ende						**486,39**	**-62,88**	**423,51**	

Abbildung 81: Berechnungsschema für die Modellierung

Die **Aktivseite** der Startbilanz besteht aus folgenden Positionen:

- Zedierte Reserven *(Versicherungstechnik)*
- Festverzinsliche Wertpapiere und Aktien *(Nicht-Versicherungstechnik)*
- Steuerforderungen *(Sonstige)*

Die **Passivseite** der Startbilanz besteht aus:

- Brutto-Reserven *(Versicherungstechnik)*
- Erwarteter Bonitätsabschlag für erwarteten Rückversicherungsausfall; dieser ist in den zedierten Reserven enthalten und ist zu Beginn (t = 0) deterministisch, in der folgenden Periode (t = 1) stochastisch. *(Versicherungstechnik)*
- Steuerrückstellungen *(Sonstige)*

Umbewertungen der IFRS-Ausgangsbilanz sind zwar deterministisch, müssen aber noch versteuert werden. Beispiel: Das Eigenkapital nach IFRS betrage 1.200,00 und das ökonomische Eigenkapital 1.300,00. Bei einem angenommenen Steuersatz von 35 % geht nur der nach der Besteuerung übrig bleibende Teil von 65,00 ins Eigenkapital. Ebenso müssen zum Beispiel auch der erwartete Rückversicherungsausfall oder Abschreibungen auf immaterielle Vermögensgegenstände, die zusätzlich zu IFRS hinzukommen, einer Steuerbehandlung unterzogen werden.

Zu den einzelnen Positionen der Gewinn- und Verlustrechnung sind jeweils drei Werte angegeben: Der Fair Value, die darauf entfallenden Steuern sowie der Fair Value nach Abzug dieser Steuern.

Dem vorliegenden Modell liegen folgende Annahmen zugrunde: Die in der GuV aufgeführten Brutto-Prämien aus Neugeschäft werden stochastisch modelliert. Diese stochastische Brutto-Prämie definiert das stochastische Exposure[48] sowohl für NatCat-Schäden, Großschäden und Basisschäden.

---

[48] Vgl. Kapitel 3.2.1.2.

Exposurebezogene Modellierung			
	NatCat-Schäden	**Großschäden**	**Basisschäden**
Basisprämie **1.000,00**	Basis-Exposure 2.000,00	Basisanzahl 4,0	Erwarteter Aufwand 696,00
Aktuelle Prämie **1.100,00**	Aktuelles Exposure 2.200,00	Aktuelle Anzahl 4,4	Effektiver Aufwand 765,6

Abbildung 82: Exposureeinfluss auf die Modellierung

Aus dem Verhältnis von aktueller Prämie zur Basisprämie lassen sich das aktuelle Exposure, die aktuelle Großschadenanzahl und der effektive Aufwand für Basisschäden bestimmen. Das aktuelle Exposure ermittelt sich z. B. aus Basis-Exposure × Aktuelle Prämie / Basisprämie, also 2.000,00 × 1.100,00 / 1.000,00 = 2.200,00. Für die Großschadenanzahl und den effektiven Basisschadenaufwand erfolgt dies analog.

Daneben werden im Modell die Kosten ebenfalls stochastisch modelliert. Steuereffekte in der Gewinn- und Verlustrechnung errechnen sich aus dem unternehmensinternen Steuersatz, und außerplanmäßige Steuerabschreibungen ergeben sich anhand des zuvor präzisierten Algorithmus.

Erwartungswerte und Standardabweichungen wurden aus Zeitreihen ermittelt, um das Schätzrisiko einzugrenzen. Für das Neugeschäft erfolgte eine separate Brutto-Modellierung von Basis-, NatCat- sowie Großschäden. Hierbei ist zu beachten, dass NatCat- und Großschäden gemäß unserer Annahmen zu einem sofortigen liquiden Abfluss führen. Eine Reservebetrachtung erfolgt also ausschließlich für Basisschäden anhand des vereinfachten Modells:[49]

[49] Hierbei ist zu beachten, dass sich der Aufwand jeweils als Produkt aus der Schadenquote und den Prämieneinnahmen ergibt. Sowohl die Schadenquote als auch die Prämie können schwanken und beeinflussen somit den Aufwand. Insofern wird das jeweilige Exposure in den Zahlungen berücksichtigt.

$$\text{Zahlungen in t} = (\text{Reserve t-1} + \text{Aufwand t}) \times \text{Cash Flow-Faktor}$$

$$\text{Reserve t} = \underbrace{(\text{Reserve t-1}}_{\text{deterministisch}} + \underbrace{\text{Aufwand t})}_{\text{stochastisch}} \times \underbrace{(1 - \text{Cash Flow-Faktor})}_{\text{deterministisch}}$$

Die Schätzung der Einperioden-Volatilität erfolgt mit dem in Kapitel 3.1 erläuterten Modell, und der Neugeschäftsaufwand wird mittels einer Lognormalverteilung ermittelt.

Weiterhin wurde in dem Modell angenommen, dass sich die Rückversicherung aufteilt in eine Quoten-Rückversicherung für Basisschäden sowie eine nicht-proportionale Rückversicherung für die NatCat- und Großschäden. Die Prämien für beide Rückversicherungsarten werden jeweils nach unterschiedlichen Verfahren geschätzt.

Die Prämie der **Quoten-Rückversicherung** für Basisschäden ermittelt sich wie folgt:

> Zedierte Prämie (inkl. Kosten)
> = Brutto-Prämie × Quote × RV-Aufschlag

Hierbei werden zedierte Kosten gegengerechnet:

> Zedierte Kosten = Brutto-Kosten × Quote

Die Prämie der **nicht-proportionalen Rückversicherung** für NatCat- und Großschäden wird folgendermaßen bestimmt:

> Zedierte Prämie (exkl. Kosten)
> = Barwert des zedierten Aufwands + Kapitalkostenmodell für RV

Es ist eine Drohverlustrückstellung für einen möglichen Bonitätsabschlag in $t = 0$ (deterministisch) und in $t = 1$ (stochastisch) zu bilden. Im vorliegenden Modell beinhaltet diese Drohverlustrückstellung zur Vereinfachung des Ansatzes auch den (realisierten) Ausfall auf die Zahlungen.

Zum Bonitätsabschlag für RV-Ausfall wird ein Beispiel betrachtet. Diesem Beispiel liegen folgende deterministische Eingabeparameter zugrunde:

Exposure in t = 0: 1.000,00
RV-Ausfall in t = 0: 1,02 %
Absoluter Bonitätsabschlag in t = 0: 10,20

Es können sich dann verschiedene Szenarien ergeben:

Szenario-Nr.	Exposure t = 1	RV-Ausfall t = 1	Bonitätsabschlag t = 1	GuV vor Steuern	Steuern (35 %)	GuV nach Steuern
1	1.100,00	0,8 %	8,80	1,40	0,49	0,91
2	1.200,00	5,0 %	60,00	-49,80	-17,43	-32,37

Abbildung 83: GuV-Szenarien

In Szenario 1 ist das Exposure in t = 1 auf 1.100,00 angestiegen, der RV-Ausfall hingegen auf 0,8 % gefallen. Der Bonitätsabschlag in t = 1 ermittelt sich also aus 1.100,00 × 0,8 % = 8,80. GuV-wirksam vor Steuern ergibt sich dann ein Betrag von 10,20 – 8,80 = 1,40. In dem Beispiel wird von einem Steuersatz von 35 % ausgegangen, was eine absolute Steuerlast von 1,40 × 35 % = 0,49 ergibt. Nach Steuern verbleibt ein Betrag von 1,40 – 0,49 = 0,91 in der GuV.

6.1.3 Eingabeparameter

Die für das Modell relevanten Parameterarten werden einzeln betrachtet.

Marktparameter

Hierzu zählen der Marktzins, der Spread festverzinslicher Wertpapiere sowie der Aktienindex inklusive Dividende. Dem Modell liegen folgende Marktparameter zugrunde:

Parameter	Erwartungs-/ Startwert	Standard-abweichung
Marktzins	4,00 %	0,80 %
Spread festverzinslicher Wertpapiere	3,00 %	0,60 %
Aktienindex (inklusive Dividende)	107,00 %	26,75 %

Abbildung 84: Marktparameter

Unternehmensparameter

Einziger Unternehmensparameter ist der Steuersatz. In dem Modell wird ein Steuersatz von **35 %** zugrunde gelegt.

Parameter zu den GuV-Positionen

Zu den einzelnen Positionen der Gewinn- und Verlustrechnung liegen ebenfalls Eingabeparameter vor:

Assets

Zu den Eingabeparametern der Assets zählen im Modell der Nominalwert festverzinslicher Wertpapiere, der Aktienkurs sowie die Duration zu Beginn. Für das Modell liegen folgende Asset-Parameter vor:

Parameter	Erwartungs-/ Startwert	Standard-abweichung
Nominalwert festverzinslicher Wertpapiere	800,00	
Aktienkurs zu Beginn	500,00	125,00
Duration zu Beginn	3	

Abbildung 85: Asset-Parameter

Aus den vorgegebenen Parametern lassen sich die stochastischen Werte der festverzinslichen Wertpapiere und der Aktien nach einem Jahr ermitteln.[50] Addiert man die Verluste aus beiden Anlageklassen auf, erhält man den gesamten Verlust aus dem nicht-versicherungstechnischen Geschäft.

Steuern

Zur GuV-Position der Steuern gibt es als Eingabeparameter die Steuerforderungen und die Steuerrückstellungen aus der Startbilanz. Die Werte der Parameter sind in nachfolgender Übersicht aufgeführt.

Parameter	**Erwartungs-/ Startwert**
Steuerforderungen Startbilanz	150,00
Steuerrückstellungen Startbilanz	50,00

Diese Steuerpositionen werden für die Bestimmung des außerordentlichen Steuereffekts benötigt

Versicherungstechnik

In der Versicherungstechnik werden als Parameter die Versicherungsprämie und der sogenannte Wachstumsfaktor herangezogen. Daneben betrachtet man Brutto-Schadenquote und Brutto-Aufwand der Basisschäden sowie die Brutto-Reserven der Basisschäden jeweils in Start- und Endbilanz. Weitere Parameter zur Versicherungstechnik sind NatCat- und Großschadenexposure und die Brutto-Kostenquote.

[50] Vgl. Kapitel 4.3.

Parameter	Erwartungs-/ Startwert	Standard-abweichung
Prämie	1.000,00	50,00
Wachstumsfaktor	105,17 %	
Brutto-Schadenquote Basisschäden	69,60 %	8,76 %
Brutto-Aufwand Basisschäden	696,00	94,39
Brutto-Reserven Basisschäden Startbilanz	1.411,62	
Brutto-Reserven Basisschäden Endbilanz	1.484,60	
NatCat-Basisexposure	1.000,00	
Großschadenbasisexposure	1.000,00	
Brutto-Kostenquote	20,00 %	1,00 %

Abbildung 86: Parameter der Versicherungstechnik

Diese Parameter sind notwendig, um die Modellierung des Neugeschäfts durchführen zu können; der Wert für die Brutto-Reserven zum Zeitpunkt t = 1 ergibt sich nach Anwendung des Cash Flow-Faktors.

Rückversicherung

Für die Rückversicherung werden zwei Eingabeparameter herangezogen: Die Rückversicherungsquote und der Prämienfaktor. Die beiden Parameter betragen:

Parameter	**Erwartungs-/ Startwert**
RV-Quote	30,00 %
Prämienfaktor	103,00 %

Diese Werte ergeben sich aus der Vorparametrisierung zum Rückversicherungsausfall.

Sonstige Risiken

Der letzte relevante Eingabeparameter ist die RV-Ausfallrate. Sie beträgt 1,02 % und wurde ebenfalls aus der Vorparametrisierung zum Rückversicherungsausfall ermittelt.[51]

Korrelationen

Wichtig sind ebenfalls noch die zugrunde liegenden Korrelationen. Aktien und der Spread festverzinslicher Wertpapiere sind jeweils zu **50 %** mit dem Marktzins korreliert.

6.2 Managementregeln

In einem realitätsnahen Gesamtmodell müssen Managementregeln zur Abbildung unternehmerischer Entscheidungen festgelegt werden. Dabei ist darauf zu achten, dass die definierten Managementregeln im Modell die unternehmerische Praxis möglichst genau widerspiegeln.

Managementregeln sollten aus diesem Grund möglichst genau die tatsächliche unternehmerische Strategie des zu betrachtenden Unternehmens wiedergeben. Um die Auswertung der Modellergebnisse nicht unnötig zu erschweren, sollten die definierten Managementregeln nicht zu komplex ausgestaltet sein.[52]

In einem fortgeschrittenen internen Modell sollten Managementregeln für jedes einzelne Segment, welches in die GuV einfließt, definiert werden. So kann man beispielsweise Managementregeln zur Investmentstrategie, zur Zeichnungspolitik, zur Kapitalausstattung oder zu Rückversicherungsstrategien festlegen. In dem hier betrachteten Modell wurden im Wesentlichen nur Managementregeln für den Bereich der Investition und Desinvestition in Kapitalanlagen definiert, die im Folgenden erläutert werden sollen.

---

[51] Vgl. Kapitel 5.1.

[52] Vgl. DAV-Arbeitsgruppe Interne Risikomodelle (2008), S 143 ff.

6.2.1 Managementregeln zur Investition / Desinvestition

Bei den Managementregeln zur **Investition** geht es vorrangig um die Frage, wie die überschüssigen und nicht für Schadenauszahlungen benötigten finanziellen Mittel angelegt oder desinvestiert werden sollen. Hierbei wird der positive liquide Saldo im Wege einer Cash Flow-Rechnung ermittelt. Ausgehend von der alten Portfoliozusammensetzung werden Schäden bezahlt und es fallen Kosten an. Hierbei handelt es sich jeweils um Mittelabflüsse. Es werden aber auch neue Prämien eingenommen, welche Mittelzuflüsse darstellen.

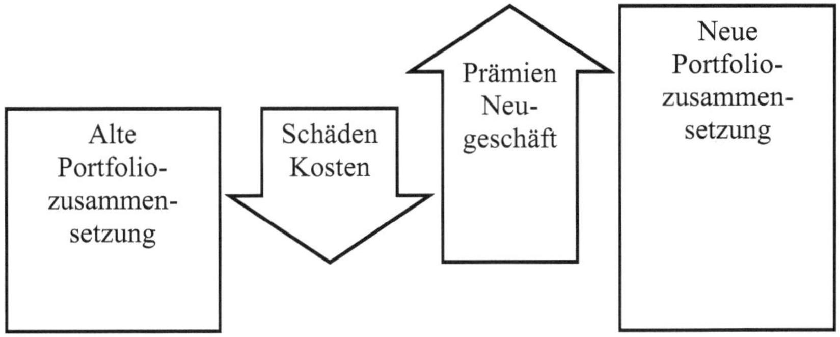

Abbildung 87: Positiver liquider Saldo

Sofern die Mittelzuflüsse die Mittelabflüsse übersteigen, entsteht ein **positiver liquider Saldo**, welcher am Kapitalmarkt angelegt werden muss. Die neue Portfoliozusammensetzung ist daher wertmäßig höher als die alte Portfoliozusammensetzung, wie die oben dargestellte Abbildung zeigt.

Die oben beschriebene Cash Flow-Rechnung kann auch ergeben, dass die Mittelabflüsse größer sind als die Mittelzuflüsse. Dieses Szenario könnte sich beispielsweise ergeben, wenn nicht nur Schäden und Kosten im Bilanzjahr abfließen, sondern auch noch Großschäden eingetreten sind, welche bezahlt werden müssen. In diesem Fall würden die neu eingenommenen Prämien nicht ausreichen um den Mittelabfluss zu kompensieren. Es ergäbe sich ein **negativer liquider Saldo**. Die neue Portfoliozusammensetzung wäre somit wertmäßig kleiner als die alte Portfoliozusammensetzung.

Managementregeln zur **Investition** beantworten im Modell nun die Frage, wie ein positiver liquider Saldo angelegt werden soll. Hierbei ist zu beachten, dass es für Versicherungen feste Anlagegrundsätze[53] gibt, welche auch im Modell beachtet werden sollten, um die Realität möglichst gut abzubilden. Die Managementregeln zur **Desinvestition** beschäftigen sich mit der Frage, welche Kapitalanlagen zuerst aufgelöst werden, wenn sich ein negativer liquider Saldo aus der Versicherungstechnik ergibt.

Um die unternehmerischen Investitions- und Desinvestitionsentscheidungen im Modell realitätsnah abzubilden, müssen nun Managementregeln zur Investition und Desinvestition festgelegt werden. Als hilfreich erscheint es, sich bei der Festlegung der Managementregeln an gegebenenfalls im Unternehmen existierenden Investitions- bzw. Desinvestitions-Richtlinien zu orientieren.

Die Managementregeln können verschiedene Komplexitätsgrade aufweisen. Um die Interpretation der Ergebnisse nicht zu erschweren, ist im Zweifel eine einfache Regel zu bevorzugen. Nachfolgend sind Beispiele für die verschiedenen Typen von Managementregeln aufgeführt:

Einfache, aber wenig realitätsnahe Managementregel: „Lege alle liquiden Zuflüsse im Tagesgeld an."

Komplexere Managementregel: „Lege alle Mittel so an, dass stets 30 % des Gesamtportfolios in liquiden Mitteln gehalten werden."

Sehr komplexe und daher für die meisten Modelle eher unbrauchbare Managementregel: „Verkaufe in einer Hausse-Phase zunächst alle Aktien bis zu einer Aktienquote von X % und verkaufe in einer Baisse-Phase zunächst X % aller festverzinslichen Wertpapiere."

Grundsätzlich wird es in der Praxis also darum gehen, einen Kompromiss zwischen geringer Komplexität der Managementregel und einer hinreichend genauen Abbildung der unternehmerischen Entscheidungen zu finden.

---

[53] Die Anlagegrundsätze für Versicherer sind geregelt in der Verordnung über die Anlage des gebundenen Vermögens von Versicherungsunternehmen (Anlageverordnung – AnlV).

6.2.2 Managementregeln im vorliegenden Modell

Im vorliegenden Modell sind einige Managementregeln definiert worden, bei denen vor allem auf Einfachheit geachtet wurde. Die in diesem Modell hinterlegten Managementregeln lauten:

„Keine Dividendenausschüttung bei Aktien (Thesaurierung)."

„Alle liquiden Zu- und Abflüsse werden risikofrei angelegt bzw. geliehen."

„Keine Dividendenausschüttung des Unternehmens."

Diese Managementregeln sollten bei der Interpretation und der Auswertung der Simulationsergebnisse beachtet und bei einer sich ändernden Unternehmenspolitik gegebenenfalls angepasst werden. Grundsätzlich bleibt jedoch zu bemerken, dass die Managementregeln bei einem Mehrperiodenmodell in der Regel einen größeren Einfluss auf das Gesamtergebnis haben als in dem hier betrachteten Einperioden-Modell.

6.3 Auswertungen

Nach Festlegung aller Eingabeparameter und der Managementregeln können nun auf Basis des skizzierten Berechnungsschemas Monte-Carlo-Simulationen durchgeführt werden. Diese Simulationen liefern eine empirische Eigenkapitalverteilung. Auf der Basis dieser Verteilung gilt es, den Eigenkapitalbedarf des Unternehmens zu ermitteln. Abschließend wird das Eigenkapital in einem Top Down-Ansatz auf die einzelnen Ergebnisbeiträge allokiert.

6.3.1 Eigenkapitalverteilung

Mithilfe von Monte-Carlo-Simulationen erhält man eine empirische Verteilung für die GuV und somit eine empirische Verteilung für das Eigenkapital nach einem Jahr. Dabei gilt das Gesetz der großen Zahlen: Je mehr Simulationen durchgeführt werden, desto mehr nähert sich die empirische Verteilung an die wahre Verteilung an. Je schiefer die Verteilung ist, desto mehr Simulationen benötigt man für eine hohe Approximationsgüte.

	Quantile	Ökon. Kapital Beginn	Ergebnis Vers.-Technik	Ergebnis Kapital-anlage	Ergebnis RV-Ausfall	Ergebnis operation. Risiken	Ergebnis GuV-Besteuerung	Ergebnis außerordentl. Steuerabschr.	Ökonom. Kapital Ende	Differenz	EK-Verzins. / mittl. Korr.
Mittelwerte		306,73	-10,20	78,14	-2,20	-17,31	-16,95	-5,80	332,41	25,68	8,37 %
Standardabweich.		0,00	95,59	134,84	10,32	56,09			148,02		-15,05 %
	0,10 %		-696,29	-214,25	-109,47	-717,43			-1.264,52		
	0,25 %		-492,03	-202,15	-80,48	-472,96			-452,32		
	0,50 %		-408,82	-182,22	-60,64	-267,82			-275,81		
	1,00 %		-254,11	-168,78	-46,18	-204,07			-136,95		
	2,50 %		-166,59	-141,57	-29,06	-117,14			-31,32		
	5,00 %		-126,19	-113,05	-18,08	-66,48			184,46		
	10,00 %		-96,17	-78,36	-10,35	-34,56			219,70		
	25,00 %		-50,68	-17,34	-2,86	-14,02			274,92		
	50,00 %		-3,58	61,52	1,04	-4,65			336,11		
	75,00 %		40,03	157,09	2,73	-1,51			407,16		
	90,00 %		79,11	254,81	3,37	-0,57			477,44		
	95,00 %		100,17	321,35	3,56	-0,30			521,55		
	97,50 %		121,33	400,17	3,66	-0,18			564,26		
	99,00 %		147,15	475,40	3,76	-0,10			611,90		
	99,50 %		159,59	514,37	3,79	-0,07			644,39		
	99,75 %		172,74	535,86	3,83	-0,05			673,56		
	99,90 %		197,88	596,66	3,84	-0,03			704,02		

Abbildung 88: Simulation der Eigenkapitalverteilung

In unserem Beispiel wurden 5.000 Simulationen durchgeführt, wobei man für die empirische Verteilung die Quantile aus Abbildung 88 erhalten hat.

In der Zeile „**Mittelwerte**" sind die Erwartungswerte der stochastischen Simulation abgebildet. In den nachfolgenden Zeilen sind die dazugehörigen **Standardabweichungen** sowie verschiedene **Quantile** ausgewiesen. In den Spalten sind neben dem deterministischen **ökonomischen Kapital zu Beginn** des Geschäftsjahres die Ergebnisse in den einzelnen Bereichen Versicherungstechnik, Kapitalanlage, Rückversicherungsausfall, operationelle Risiken, GuV-Besteuerung und außerordentliche Steuerabschreibungen dargestellt.

All diese Ergebnisquellen können entweder positiv oder negativ sein. Das **ökonomische Kapital zum Ende** des Geschäftsjahres erhält man durch Addition des ökonomischen Kapitals zu Beginn mit den einzelnen Ergebnisquellen. In der nächsten Spalte steht die **Differenz** aus ökonomischem Kapital zum Ende und zum Beginn des Geschäftsjahres. Daraus ergibt sich die **Eigenkapital-Verzinsung** als Quotient aus dem Betrag der vorhergehenden Spalte und dem ökonomischen Kapital zum Beginn des Geschäftsjahres.

6.3.2 Erforderliches Eigenkapital

Die durchgeführten Simulationen liefern eine Prognose über den Verlauf des kommenden Geschäftsjahres. Auf Grundlage dieser Prognose soll nun der Eigenkapitalbedarf zum Ende der Periode ermittelt werden.

Dabei betrachten wir in unserem internen Modell alle Quantile nach einem Jahr (zum Zeitpunkt t+1). Solvency II hingegen verlangt eine entsprechende Eigenkapitalausstattung zum Beginn des Jahres (zum Zeitpunkt t). Will man seinen Eigenkapitalbedarf also gemäß den Vorgaben von Solvency II bestimmen, so müsste man (unter Berücksichtigung linearer Steuereffekte) ermitteln, welches Kapital man zu Beginn des Jahres zuschießen bzw. entnehmen müsste. Eine einfache Diskontierung ist aufgrund der Berücksichtigung der linearen Steuereffekte nicht möglich.

Bei der Entwicklung von internen Modellen sollte beachtet werden, dass Solvency II ein regulatorisches Modell ist, welches die Mindesteigenkapitalausstattung vorgibt. Solange ein Unternehmen die Eigenkapitalvorschriften von Solvency II erfüllt, kann es unternehmensintern ein anderes Modell anwenden. Für die Eigenkapitalallokation in unserem internen Modell betrachten wir dennoch das ebenfalls für Solvency II verwendete 0,5 %-Quantil als maßgeblich. Daher wird im Folgenden auf diese Werte zurückgegriffen.

Die Ermittlung des erforderlichen Eigenkapitals kann sowohl nach dem Value at Risk-Prinzip als auch nach dem Tail Value at Risk-Prinzip erfolgen. Im Folgenden werden die beiden Prinzipien erläutert.

6.3.2.1 Value at Risk-Prinzip

Der Value at Risk ist definiert als der in einem Beitrag ausgedrückte Verlust, der in einem bestimmten Zeitraum und mit einer vorgegebenen Wahrscheinlichkeit (einem Konfidenzniveau) nicht überschritten wird.

Der **Eigenkapitalbedarf** beim **Value at Risk-Prinzip** wird wie folgt berechnet:

$$EK_\alpha = E(EK_1) - VaR_\alpha(EK_1)$$

EK_α = **Eigenkapitalbedarf** nach einem Jahr zum Risikoniveau α

$E(EK_1)$ = **Erwartungswert des Eigenkapitals** nach einem Jahr

$VaR_\alpha(EK_1)$ = **Value at Risk des Eigenkapitals** nach einem Jahr zum Risikoniveau α

Demnach errechnet sich der Eigenkapitalbedarf nach einem Jahr als Differenz zwischen dem Erwartungswert des Eigenkapitals nach einem Jahr und dem dazu gehörigen Value at Risk. Dabei ist $\alpha = 0{,}5$ % bei einem Konfidenzniveau von 99,5 %. Für dieses Konfidenzniveau soll nun der Value at Risk als Maßzahl für den Eigenkapitalbedarf nach einem Jahr berechnet werden. Zur Illustration dient nachfolgend dargestellte Tabelle.

	Quantile	Ökonomisches Kapital Beginn	Ökonomisches Kapital Ende
Mittelwerte		306,73	332,41
Value at Risk	**0,50 %**		-275,81
Benötigtes EK VaR-Prinzip			608,22

Abbildung 89: Eigenkapitalbedarf nach dem VaR-Prinzip

Die **Mittelwerte** der Beispielsimulation sind aus der Abbildung 88 entnommen. In der folgenden Zeile lässt sich ablesen, dass der **Value at Risk** für das ökonomische Kapital am Ende des Geschäftsjahres bei einem Risikoniveau von 0,5 % den Wert von -275,81 annimmt. Somit ist $VaR_{\alpha}(EK_1)$ = -275,81. Im Falle unserer Beispielsimulation ist der **Erwartungswert des Eigenkapitals nach einem Jahr** – in der Formel zur Berechnung des Eigenkapitalbedarfs bezeichnet mit $E(EK_1)$ – gleich dem ökonomischen Kapital zum Ende des Geschäftsjahres = **332,41**. An dieser Stelle sei angemerkt, dass eine Schwäche des Value at Risk-Ansatzes ist, dass der Erwartungswert bei sehr schiefen Verteilungen kleiner sein kann als der Value at Risk.

Die Differenz dieser beiden Werte ergibt das **benötigte Eigenkapital nach einem Jahr zum Risikoniveau 0,5 %**, in diesem Fall 332,41 - (-275,81) = **608,22**. Anschaulich bedeutet dies, dass man deutlich mehr Eigenkapital zu Beginn der Periode benötigt, um den mit einer Wahrscheinlichkeit von 99,5 % maximal zu erwartenden Einperioden-Verlust in selber Höhe durch das Eigenkapital vollständig begleichen zu können. Dabei muss jedoch beachtet werden, dass der Value at Risk nur darüber Auskunft gibt, wie hoch der Eigenkapitalbedarf nach einem Jahr sein wird. Anders als oft angenommen, liefert er keine Angabe darüber, wie hoch das heute vorhandene Eigenkapital sein müsste, um das kommende Geschäftsjahr unter Solvenzgesichtspunkten zu überstehen.

6.3.2.2 Tail Value at Risk-Prinzip

Neben der Ermittlung des Eigenkapitalsbedarfs auf Grundlage des Value at Risk besteht auch die Möglichkeit, einen Ansatz zu wählen, bei dem der Value at Risk durch den **Tail Value at Risk** ersetzt wird.

Der Tail Value at Risk ist definiert als der erwartete Verlust für den Fall, dass der Value at Risk tatsächlich überschritten wird und somit der Erwartungswert aller Verluste, die größer sind als der Value at Risk. Daher wird der Tail Value at Risk oft auch als **„bedingter Erwartungswert"** bezeichnet. Er wird wie folgt berechnet:

$$TVaR\alpha(EK1) = E(EK1 \mid EK1 \leq VaR\alpha(EK1))$$

$E(EK_1 \mid EK_1 \leq VaR_\alpha(EK_1))$	=	**Erwartungswert des Eigenkapitals** nach einem Jahr unter der Bedingung, dass dieser Erwartungswert des Eigenkapitals nach einem Jahr geringer ist als beim Value at Risk des Eigenkapitals nach einem Jahr zum Risikoniveau α.

Der **Eigenkapitalbedarf beim Tail Value at Risk-Prinzip nach einem Jahr** ist folglich stets größer als beim Value at Risk. Bei der Ermittlung wird lediglich der Value at Risk durch den Tail Value at Risk ausgetauscht. Formell lässt sich dies folgendermaßen darstellen:

$$EK_\alpha = E(EK_1) - TVaR_\alpha(EK_1)$$

EK_α	=	**Eigenkapitalbedarf** nach einem Jahr zum Risikoniveau α
$E(EK_1)$	=	**Erwartungswert des Eigenkapitals** nach einem Jahr
$TVaR_\alpha(EK_1)$	=	**Tail Value at Risk** des Eigenkapitals nach einem Jahr zum Risikoniveau α

In der von uns durchgeführten Simulation beträgt der Tail Value at Risk (bei einem Risikoniveau von 0,5 %) für das Gesamtunternehmen -745,50. Folglich beträgt der Eigenkapitalbedarf nach einem Jahr 332,41 - (-745,50) = **1.077,91**. Der Eigenkapitalbedarf nach einem Jahr ist beim Tail Value at Risk somit deutlich höher als beim Value at Risk.

Die folgende Abbildung stellt die grundlegenden Beziehungen zwischen Erwartungswert des Eigenkapitals, Value at Risk und Tail Value at Risk dar.

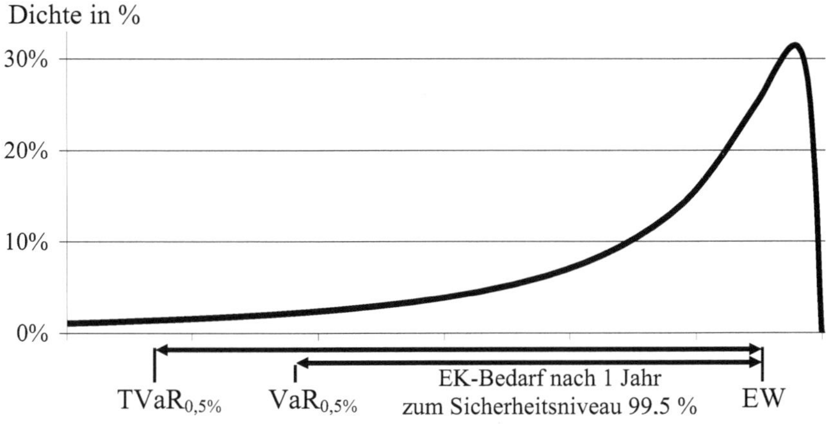

Abbildung 90: Lageparameter der EK-Verteilung, t=1

Es sollte jedoch nicht unerwähnt bleiben, dass eine Simulation mit einem Stichprobenumfang von n = 5.000 nur sehr ungenaue Werte für den Tail Value at Risk liefert. Der Grund liegt im sehr geringen Risikoniveau von 0,5 %. Bei diesem Risikoniveau fallen nur 25 Werte in den Value at Risk-Bereich. Der Tail Value at Risk ist der Erwartungswert, der auf Grundlage dieser 25 Werte ermittelt wird. Bei größerem Stichprobenumfang würden mehr Werte einbezogen, so dass der Tail Value at Risk genauer bestimmt werden könnte.

6.3.3 Eigenkapitalallokation

In dem ermittelten Eigenkapitalbedarf auf Gesamtunternehmensebene sind Synergieeffekte enthalten, welche aufgrund der Verschiedenartigkeit der Einzelrisiken bestehen. Es handelt sich bei den Synergieeffekten also um Diversifikationseffekte, die das Unternehmen aufgrund der nicht vollständigen Abhängigkeit der einzelnen Ergebnisbeiträge nutzen kann, um insgesamt weniger Eigenkapital vorhalten zu müssen. Daher ist die Summe der ermittelten Eigenkapitalbedarfe der einzelnen Ergebnisbeiträge in der Regel größer als der Eigenkapitalbedarf auf Gesamtunternehmensebene. So ist auch in unserem Beispielszenario die Summe der ermittelten Eigenkapitalbedarfe in Höhe von 967,93 deutlich größer als der nach dem Value at Risk-Prinzip ermittelte Eigenkapitalbedarf des gesamten Unternehmens in Höhe von 608,22. Dies veranschaulicht die nachfolgende Abbildung.

	Ergebnis Vers. Technik	Ergebnis Kapital-anlage	Ergebnis RV Ausfall	Ergebnis operation. Risiken	Summe	ökonom. Kapital Ende
Benötigtes EK	398,62	260,36	58,44	250,51	967,93	608,22

Abbildung 91: EK-Bedarf für die einzelnen Risiken

Will man nun den einzelnen Ergebnisbeiträgen jeweils einen separaten Eigenkapitalbedarf zuordnen, so stellt sich insbesondere die Frage, wie der gesamte Synergieeffekt auf die einzelnen Ergebnisbeiträge aufzuteilen ist, um den jeweiligen Diversifikationsbeitrag des Einzelrisikos zum Gesamtrisiko angemessen zu berücksichtigen.[54] Im Folgenden werden vier verschiedene Verfahren zur Eigenkapitalallokation vorgestellt, mit deren Hilfe der Gesamteigenkapitalbedarf in Höhe von 608,22 unter Berücksichtigung der Synergien risikogerecht auf die einzelnen Ergebnisbeträge verteilt werden kann.

6.3.3.1 Proportionale Umlage

Eine Möglichkeit besteht darin, das Eigenkapital schlicht und einfach proportional auf die einzelnen Ergebnisquellen umzulegen. Die Berechnung erfolgt dabei wie folgt:

$$EK_{i,mod} = EK_i \times EK_{ges} / \sum EK_i$$

$EK_{i,mod}$ = **Eigenkapitalzuweisung** zu einem Einzelrisiko

EK_i = **Eigenkapitalbedarf eines Einzelrisikos** ohne Berücksichtigung von Synergieeffekten

EK_{ges} = **Eigenkapitalbedarf** des gesamten Unternehmens

$\sum EK_i$ = **Summe des Eigenkapitals** aller Einzelrisiken ohne Berücksichtigung von Synergieeffekten.

[54] Eine möglichst genaue Erfassung des Eigenkapitalbedarfs auf Einzelrisikoebene ist insbesondere für eine risikoadjustierte Geschäftssteuerung wichtig. So kann beispielsweise festgestellt werden, wie viel Kapital für die Risikotragung in den einzelnen Ergebnisbeiträgen oder Unternehmensaktivitäten benötigt wird. Auf diese Weise wird eine risikoadjustierte Profitabilitäts- bzw. Kapitalkostenanalyse ermöglicht.

Am Beispiel des Einzelrisikos Versicherungstechnik wird die Berechnung der Eigenkapitalzuweisung erläutert:

Berechnung der Eigenkapitalzuweisung

$EK_i = 398{,}62$

$EK_{ges} = 608{,}22$

$\sum EK_i = 398{,}62 + 260{,}36 + 58{,}44 + 250{,}51$
$= 967{,}93$

$EK_{i,mod} = 398{,}62 \times 608{,}22 / 967{,}93$
$= \mathbf{250{,}48}$

Dem Einzelrisiko Versicherungstechnik wird Eigenkapital in Höhe von $EK_{i,mod}$ zugewiesen. Dies entspricht einem Anteil am Eigenkapitalbedarf von 41,18 %.

Analog wird bei der Berechnung für die Eigenkapitalzuweisungen aller anderen Bereiche vorgegangen. Die Ergebnisse dieser Berechnungen sind in der untenstehenden Tabelle dargelegt:

	Ergebnis Vers. Technik	**Ergebnis Kapital-anlage**	**Ergebnis RV Ausfall**	**Ergebnis operation. Risiken**	**ökonom. Kapital Ende**
Benötigtes EK ohne Synergieeffekte	398,62	260,36	58,44	250,51	
EK-Allokation bei proportionaler Umlage	250,48	163,60	36,72	157,42	608,22
in %	*41,18*	*26,90*	*6,04*	*25,88*	*100,00*

Abbildung 92: Eigenkapitalallokation bei proportionaler Umlage

Der Ansatz der proportionalen Umlage hat den Vorteil, dass er sehr einfach in der Handhabung ist. Zudem ist bei diesem Verfahren eine Linearität des Erwartungswertes gewährleistet. Dies hat in der Praxis den bedeutenden Vorteil, dass das Eigenkapital, welches einem einzelnen Bereich zugeordnet wurde, innerhalb dieses Bereiches weiter umgelegt werden kann, ohne dass dies Auswirkungen auf die anderen Bereiche hätte. So bestünde beispielsweise die Möglichkeit, das Eigenkapital, welches dem Bereich „Versicherungstechnik“ zugeordnet wurde, in einen Teil „Versicherungstechnik Sachversicherung“ und einen Teil „Versicherungstechnik Haftpflichtversicherung“ aufzuspalten, ohne dass sich die Zuweisung für alle anderen Ergebnisbeiträge ändern würde.

Dem steht jedoch der gravierende Nachteil entgegen, dass die Abhängigkeiten der Einzelrisiken untereinander und die Risikosituation im Tail-Bereich nicht berücksichtigt werden.

6.3.3.2 Kovarianzprinzip

Eine weitere, ebenfalls relativ einfache und leicht anzuwendende Möglichkeit der Eigenkapitalallokation ist die Allokation nach dem Kovarianzprinzip. Hierbei liegt der Gedanke zugrunde, dass das Durchführen der Simulationen in den einzelnen Ergebnisbeiträgen sowohl die Verteilungen für diese Komponenten, als auch Korrelationen zwischen den einzelnen Ergebnisbeiträgen liefert. Diese Korrelationen werden nun zur Allokation des Eigenkapitals genutzt. Die Eigenkapitalallokation erfolgt somit anhand der Kovarianzbeiträge der einzelnen Risiken zur Gesamtvarianz.

		Vers.-technik	KA	RV-Ausfall	Operat. Risiko	Kovarianzen Total	Kovarianzen in %
	EK-Bedarf in Mio.	398,62	260,36	58,44	250,51		
Vers.technik	398,62	100,00 %	**0,1 %**	**0,58 %**	**0,75 %**	159.797,64	**53,73**
KA	260,36	**0,01 %**	100,00 %	**1,25 %**	**1,94 %**	69.254,91	**23,29**
RV-Ausfall	58,44	**0,58 %**	**1,25 %**	100,00 %	**-0,54 %**	3.662,04	**1,23**
Op. Risiko	250,51	**0,75 %**	**1,94 %**	**-0,54 %**	100,00 %	64.692,88	**21,75**
Summe						297.407,46	100,00

Abbildung 93: Korrelationsmatrix und Kovarianzen

Zur Aufteilung des Synergieeffekts werden anhand der durch die einzelnen Verteilungen gegebenen Korrelationen (siehe Korrelationsmatrix in der vorstehenden Abbildung) die Kovarianzen der einzelnen Ergebnisbeiträge berechnet[55] und dann zu deren Gesamtsumme ins Verhältnis gesetzt. Dabei werden die Varianzanteile der Steuereffekte umgelegt.

Aufgrund der sich hieraus ergebenden Relationen (dargestellt in der äußersten rechten Spalte) kann der Synergieeffekt anschließend auf Einzelrisikoebene allokiert werden. Im Falle unserer Beispielsimulation liefert dies die Ergebnisse, die in der untenstehenden Abbildung dargestellt sind.

	Ergebnis Vers.-Technik	**Ergebnis Kapitalanlage**	**Ergebnis RV Ausfall**	**Ergebnis operation. Risiken**	**ökonom. Kapital Ende**
Benötigtes EK ohne Synergieeffekte	398,62	260,36	58,44	250,51	
EK-Allokation bei Kovarianzprinzip	326,80	141,63	7,49	132,30	608,22
in %	*53,73*	*23,29*	*1,23*	*21,75*	*100,00*

Abbildung 94: Eigenkapitalallokation gemäß Kovarianzprinzip

Zwar ist das Kovarianzprinzip aufwändiger als die proportionale Umlage. Im Vergleich zu den beiden im Folgenden beschriebenen Verfahren ist es jedoch vergleichsweise einfach. Zudem besitzt es gegenüber der proportionalen Umlage den Vorteil, dass es stochastische Eigenschaften berücksichtigt. Das Kovarianzprinzip ist zwar ein linearer Algorithmus, doch passt es aufgrund seiner quadratischen Betrachtungsweise nicht ganz zur Eigenkapitalbedarfsermittlung nach dem Value at Risk oder nach dem Tail Value at Risk. Zudem werden bei diesem Verfahren große Risiken sehr stark betont, während kleinere Risiken tendenziell eher unterdrückt werden.

6.3.3.3 Adjustierung des Value at Risk-Niveaus

Über die bereits vorgestellten Allokationsverfahren hinaus, besteht die Möglichkeit, das Value at Risk-Niveau der einzelnen Ergebnisbeiträge zu adjustieren. Aufgrund der beschriebenen Synergieeffekte ist die Summe aller Values at Risk der einzelnen Ergebnisbeiträge bei einem bestimmten Konfidenzniveau ungleich dem Value at Risk des gesamten Unternehmens zum

[55] Beispielsweise ergibt sich die Kovarianz des Ergebnisbeitrags Versicherungstechnik aus: 398,62 × 100% × 398,62 + 398,62 × 0,01% × 260,36 + 398,62 × 0,58% × 58,44 + 398,62 × 0,75 × 250,51 = 159.797,64. Analog werden die anderen Kovarianzen berechnet.

gleichen Konfidenzniveau. Theoretisch ließe sich auch das Tail Value at Risk-Niveau der einzelnen Ergebnisbeiträge adjustieren.

Ziel bei der Adjustierung des Risikoniveaus ist es, das Konfidenzniveau für den Value at Risk der Ergebnisbeiträge so weit abzusenken, bis die Summe aller Values at Risk der Ergebnisbeiträge dem gewünschten Value at Risk des gesamten Unternehmens entspricht. Endergebnis könnte beispielsweise sein, dass die einzelnen Ergebnisbeiträge ein Konfidenzniveau von lediglich 90 % besitzen, die Risikosituation des gesamten Unternehmens aufgrund der Synergieeffekte jedoch wie gewünscht einem Konfidenzniveau von 99,5 % entspricht. Dies würde dann der folgenden Beispielsituation entsprechen:

$$VaR_{99,5\,\%}\,(GuV) = \sum VaR_{90\,\%}\,(GuV_i)$$

Die Adjustierung des Risikoniveaus der Einzelrisiken geschieht also nach der folgenden Formel:

$$EK_{i,mod} = EK_{i,\alpha^*} \text{ mit } \sum EK_{i,\alpha^*} = EK_{ges,\alpha^*}$$

$EK_{i,mod}$ = **Eigenkapitalzuweisung** zu einem Einzelrisiko

EK_{i,α^*} = **Eigenkapital eines Einzelrisikos** bei modifiziertem Niveau ohne Berücksichtigung von Synergieeffekten

$\sum EK_{i,\alpha^*}$ = **Summe des Eigenkapitals** aller Einzelrisiken bei modifiziertem Sicherheitsniveau ohne Berücksichtigung von Synergieeffekten

EK_{ges,α^*} = **Eigenkapitalbedarf** des gesamten Unternehmens bei modifiziertem Sicherheitsniveau

Die Ergebnisse der Berechnungen für die einzelnen Ergebnisbeiträge auf Grundlage der durchgeführten Simulation sind nachfolgend dargestellt.

	Ergebnis Vers. Technik	Ergebnis Kapital-anlage	Ergebnis RV Ausfall	Ergebnis operation. Risiken	ökonom. Kapital Ende
Benötigtes EK ohne Synergieeffekte	398,62	260,36	58,44	250,51	
EK-Allokation bei Adjustierung VaR	187,15	239,63	37,04	144,41	608,22
in %	*30,77*	*39,40*	*6,09*	*23,74*	*100,00*

Abbildung 95: Eigenkapitalallokation bei Adjustierung des VaR

Die Adjustierung des Value at Risk-Niveaus bietet den Vorteil, dass es stochastische Eigenschaften berücksichtigt und die Risikosituation im Tail-Bereich im Vergleich zu anderen Allokationsverfahren adäquater abbildet. Dem steht jedoch der entscheidende Nachteil gegenüber, dass dieses Verfahren genau wie das Kovarianzprinzip ebenfalls nicht ganz zur Eigenkapitalbedarfsermittlung nach dem Value at Risk oder nach dem Tail Value at Risk passt. Zudem werden bei diesem Verfahren große Risiken sehr stark betont, während kleinere Risiken tendenziell eher unterdrückt werden. Zudem ist dieses Verfahren im Vergleich zu den anderen relativ aufwändig und betont wie das Kovarianzprinzip große Risiken tendenziell zu stark.

Dieses Verfahren scheint somit auf den ersten Blick angemessen und mathematisch plausibel zu sein, doch besitzt es Eigenschaften, die sich für eine Anwendung in der Praxis als unpraktikabel erweisen.

6.3.3.4 Ko-Measure-Verfahren

Beim Ko-Measure-Verfahren wird die Additivität des bedingten Erwartungswertes verwendet, denn für jedes Konfidenzniveau α gilt:

$$\begin{aligned} TVaR_\alpha &= E(GuV \mid GuV \leq VaR_\alpha) \\ &= E(\sum GuV_i \mid GuV \leq VaR_\alpha) \\ &= \sum E(GuV_i \mid GuV \leq VaR_\alpha) \end{aligned}$$

Es muss explizit darauf hingewiesen werden, dass diese Aussage nicht bedeutet, dass sich die $TVaR_\alpha$ für die einzelnen Ergebnisbeiträge additiv verhalten.

Dieser Allokationsmechanismus passt zunächst einmal nur zur Eigenkapitalermittlung nach dem TVaR-Prinzip, wo er auf natürliche Art und Weise einen linearen Allokationsmechanismus liefert. Sofern Eigenkapital nach dem VaR-Prinzip ermittelt werden soll, kann man das Konfidenzniveau α derart abändern, dass

$$VaR_{99{,}5\,\%}\,(GuV) = TVaR_{\alpha}\,(GuV)$$

Diese Berechnungen liefern für die durchgeführten Szenarien die folgenden Ergebnisse:

	Ergebnis Vers. Technik	**Ergebnis Kapitalanlage**	**Ergebnis RV Ausfall**	**Ergebnis operation. Risiken**	**ökonom. Kapital Ende**
Benötigtes EK ohne Synergieeffekte	398,62	260,36	58,44	250,51	
EK-Allokation bei Ko-Measure-Verf.	293,22	133,31	2,05	179,65	608,22
in %	*48,22*	*21,90*	*0,34*	*29,54*	*100,00*

Abbildung 96: Eigenkapitalallokation gemäß Ko-Measure-Verfahren

Der Vorteil des Ko-Measure-Verfahrens ist, dass es das einzige Verfahren ist, welches stochastische Eigenschaften berücksichtigt und die Linearität des bedingten Erwartungswertes ausnutzt, wobei jedoch auch hier wie beim Kovarianzprinzip nichtlineare Steuereffekte umgelegt werden müssen. Es besitzt aber wie alle anderen Verfahren entscheidende Nachteile: Zum einen ist es – ebenso wie die Risikoadjustierung nach dem Value at Risk-Niveau – recht aufwändig. Zudem betont es große Risiken sogar noch extremer als die beiden zuletzt beschriebenen Verfahren, so dass kleine Risiken nahezu vollständig eliminiert werden. Schlussendlich liefert das Ko-Measure-Verfahren oft Ergebnisse, die für die Unternehmenssteuerung wenig geeignet sind.

6.3.3.5 Vergleich der Allokationsverfahren

Anhand der gewählten Beispiele wurden lediglich vier unterschiedliche Ansätze beschrieben. In der Realität gibt es noch viele weitere Ansätze. Wie die nachfolgende Übersicht über die Resultate der Beispielrechnungen zeigt, liefern die einzelnen Allokationsverfahren teils sehr unterschiedliche Ergebnisse:

	Ergebnis Vers. Technik	**Ergebnis Kapital-anlage**	**Ergebnis RV Ausfall**	**Ergebnis operation. Risiken**	**ökonom. Kapital Ende**
Benötigtes EK ohne Synergieeffekte	398,62	260,36	58,44	250,51	
EK-Allokation bei prop. Umlage	41,18 %	26,90 %	6,04 %	25,88 %	100 %
EK-Allokation bei Kovarianzprinzip	53,73 %	23,29 %	1,23 %	21,75 %	100 %
EK-Allokation bei Adjustierung VaR	30,77 %	39,40 %	6,09 %	23,74 %	100 %
EK-Allokation bei Ko-Measure-Verf.	48,22 %	21,90 %	0,34 %	29,54 %	100 %

Abbildung 97: Vergleich der Allokationsverfahren (I)

Bei der Beschreibung der einzelnen Verfahren wurde deutlich, dass es kein optimales Eigenkapitalallokationsverfahren gibt. Bei der Wahl des richtigen Ansatzes ist es sinnvoll, nicht nur darauf zu achten, welcher Ansatz die besten mathematischen Konsistenzeigenschaften hat, sondern man sollte jenen Ansatz wählen, der die ökonomische Realität des Unternehmens unter Steuerungsgesichtspunkten am besten umsetzen kann.

Die nachstehende Abbildung gibt eine Übersicht über die einzelnen Allokationsverfahren sowie deren Vor- und Nachteile.

Vor- und Nachteile verschiedener Allokationsverfahren		
	Vorteile	**Nachteile**
Proportionale Umlage	• Einfache Handhabung • Linearität	• Berücksichtigt nicht stochastische Eigenschaften
Kovarianzprinzip	• Berücksichtigt stochastische Eigenschaften • Linearität	• Aufwändiger • Passt nicht ganz zur EK-Ermittlung nach VaR • Betont große Risiken
Adjustierung VaR-Niveau	• Berücksichtigt stochastische Eigenschaften	• Recht aufwändig • Keine Linearität • Betont große Risiken
Ko-Measure-Verfahren	• Berücksichtigt stochastische Eigenschaften • Linearität	• Recht aufwändig • Passt nicht ganz zur EK-Ermittlung nach VaR • Extreme Betonung großer Risiken • Eliminierung kleiner Risiken • Wenig geeignet für Steuerung

Abbildung 98: Vergleich der Allokationsverfahren (II)

Mit der Konzentration auf ein Gesamtmodell findet das beschriebene Modell der Schadenversicherung seinen Abschluss. In der Praxis sind die Modelle weitaus komplexer; nichtsdestotrotz berücksichtigt das vorgestellte Modell alle relevanten Aspekte und eignet sich daher sehr gut, um die internen Modelle in der Schadenversicherung grundsätzlich zu verstehen.

Allen internen Modellen, die unter Solvency II Anwendung finden, ist hingegen gemeinsam, dass – aufbauend auf einer stochastischen GuV – versucht wird, einen Eigenkapitalbedarf zu einem bestimmten Sicherheitsniveau für einen in der Zukunft liegenden Zeitpunkt zu ermitteln. Dieser Eigenkapitalbedarf wird dann zu den im Unternehmen vorhandenen realen Eigenmitteln ins Verhältnis gesetzt. Auf diese Weise wird ermittelt, ob das Versicherungsunternehmen über ausreichende Eigenmittel verfügt, um das von ihm betriebene Geschäft weiterführen zu dürfen. Sollte dies nicht der Fall sein, so stehen dem Unternehmen einige Maßnahmen zur Verfügung, um den Zustand zu korrigieren. Diese werden nachfolgend erläutert und stellen somit den logischen Abschluss dieser Ausarbeitung dar.

6.3.4 Unterschreitung des erforderlichen Sicherheitsniveaus

Die Vorschriften von Solvency II sehen eine maximale Ruinwahrscheinlichkeit in Höhe von 0,5 % bezogen auf eine Laufzeit von einem Jahr vor, die ein Versicherungsunternehmen in keinem Fall überschreiten sollte. Sofern es sich um einen Industrieversicherer oder Rückversicherer handelt, wird das Ziel noch deutlich unter 0,5 % liegen, da ihre Kunden in der Regel mindestens ein A- bzw. AA-Rating verlangen. Die Ausfallwahrscheinlichkeit von 0,5 % liegt eher im Bereich eines BBB-Ratings.

Sofern das interne Risikomodell nun eine höhere Ruinwahrscheinlichkeit errechnet, ist der Versicherer zum Handeln gezwungen. Es bieten sich an dieser Stelle grundsätzlich zwei Möglichkeiten an:

Erhöhung des Ist-Kapitals

Eine Eigenkapitalerhöhung könnte theoretisch von der Holding vorgenommen werden. Das Problem ist allerdings, dass diese für gewöhnlich kein Kapital zur freien Verfügung hat. Das heißt, sie müsste Kapital von anderen Tochtergesellschaften abziehen, was in der Regel nicht möglich und auch nicht wünschenswert ist. Ein weiterer Punkt der für die Holding gegen eine Eigenkapitalerhöhung spricht, sofern sie überhaupt möglich sein sollte, ist die sinkende Rendite. Es ist nicht davon auszugehen, dass die Tochtergesellschaft plötzlich wesentlich mehr Ertrag bringt, wodurch bei einem höheren Eigenkapital letztendlich die Rendite sinkt.

Auch eine Kapitalerhöhung durch Emission neuer Aktien am Kapitalmarkt gestaltet sich schwierig. Zum einen müsste die Holding als Hauptanteilseigner dieser Vorgehensweise natürlich zustimmen. Zum anderen wäre hier ähnlich wie bei einem vollständigen Verkauf eine due diligence notwendig, die sehr aufwändig ist und somit zu hohen Kosten führen würde. Eine Erhöhung des Ist-Kapitals gestaltet sich also relativ schwierig.

Reduzierung des Soll-Kapitals

Die zweite Alternative wäre, das Soll-Kapital zu reduzieren. Dies wäre grundsätzlich durch drei Vorgehensweisen möglich:

Verbesserung der Risikozeichnung

Dies kann beispielsweise durch eine **Erhöhung des Prämienniveaus** erfolgen. Voraussetzung hierfür ist allerdings, dass die Marktsituation eine Prämienanpassung zulässt. Sofern dies nicht der Fall ist, könnte das Versicherungsunternehmen auch seine **Zeichnungsrichtlinien verschärfen** (z. B. keine Zeichnung von U.S. Casualty oder bessere Risikoselektion), um die Volatilität der Schadenzahlungen zu mindern.

Optimierung der Rückversicherungsstruktur

Dieser Aspekt wurde bereits in Kapitel 3.2.2 ausführlich erläutert.

Verminderung der Kapitalanlagerisiken

Diese Option dient allerdings nicht zur kurzfristigen Reduzierung des Soll-Kapitals. Der Grund dafür ist, dass ein Versicherungsunternehmen, das z. B. einen Großteil seiner Aktien innerhalb eines Tages verkaufen möchte, durch das plötzliche große Angebot selbst negativ auf den Preis einwirkt. Somit würden die Erlöse sinken, was die Situation des Versicherers nicht verbessern würde.

Für eine kurzfristige Reduzierung des Soll-Kapitals würde sich somit eher eine bessere Rückversicherungsstruktur anbieten.

Anhang: Empirische Schadenhöhenverteilung

Anf.-jahr	Zahlung (in Tsd.)	Reserve (in Tsd.)	Aufwand erreicht (in Tsd.)	mittl. Abw.	Aufwand abgewickl. (in Tsd.)	Inflation	Aufwand inflation. (in Tsd.)	Großschaden	Vert. (in Tsd.)
1988	1.000		1.000	0,00%	1.000,0	195,75%	1.957,5	0	
1988	1.250		1.250	0,00%	1.250,0	195,75%	2.446,8	0	
1988	1.500	1.000	2.500	0,00%	2.500,0	195,75%	4.893,6	0	
1989	5.000		5.000	0,00%	5.000,0	189,58%	9.479,2	1	9.479,2
1989	2.500	1.000	3.500	0,00%	3.500,0	189,58%	6.635,4	1	6.635,4
1990	1.500		1.500	0,00%	1.500,0	183,62%	2.754,2	0	
1991	1.750		1.750	0,00%	1.750,0	177,84%	3.112,1	0	
1991	2.000	600	2.600	0,00%	2.600,0	177,84%	4.623,8	0	
1991	2.250		2.250	0,00%	2.250,0	177,84%	4.001,3	0	
1992	2.000		2.000	0,00%	2.000,0	172,24%	3.444,8	0	
1992	1.500	1.500	3.000	0,00%	3.000,0	172,24%	5.167,2	1	5.167,2
1993	3.000		3.000	0,00%	3.000,0	166,82%	5.004,5	1	5.004,5
1993	2.000		2.000	0,00%	2.000,0	166,82%	3.336,3	0	
1993	2.250		2.250	0,00%	2.250,0	166,82%	3.753,4	0	
1993	2.500		2.500	0,00%	2.500,0	166,82%	4.170,4	0	
1995	2.750		2.750	0,00%	2.750,0	156,48%	4.303,2	0	
1995	3.000	2.500	5.500	0,00%	5.500,0	156,48%	8.606,4	1	8.606,4
1995	3.250		3.250	0,00%	3.250,0	156,48%	5.085,6	1	5.085,6
1995	3.500		3.500	0,00%	3.500,0	156,48%	5.476,8	1	5.476,8
1996	3.750		3.750	0,00%	3.750,0	151,56%	5.683,3	1	5.683,3
1996	3.500		3.500	0,00%	3.500,0	151,56%	5.304,4	1	5.304,4
1996	3.500		3.500	0,00%	3.500,0	151,56%	5.304,4	1	5.304,4
1996	3.500		3.500	0,00%	3.500,0	151,56%	5.304,4	1	5.304,4
1996	3.250		3.250	0,00%	3.250,0	151,56%	4.925,5	0	
1997	3.500		3.500	0,00%	3.500,0	146,78%	5.137,5	1	5.137,5
1997	1.000		1.000	0,00%	1.000,0	146,78%	1.467,8	0	
1997	4.000		4.000	0,00%	4.000,0	146,78%	5.871,4	1	5.871,4
1997	4.250		4.250	0,00%	4.250,0	146,78%	6.238,3	1	6.238,3
1997	4.500		4.500	0,00%	4.500,0	146,78%	6.605,3	1	6.605,3
1998	4.750		4.750	0,00%	4.750,0	142,16%	6.752,8	1	6.752,8
1998	5.000		5.000	0,00%	5.000,0	142,16%	7.108,2	1	7.108,2
1998	5.250		5.250	0,00%	5.250,0	142,16%	7.463,6	1	7.463,6
1999	3.500	100	3.600	0,00%	3.600,0	137,69%	4.956,8	0	
1999	3.750		3.750	0,00%	3.750,0	137,69%	5.163,4	1	5.163,4
1999	4.000		4.000	0,00%	4.000,0	137,69%	5.507,6	1	5.507,6
1999	4.250	5.000	9.250	0,00%	9.250,0	137,69%	12.736,3	1	12.736,3
1999	4.500		4.500	0,00%	4.500,0	137,69%	6.196,0	1	6.196,0
2000	4.750		4.750	0,00%	4.750,0	133,36%	6.334,4	1	6.334,4
2000	5.000		5.000	0,00%	5.000,0	133,36%	6.667,8	1	6.667,8
2000	5.250		5.250	0,00%	5.250,0	133,36%	7.001,2	1	7.001,2
2000	5.500		5.500	0,00%	5.500,0	133,36%	7.334,5	1	7.334,5
2000	5.000		5.000	0,00%	5.000,0	133,36%	6.667,8	1	6.667,8
2000	5.250		5.250	0,00%	5.250,0	133,36%	7.001,2	1	7.001,2
2001	5.500		5.500	0,00%	5.500,0	129,16%	7.103,7	1	7.103,7

Anf.-jahr	Zahlung (in Tsd.)	Reserve (in Tsd.)	Aufwand erreicht (in Tsd.)	mittl. Abw.	Aufwand abgewickl. (in Tsd.)	Inflation	Aufwand inflation. (in Tsd.)	Großschaden	Vert. (in Tsd.)
2001	5.750		5.750	0,00%	5.750,0	129,16%	7.426,6	1	7.426,6
2001	6.000		6.000	0,00%	6.000,0	129,16%	7.749,5	1	7.749,5
2001	6.250		6.250	0,00%	6.250,0	129,16%	8.072,4	1	8.072,4
2001	6.500		6.500	0,00%	6.500,0	129,16%	8.395,3	1	8.395,3
2001	5.000		5.000	0,00%	5.000,0	129,16%	6.457,9	1	6.457,9
2002	5.250	1.000	6.250	0,00%	6.250,0	125,09%	7.818,3	1	7.818,3
2002	5.500	500	6.000	0,00%	6.000,0	125,09%	7.505,5	1	7.505,5
2002	5.750	1.000	6.750	0,00%	6.750,0	125,09%	8.443,7	1	8.443,7
2002	6.000	100	6.100	0,00%	6.100,0	125,09%	7.630,6	1	7.630,6
2002	6.250	200	6.450	0,00%	6.450,0	125,09%	8.068,5	1	8.068,5
2002	6.500	300	6.800	0,00%	6.800,0	125,09%	8.506,3	1	8.506,3
2002	6.750	400	7.150	0,00%	7.150,0	125,09%	8.944,1	1	8.944,1
2002	7.000	500	7.500	0,00%	7.500,0	125,09%	9.381,9	1	9.381,9
2003	4.000	600	4.600	0,00%	4.600,0	121,15%	5.573,1	1	5.573,1
2003	4.250	700	4.950	0,00%	4.950,0	121,15%	5.997,2	1	5.997,2
2003	4.500	800	5.300	0,00%	5.300,0	121,15%	6.421,2	1	6.421,2
2003	4.750	900	5.650	0,00%	5.650,0	121,15%	6.845,2	1	6.845,2
2003	5.000	1.000	6.000	0,00%	6.000,0	121,15%	7.269,3	1	7.269,3
2003	5.250	1.100	6.350	0,00%	6.350,0	121,15%	7.693,3	1	7.693,3
2004	5.500	1.200	6.700	-2,50%	6.670,0	117,34%	7.826,7	1	7.826,7
2004	5.750	200	5.950	-2,50%	5.945,0	117,34%	6.975,9	1	6.975,9
2004	6.000	300	6.300	-2,50%	6.292,5	117,34%	7.383,7	1	7.383,7
2004	6.250	400	6.650	-2,50%	6.640,0	117,34%	7.791,5	1	7.791,5
2004	6.500	500	7.000	-2,50%	6.987,5	117,34%	8.199,2	1	8.199,2
2004	2.000	600	2.600	-2,50%	2.585,0	117,34%	3.033,3	0	
2005	2.250	700	2.950	-5,00%	2.915,0	113,65%	3.312,8	0	
2005	2.500	800	3.300	-5,00%	3.260,0	113,65%	3.704,9	0	
2005	2.750	900	3.650	-5,00%	3.605,0	113,65%	4.097,0	0	
2005	3.000	1.000	4.000	-5,00%	3.950,0	113,65%	4.489,1	0	
2005	3.250	1.100	4.350	-5,00%	4.295,0	113,65%	4.881,2	0	
2005	3.500	1.200	4.700	-5,00%	4.640,0	113,65%	5.273,2	1	5.273,2
2005	5.000	1.300	6.300	-5,00%	6.235,0	113,65%	7.085,9	1	7.085,9
2005	5.250	1.400	6.650	-5,00%	6.580,0	113,65%	7.478,0	1	7.478,0
2005	5.500	1.000	6.500	-5,00%	6.450,0	113,65%	7.330,3	1	7.330,3
2006	5.750	1.100	6.850	-7,50%	6.767,5	110,07%	7.449,0	1	7.449,0
2006	6.000	1.200	7.200	-7,50%	7.110,0	110,07%	7.826,0	1	7.826,0
2006	6.250	1.300	7.550	-7,50%	7.452,5	110,07%	8.203,0	1	8.203,0
2006	6.500	1.400	7.900	-7,50%	7.795,0	110,07%	8.580,0	1	8.580,0
2006	3.000	1.500	4.500	-7,50%	4.387,5	110,07%	4.829,3	0	
2006	3.250	1.600	4.850	-7,50%	4.730,0	110,07%	5.206,3	1	5.206,3
2006	3.500	1.700	5.200	-7,50%	5.072,5	110,07%	5.583,3	1	5.583,3
2006	3.750	1.800	5.550	-7,50%	5.415,0	110,07%	5.960,3	1	5.960,3
2006	4.000	1.900	5.900	-7,50%	5.757,5	110,07%	6.337,3	1	6.337,3
2007	4.250	2.000	6.250	-12,50%	6.000,0	106,61%	6.396,3	1	6.396,3
2007	4.500	2.100	6.600	-12,50%	6.337,5	106,61%	6.756,1	1	6.756,1
2007	4.750	2.200	6.950	-12,50%	6.675,0	106,61%	7.115,9	1	7.115,9
2007	5.000	2.300	7.300	-12,50%	7.012,5	106,61%	7.475,7	1	7.475,7
2007	4.000	2.400	6.400	-12,50%	6.100,0	106,61%	6.502,9	1	6.502,9
2007	4.250	2.500	6.750	-12,50%	6.437,5	106,61%	6.862,7	1	6.862,7

Anf.-jahr	Zahlung (in Tsd.)	Reserve (in Tsd.)	Aufwand erreicht (in Tsd.)	mittl. Abw.	Aufwand abgewickl. (in Tsd.)	Inflation	Aufwand inflation. (in Tsd.)	Großschaden	Vert. (in Tsd.)
2007	4.500	2.600	7.100	-12,50%	6.775,0	106,61%	7.222,5	1	7.222,5
2007	4.750	2.000	6.750	-12,50%	6.500,0	106,61%	6.929,4	1	6.929,4
2008	5.000	2.100	7.100	-25,00%	6.575,0	103,25%	6.788,7	1	6.788,7
2008	5.250	2.200	7.450	-25,00%	6.900,0	103,25%	7.124,3	1	7.124,3
2008	3.000	2.300	5.300	-25,00%	4.725,0	103,25%	4.878,6	0	
2008	3.250	2.400	5.650	-25,00%	5.050,0	103,25%	5.214,1	1	5.214,1
2008	3.500	2.500	6.000	-25,00%	5.375,0	103,25%	5.549,7	1	5.549,7
Summe/MW							6.942,5	77	
STD							1.298,5		

Glossar

a	Cash Flow-Verhalten in Periode 1
A(1,m)	Endabgewickelter Aufwand des Neugeschäftsjahres im Marktszenario m
AE	Stochastisches Einperioden-Abwicklungsergebnis
Anfalljahr	Jahr des Schadenanfalls; also das Jahr, in dem die Schadenursache liegt
Assets	Kapitalanlagen im weiteren Sinne
b	Cash Flow-Verhalten im Auslauf
Best Estimate	Möglichst genaue Schätzung der Entwicklung eines Wertes (beste Schätzung, i. d. R. der Erwartungswert)
c	Proportionalitätsfaktor im Gleichgewichtszustand
Cash Flow	Zahlungsstrom
Deckungsbeitrag	Derjenige Beitrag der Erlöse, der zur Deckung der Fixkosten dient
DF	Diskontfaktor zur Diskontierung der Reserven
Dow Jones (Dow Jones Industrial Average)	US-amerikanischer Aktienindex, der die 30 größten börsennotierten US-Unternehmen beinhaltet
Duration	Die durchschnittliche Dauer, nach der die Schadenzahlungen tatsächlich durchgeführt werden müssen.
Eigenkapitalallokation	Zuordnung von Eigenkapital zu den konkret vorliegenden Risiken eines Versicherers
Erwartungswert	Der Erwartungswert E(X) leitet sich aus den Werten $x_1, x_2, \ldots$ mit den Wahrscheinlichkeiten $p_1, p_2, \ldots$ der Zufallsvariablen (X) ab.

Excess Point	Bei der Schadenexzedentenrückversicherung vereinbarte Priorität, ab der der Zessionär am Schaden beteiligt ist; andere Bezeichnung: Loss Deductible
Euro Stoxx (Dow Jones Euro Stoxx 50)	Europäischer Aktienindex, der 50 große börsennotierte Unternehmen der Eurozone beinhaltet
Fair Value	Marktwert
FV(0)	Deterministische Fair Value-Reserve zu Beginn der Periode
FV(1,m)	Stochastische Fair Value-Reserve am Ende der Periode im Marktszenario m
KK	Kapitalkostensatz
Liabilities	Verpflichtungen des Unternehmens
m	Ein Marktszenario
Nikkei (Nikkei 225)	Japanischer Aktienindex, der auf 225 Aktienwerten basiert
Quantil	Ein Quantil definiert einen bestimmten Teil einer Datenmenge, das heißt, ein Quantil legt fest, wie viele Werte einer Verteilung über oder unter einer bestimmten Grenze liegen.
R(0)	Deterministische Best Estimate-Reserve zu Beginn der Periode
R(1,m)	Stochastische Best Estimate-Reserve am Ende der Periode im Marktszenario m
Schätzfehler	Abweichung der geschätzten von den eingetretenen Ergebnissen aufgrund von nicht richtig interpretierten Ausgangsdaten
Solvabilität	Mindestkapitalausstattung, die den Versicherungsgesellschaften durch die Aufsichtsbehörden vorgegeben wird, um Geschäftsrisiken (Kapitalanlagen, Schäden) abzudecken. Diese Vorgabe ist in der Regel national festgelegt und kann in den einzelnen Ländern unterschiedlich ausfallen.

Standardabweichung STD(X)	Wurzel aus der Varianz; gilt als Maß für die Streuung der Werte einer Zufallsvariablen (X) um ihren Mittelwert
Tail Value at Risk (TVaR)	Ist definiert als der erwartete Verlust für den Fall, dass der VaR tatsächlich überschritten wird
Value at Risk (VaR)	Der VaR gibt die Verlusthöhe an, die mit der Wahrscheinlichkeit $(1-\alpha)$ nicht überschritten wird.
Varianz, VAR(X)	Der Erwartungswert der quadratischen Abweichungen $VAR(X) = E((X - E(X))^2)$; beschreibt das Ausmaß der Streuung einer Zufallsgröße/Messgröße
Volatilität	Schwankungsmaß
w_1	Faktor aus dem Ansatz der Einperioden-Volatilität
Z(1,m)	Realisierung der Schadenzahlungen in der 1. Periode für ein stochastisches Marktszenario m (unabhängig von einem Schätzverfahren)
Zufallsfehler	Die zufällige Abweichung der Ergebnisse von richtig getroffenen Annahmen
λ	Wachstumsfaktor für den Bestand eines Versicherungsunternehmens in einer Periode
σ_1	Einperioden-Volatilität
σ_{ges}	Gesamtvolatilität über alle Perioden

Literaturverzeichnis

AIR Worldwide	Industry Solutions Overview, http://www.air-worldwide.com/, aufgerufen: 14.11.2009
Albrecht, Peter/ Maurer, Raimond	Investment und Risikomanagement – Modelle, Methoden, Anwendungen, 2. Auflage, Stuttgart 2005
Bartsch, Hans-Jochen	Taschenbuch mathematischer Formeln, 18. Auflage, Leipzig 1999
Basler Ausschuss für Bankenaufsicht	Internationale Konvergenz der Eigenkapitalmessung und der Eigenkapitalanforderung, Überarbeitete Rahmenvereinbarung, Basel 2004
Burger, Anton/ Buchhart, Anton	Risiko-Controlling, München u. a. 2002
CEIOPS	Answers to the European Commission on the second wave of Calls for Advice in the framework of the Solvency II project, (CEIOPS-DOC-07/05 2005), Frankfurt 2005
DAV-Arbeitsgruppe Interne Risikomodelle (Hrsg.)	Interne Risikomodelle in der Schaden-/Unfallversicherung, Karlsruhe 2008
Diers, Dorothea	Interne Unternehmensmodelle – Teil I: Unverzichtbare Grundlage für die wert- und risikoorientierte Unternehmenssteuerung und das Risikomanagement, in Versicherungswirtschaft, Jahrgang 62 (2007), 9, S. 675
Diers, Dorothea	Interne Unternehmensmodelle – Teil II: Modellierung des Reserverisikos, das Aktivmodell für die Modellierung der Kapitalanlagen und das Managementmodell, in: Versicherungswirtschaft, Jahrgang 62 (2007), 10, S. 784

Diers, Dorothea Interne Risikomodelle in der Praxis – Der Weg von der Erstellung und Implementierung bis zum regelmäßigen Einsatz (Teil I), in Versicherungswirtschaft, Jahrgang 60 (2005), 21, S. 1657

Diers, Dorothea Interne Risikomodelle in der Praxis – Der Weg von der Erstellung und Implementierung bis zum regelmäßigen Einsatz (Teil II), in Versicherungswirtschaft, Jahrgang 60 (2005), 22, S. 1748

Diers, Dorothea Interne Unternehmensmodelle in der Schaden- und Unfallversicherung – Entwicklung eines stochastischen internen Modells für die wert- und risikoorientierte Unternehmenssteuerung und für die Anwendung im Rahmen von Solvency II, Ulm 2007

(Zitiert: Diers (2007), Seite)

Diers, Dorothea/ Nießen, Gero: Interne Risikomodelle in der Praxis, in: Versicherungswirtschaft, Jahrgang 60 (2005), 22, S. 1748

Dotterweich, Alexander Wertorientierte Steuerung von Schadenversicherungsunternehmen, Karlsruhe 2004

Eling, Martin/ Schmeiser, Hato Versicherungsaufsicht unter Solvency II – Zwei Phasen, drei Säulen und zwei Stufen, in: Zeitschrift für das gesamte Kreditwesen, Jahrgang 59 (2006), 15, S. 768

Eqecat WORLDCATenterprise,

http://www.eqecat.com/worldcat.cfm, aufgerufen: 14.11.2009

Europäische Kommission Vorschlag für eine Richtlinie des Europäischen Parlaments und des Rates betreffend die Aufnahme und Ausübung der Versicherungs- und der Rückversicherungstätigkeit (SOLVABILITÄT II), KOM(2007) 361 vom 10.07.2007

	http://eur-lex.europa.eu/LexUriServ/LexUriServ.do?uri=COM:2007:0361:FIN:DE:PDF, aufgerufen: 05.11.2009
Europäische Union	Richtlinie des europäischen Parlaments und des Rates betreffend die Aufnahme und Ausübung der Versicherungs- und der Rückversicherungstätigkeit (Solvabilität II), 2009/138/EG vom 25.11.2009
	http://eur-lex.europa.eu/LexUriServ/LexUriServ.do?uri=OJ:L:2009:335:0001:0155:de:PDF, aufgerufen: 05.11.2009
Farny, Dieter	Versicherungsbetriebslehre, 4. Auflage, Karlsruhe 2006
Frey, Herbert/ Nießen, Gero	Monte Carlo Simulation – Quantitative Risikoanalyse für die Versicherungsindustrie, München 2001
Geokodierung.de	Begriffserklärung,
	http://www.geokodierung.de/begriffe/, aufgerufen: 14.11.2009
Gründl, Helmut/ Perlet, Helmut (Hrsg.)	Solvency II & Risikomanagement – Umbruch in der Versicherungswirtschaft, 1. Auflage 2005
Heep-Altiner, Maria	Ein vereinfachtes Modell zur Ermittlung der Einperiodenvolatilität einer Reserve, in: Der Aktuar, Jahrgang 14 (2008), 2, S. 76
Heep-Altiner, Maria/ Querner, Immo	Ein vereinfachtes Modell zur Ermittlung der Einperiodenvolatilität einer Reserve (Teil II), in: Der Aktuar, Jahrgang 14 (2008), 3, S. 122
Heep-Altiner, Maria	Ein vereinfachtes Modell zur Ermittlung der Einperiodenvolatilität einer Reserve (Teil III), in: Der Aktuar, Jahrgang 15 (2009), 1, S. 5
Heep-Altiner, Maria	Ein vereinfachtes Modell zur Ermittlung der Einperiodenvolatilität einer Reserve (Teil IV), in: Der Aktuar, Jahrgang 15 (2009), 3, S. 102

Heep-Altiner, Maria Holding-Modelle sind mehr als eine Aggregation, in: Versicherungswirtschaft, Jahrgang 65 (2010), 6, S. 445

Huber-Carol, Catherine/Balakrishnan, Narayanaswamy/ Nikulin, Mikhail S./ Mesbah, Mounir Goodness-of-Fit Tests and Model Validity, Boston 2002

Kuck, Annette Abgrenzung traditioneller Rückversicherung von Katastrophenrisiken zu ausgewählten Konzepten des Alternativen Risikotransfers, 1. Auflage, Karlsruhe 2000

Lammers, Frauke Management operationeller Risiken in Banken, 1. Auflage, Wiesbaden 2005

Liebwein, Peter Klassische und moderne Formen der Rückversicherung, 2. Auflage, Karlsruhe 2009

Mack, Thomas Schadenversicherungsmathematik, 2. Auflage, Karlsruhe 2002

Maurer, Raimond Integrierte Erfolgssteuerung in der Schadenversicherung auf der Basis von Risiko-Wert-Modellen, Karlsruhe 2000

Nguyen, Tristan Rechnungslegung von Versicherungsunternehmen, Karlsruhe 2008

Nguyen, Tristan Handbuch der wert- und risikoorientierten Steuerung von Versicherungsunternehmen, Karlsruhe 2008

Nguyen, Tristan Grenzen der Versicherbarkeit von Katastrophenrisiken – Erweiterungsmöglichkeiten durch Rückversicherung, Katastrophenanleihen und Versicherungsderivate, Wiesbaden 2007

Peter, Christoph F. Unternehmerisches Risikomanagement – Konsequenzen einer integrierten Risikobewältigung für die Versicherung, St. Gallen 2001

Pfeiffer, Christoph	Einführung in die Rückversicherung – Das Standardwerk für Theorie und Praxis, 5. Auflage, o. O. 2000
Risk Management Solutions (RMS)	Natural Hazard Risk Models, http://www.rms.com/Catastrophe/Models/, aufgerufen: 14.11.2009
Risk Management Solutions (RMS)	RMS Data Solutions – Value Driven by Data Quality, http://www.rms.com/DataQuality/, aufgerufen: 14.11.2009
Romeike, Frank/ Müller-Reichart, Matthias	Risikomanagement in Versicherungsunternehmen – Grundlagen, Methoden, Checklisten und Implementierung, 2. Auflage, Weinheim 2008
Schäfer, Frank	Die Zunahme von Naturkatastrophen – Herausforderung für Gesellschaft und Versicherungswirtschaft, Karlsruhe 1998
Scherpereel, Peter	Risikokapitalallokation in dezentral organisierten Unternehmen, 1. Auflage, Wiesbaden 2006
Schradin, Heinrich R.	Entwicklung der Versicherungsaufsicht, in: Mitteilungen des Instituts für Versicherungswissenschaft an der Universität zu Köln, 3/2003
Schradin, Heinrich R./ Ehrlich, Kathleen	QIS 4 – Konzeption des europäischen Standardansatzes und Kapitalausstattung für Schaden-Unfallversicherer – Analyse und Beurteilung, in: Mitteilungen des Instituts für Versicherungswissenschaft an der Universität zu Köln, 1/2009
Spremann, Klaus	Portfoliomanagement, 4. Auflage, München 2008
Spremann, Klaus/ Gantenbein, Pascal	Zinsen, Anleihen, Kredite, 4. Auflage, München/Wien 2007

Swiss Re Economic Research (Hrsg.) Natur- und Man-made-Katastrophen – Hohe Schäden in Europa, in: Sigma-Schriftenreihe der Swiss Re, Heft 1, Zürich 2008

Vose, David Risk Analysis: A Quantitative Guide, 2. Auflage, Chichester 2000

Stichwortverzeichnis

Abwicklungsanpassung 120,122
Abwicklungsrisiko 69
Abwicklungszeitraum 76
Aggregation 13
Aktienindizes 67
- inklusive Dividende 202
Dow Jones 168
Euro Stoxx 167
Nikkei 168
Thesaurierung 209
Aktivmodell 161
Aktuarieller Deckungsbeitrag 145
Allokationssatz 58
Allokationsverfahren 223
Anfalljahr 70, 119
Asset 203
Asset-Klassen 19, 162
Asset-Modell 163
Asset-Unterklassen 162
Bond 162
Marktwert 164
Portfolio 164, 207
Strategische Asset-Allokation 169
Zerobond 169
Außerplanmäßige GuV-Effekte 20
Außerplanmäßige Steuerabschreibung 191, 196
Aktive latente Steuern 192

Basel II 2, 8
Basisschaden 19, 92, 96, 146
Beitragsindex 3
Bernoulliverteilung 24
Bestandsexposure 107
Best Estimate 17, 61
Bilanzjahr 70
BilMoG 7
Black-Scholes-Formel 50
Bonität 145
Bonitätsrisiko 61, 157, 159
Ausfallwahrscheinlichkeit 176
Bonitätsabschlag 174, 201
Rückversicherungsausfallrisiko 173
RV-Ausfall 176
Totalausfall 176
Bootstrap-Ansätze 77
Bottom-Up-Prinzip 11

Cash Flow 47, 54
Chain Ladder-Ansatz 77

Deregulierung 1
Dichtefunktion 185
Diskontfaktoren 57
Drei-Säulen-Ansatz 8
Drohverlustrückstellung 20, 177, 186, 201
Duration 149 f.

Economic Scenario Generation (ESG) 66, 161
ESG 66, 161, 163
Marktszenarien 163
Economic Value Added (EVA) 170
EVA 170
Eigenkapital 188
- deterministisches 61, 197
- erforderliches 211
- IFRS 61
- stochastisches 62, 197

Eigenkapitalallokation 23, 215
Adjustierung 219
Ko-Measure-Verfahren 221
Kovarianzprinzip 218
Proportionale Umlage 216
Tail Value at Risk-Prinzip 212
Value at Risk-Prinzip 212
Eigenkapitalbedarf 150, 193, 212, 214
Eigenkapitalentlastung 150
Eigenkapitalrendite 55
Eigenkapitalverteilung 22,187, 209
Eigenkapital-Verzinsung 211
Erwartungswert 23
Exposure 107, 115, 124, 147, 179, 199
Bestandsexposure 107
Exposurebereinigung 122
Exposurefaktor 133
Extremwerttheorie 113

Fair Value 143, 149, 174, 179, 196
Fair Value-Bewertung 17, 47
Äquivalentes Martingalmaß 50
Äquivalentes Wahrscheinlichkeitsmaß 50
Entry-Value-Ansatz 59
Exit-Value-Ansatz 59
Kapitalkosten-Ansatz 48, 51
Marktbewertung 48
Risikoadäquate Diskontierung 48 f.
Risikoneutrale Bewertung 48, 50
Transaktionswert 48, 51
Fair Value-Prinzip 6
Fair Value-Reserve 9
Festverzinsliche Wertpapiere 20
Finanzausstattung 10

Garantiefonds 3
Geldwechselgeschäft 145
Gewinn- und Verlustrechnung (GuV) 15
- außerplanmäßige 18
- planmäßige 18
- stochastische 15, 17, 195
Mehraufwand 15
Mindererertrag 15
Geokodierung 107
Gesamtmodell 195
Gesetz der großen Zahl 209
Gleichgewichtshypothese 83
Glockenkurve 34
Goodness of fit-Test 93
Anderson-Darling-Test 93
Kolmogorov-Smirnov-Test 93
χ-Quadrat-Test 93
Großschaden 19, 113, 147

Hebesatz 55 f.

IBNR 121
IBNER 121
Pure IBNR 121
IFRS-Bilanz 47, 199
Immobilienindizes 67
Inflationsanpassung 120
Inflationsentwicklungen 67
International Financial Reporting Standards (IFRS) 6, 199
Interne Modelle 15, 47

Kapitalanlage 19, 161, 211
- Bestandsmodell 161
Aktien 162
Bonds 162
Cash 162
Fonds 162
Hypotheken 162
Immobilien 162

Kapitalanlagerisiko 12, 19, 61, 157, 226
Bonitätsrisiko 12, 157, 159
Marktrisiko 157 f., 167
Aktienrisiko 158, 167
Immobilienrisiko 158, 167
Währungsrisiko 157, 159, 167
Zinsänderungsrisiko 165
Zinsrisiko 157 f.
Kapitalkosten 53, 143, 150
Kapitalkostenansatz 48
Kapitalkostenbelastung 145
Kapitalkostenentlastung 145
Kapitalkostenmodell 55
Kollektives Modell 114
Ko-Measure-Verfahren 221
Konfidenzniveau 220
KonTraG 181, 189
Korrelation 13, 41, 43, 160, 206
Kovarianzprinzip 218
Kumulrisiken 5
Kumulschäden 92, 102

Liquiditätsrisiko 21
LOGINV 35
Lognormalverteilung 36, 185, 201
Long-Tail 120

Mack-Verfahren 79
Managementregeln 22, 190, 206, 209
Außerplanmäßige Steuerabschreibungen 191, 196
Desinvestition 207
Investition 207
Markowitz-Optimierung 171
Marktparameter 66
Marktrisiko 157 f., 167
Marktwertbilanz 47
Maximum-Likelihood-Methode 94
Mindestkapitalanforderung 10
Mindestsolvenzniveau 65
Minimum Capital Requirement (MCR) 10
Mittlere Abwicklung 125
Modellierungsexpertise 16
Monte-Carlo-Simulationen 17, 62, 77, 96, 152, 209

Naturkatastrophenschaden 19, 142, 152
Nicht-Versicherungstechnik 157, 196
Normalverteilung 31
NORMINV 35, 42

Operationelles Risiko 13, 21, 61, 173, 180, 196, 211
Ökonomische Szenarien 18, 66
Ökonomische Zielfunktion 15

Parameterschätzung 119
Parametrisierung 125, 131
Paretoverteilung 30, 117, 129, 147
Poissonverteilung 28, 116, 135
Prämienrisiko 70 f.

Quantitative Impact Study (QIS) 10
Quantil 35, 41, 150, 188, 192, 211, 213

Ratingniveau 65
Realisierung 37, 42
Replizierendes Portfolio 47
Reserve 71, 200
Abwicklungsdreieck 77
Abwicklungsergebnis 71 ff.
Abwicklungszeitraum 77
Best Estimate-Reserve 71
Ein-Perioden-Volatilität 75
Fair Value-Reserve 89

Gesamtvolatilität 75, 85
Reserve-Cash Flow 79
Reservefaktor 56
Reserverisiko 69, 71
Restreserve 57
Return on Risk Adjusted Capital (RORAC) 170
Risk Map 21, 181
Risiko
-marge/Marktmarge 49, 54
-kapital 103, 113, 119
-zuschlag 47
Risikolandkarte 181
Rückversicherung 137
Effizienz 137, 147, 149, 151
Rückversicherungsausfall 21, 160, 178, 196, 199, 211
Rück(versicherungs-)modell 19, 137
Rückversicherungsoptimierung 154
Rückversicherungsvertragsform 137
Fakultative RV 138
Nicht-proportionale RV 140, 201
Einzelschadenexzedent 141
Excess 147, 150
Kumulschadenexzedent 141, 153
Layer 148, 150 f., 155
Schadenexzedent 149
Selbstbehalt 155
Stop-Loss 141
Obligatorische RV 138
Proportionale RV 139
Quote 139, 146, 201
Summenexzedent 139
Zessionär 143
Ruin 190
Ruinwahrscheinlichkeit 188
Technischer Ruin 64
Unternehmensruin 22

Saldo
- negativ liquider 207
- positiv liquider 207
Schadenaufwendung 92
Basisschaden 92, 96, 141, 146
Indizierte Schadenquote 101
Preisbereinigung 98
Brutto-Schaden 92
Großschaden 92, 113, 142, 147
Großschadengrenze 113, 117, 126
Schadenanzahlverteilung 114
Schadenhöhenverteilung 114, 117
- Empirische 127, 227
Kumulschaden 92, 102
Katastrophenereignis 102
Katastrophen-Modelle 105
Kumulereignis 103
Kumulschaden-Modelle 104
Event Loss Tables 106
Event-Sets 106
Eventtabelle 111
Man made-Katastrophen 102
Naturkatastrophenschaden 19, 142, 152
Schadenindex 3
Self-Assessment 21, 189
Sicherheitsniveau
Simulation 16, 148, 209
Monte-Carlo-Simulation 17, 62, 77, 96, 152, 209
Simulierte Pfade 63
Simulationsmodell 62, 147
Solvabilitätsspanne 3
Solvabilitätsstandard 1
Solvency I 2
Solvency II 1, 7, 61, 169, 188

Solvency Capital Requirement
(SCR) 10
Solvenzkapitalanforderung 10
Solvenzniveau 65
Solvenzsystem 2
Ist-Solvabilität 2
Soll-Solvabilität 2
Standard & Poors 55
Standardmodell 10
Standardnormalverteilung 42
Startbilanz 204
Steuerungsniveau 64
Stochastische GuV 15, 17, 195
Swiss Solvency-Test 58
Synergie 149

Tail Value at Risk 33
Technischer Ruin 64
Top-Down-Ansatz 209
Transaktionswert 48, 55

Unternehmensruin 22
Unternehmenssteuerung 189
Use Test 189

Value at Risk 33, 212
- Prinzip 212
Varianz 23, 41
Variationskoeffizient 36, 53, 184
Versicherungstechnik 18, 69, 143,
195, 204, 211
Versicherungstechnisches Risiko
13, 61
Verteilung 23, 43, 113
Bernoulliverteilung 24
Diskrete Verteilung 25
Eigenkapitalverteilung 22, 187,
209
Einpunktverteilung 23
Erwartungswert 23
Häufigkeiten 29
Linksschief 63
Lognormalverteilung 36, 185,
201
Null-Eins-Verteilung 24
Paretoverteilung 30, 117, 129,
147
Poissonverteilung 28, 116, 135
Quantil 35, 41, 150, 188, 192,
211, 213
Rechtsschief 36, 189
Standardabweichung 41, 76
Stetige Verteilung 28
Verteilungsfunktion 27, 37, 185
Zwei-Klassen-Histogramm 25,
176
Volatilität 76, 113
Vorsichtsprinzip 6

Währungskurse 67
Währungsrisiko 157, 159, 167

Zeichnungsrisiko 69
Zeichnungsrichtlinie 226
Zins 45
Marktzins 202
Risikoadjustierter Zins 53
Spread für Bondrisiken 67
Zinsrisiko 157 f.
Rating 166
Risikospread 166
Spread 202
Zinsspread 20, 45
Zinsstrukturkurve 67
Zufallsgröße 41, 115
Zufallszahl 37, 43
Zufallszahlengenerator 37
Zufallsvariable 41
Unabhängige Variable 44
Zusatzdividende 57 f., 150
Zusatzzins 55